당신의 산타아나스는 무엇입니까

글 김슬기 사진 김사라 기획 (사)인문사회연구소

당신의 산타아나스는 무엇입니까

ⓒ 경상북도 / (사)인문사회연구소 2017

발행일	2017년 12월 29일
발행처	경상북도
기획	(사)인문사회연구소
총괄	신동호
글	김슬기
사진	김사라
디자인	조가영
출판	코뮤니타스

ISBN 979-11-85591-65-0

이 책은 경상북도 2017 해외동포네트워크구축사업
「세계시민으로 사는 경북인 2017 - 미국 서부편」의 일환으로 제작되었습니다.

이 책의 내용은 비영리목적에 한해 저작자표기와 함께 활용하실 수 있습니다.

이 도서의 국립중앙도서관 출판예정도서목록(CIP)은 서지정보유통지원시스템 홈페이지 (http://seoji.nl.go.kr)와 국가자료공동목록시스템(http://www.nl.go.kr/kolisnet)에서 이용하실 수 있습니다.

차례

1장 잊혀진 사람들 ... 6
"한 지붕 두 가족" - 에스더 정희 권 아리나가 · 권영철 ... 20
"마리 명순 오노무라" - 이명순 ... 58
"이렇게 살아준 게 감사합니다" - 황남희 ... 81

2장 천하에 너만큼 아름다운 나라가 없어 ... 94
"세계적인 시민으로, 세계적 기준에 당당하게" - 최영호 · 김민자 ... 96
"체면 문화가 싫어 선택한 이민" - 윤영해 ... 130
"나는 좀 진보된 경상도 사람이지" - 안성근 ... 145
"서글픈 이곳에 정이 들어간다" - 현선섭 · 서수선 ... 167
"영어 못해도 잘 살지" - 허인희 · 백복연 ... 201
"천국 옆집 사람들의 안식처" - 하와이 한인회 / 박봉룡 ... 219

3장 인심 좋고 일자리는 많고, 맹숭이 청년들은 의욕에 찼고 ... 232
"로스앤젤레스 한인의 자부심과 긍지" - 김시면 · 김옥자 ... 237
"나한테 오면 기본 30년이야" - 이용규 ... 255
"남의 나라에 산다는 것" - 안영대 ... 279
"불난 자리에 불꽃이 핀다" - 이돈 ... 293
"사표 수리도 전에 와버린 미국" - 이재권 · 이성호 ... 313
"한국계 미국인이 될 것인가, 미국에서 사는 한국인이 될 것인가" - 정신화 ... 342

4장 지나온 길, 그리고 가야할 길 354

"코리안 아메리칸의 뿌리" – 대한인국민회기념회 / 민병용 · 권영신 358
"나의 뿌리가 있는 그 곳" – 레슬리 로즈 송 384
"미국 사회의 일원으로" – LA한인회 / 로라 전 402
"변화를 이끄는 소수자들의 연대" – 한인타운노동연대 / 강두형 426

5장 금싸라기 긁어모을 줄 알았지 442

"사전 찾아가며 이어간 대화" – 강애나 450
"금문교가 어디냐" – 황왕자 465
"샌프란시스코의 태권도장" – 백행기 · 백세라 479
"사람이 좋으면 피부색은 상관없어요" – 백호 501
"함께 사는 거죠, 지역에서" – 샌프란시스코지역한인회 513

구술자 명단 522
참고 문헌 523
세계시민으로 사는 경북인, 지난 8년의 여정 524

1장

잊혀진 사람들

1905년

17세 소년 권도인은 신세계에서 펼쳐질 새로운 삶을 꿈꾸며 하와이행 배에 올라탔다. 1888년 경북 안동에서 태어난 그는 대학에 진학해 신문물을 공부하고 싶었다. 고향에서 아버지처럼 농사짓고 살아가는 삶을 받아들일 수 없어 하와이 농장 이민자 모집에 응했다. 한 달간의 항해 끝에 그는 1905년 2월 카우아이섬 콜로아 농장에 도착했다. 뜨거운 뙤약볕이 내리쬐는 사탕수수 농장에서의 삶은 힘겨웠다. 그 사이 소년은 24세 청년이 되었다. 가족을 꾸리고 싶었던 그는 여느 다른 한인 이민자들처럼 자신의 사진을 한국의 중매쟁이에게 보냈다.

1912년

　18세 소녀 이희경은 중매쟁이가 보여 준 사진 중 한 장을 골랐다. 1894년 대구에서 태어난 그녀는 신명여학교를 졸업한 신여성이었다. 중매쟁이는 하와이에 가면 대학에 다닐 수 있다고 했다. '사진신부'란 답답한 유교 사회에서 벗어날 수 있는 해방구처럼 여겨졌다. 그렇게 소녀는 한 손에 신랑감의 사진을 들고 호놀룰루 항구에 도착했다. 그리고 자기 사진을 들고 있던 한 남자를 발견했다. 바로 권도인이였다. 처음 만난 둘은 곧바로 항구 근처에 위치한 이민 사무소에서 목사의 주례로 결혼식을 올렸다. 이렇게 하와이에 또 하나의 한인 가정이 탄생했다. 100여 년 전, 태평양 한가운데 위치한 '미지의 신세계' 하와이에 경북인들이 뿌리내리기 시작한 것이다.

하와이 호놀룰루 항구

1903년 1월 13일. 한인 이민자들을 태운 갤릭호가 하와이 호놀룰루 항구에 도착했다. 공식적인 미주 한인 역사가 시작되는 첫날이었다. 일본에 들녘을 빼앗긴 가난한 농민들과 유교적 질서를 탈피하고자 한 많은 사람이 신세계에 발을 들여놓았다. 초기 한인 이민자들은 대부분은 20대 남성들이었으며 40%는 기독교인이었다. 1903년부터 일본에 의해 한인의 하와이 이민이 금시된 1905년까지 7,800여 명이 하와이에 건너왔다. 구한말 하와이 이민자의 이민 전 거주지 연구 결과에 따르면 1903년부터 1904년까지 총 193명의 경북인이 하와이로 이주해 왔다.

　하와이에 도착한 한인 이민자들은 하와이 전역의 농장으로 흩어졌다. 이들은 일요일을 제외하고 매일 사탕수수 농장과 파인애플 농장에서 하루 10시간씩 일했다. 그러나 고된 노동 끝에 주어지는 한 달 임금은 18달러에 불과했다. 또한, 한인 이민자들은 인종 간 혼인을 금지하는 '인종 간 금혼법Anti-Miscegenation Law'으로 인해 가정을 꾸릴 수 없었다. 이에 대한 해결책으로 1910년부터 '사진신부'들이 한국에서 오기 시작했다. 사진결혼은 1924년 5월 '동양인 배척법안The Oriental Exclusion Law'이 통과될 때까지 계속되었고 그 사이 951명의 영남 출신 사진신부가 하와이로 와서 새로운 가정을 꾸리기 시작했다.

　떠나온 이들은 한시도 조국을 잊지 않았다. 사탕수수 농장 일꾼들은 힘들게 일하고 받은 삯을 한푼 두푼 모아 조국 독립자금에 보탰고, 사진신부들은 어머니로서 자녀들을 돌보고 가정을 책임지며 한인사회의 기둥이 되었다. 여러 농장에 흩어져 살던 이들은 주말이면 교회로 모였다. 한인 교회가 중심이 되어 2세 자녀교육과 조국 독립운동을 해나갔다. 한인감리교회가 중심이 된 국민회, 한인기독교회가 중심이 된 동지회가 하와이에서 활동했으며 경북 출신 여성들은 '영남부인회'를 조직하여 십시일반 독립자금을 모아 독립운동에 보탰다.

도산 안창호의 딸 수전은 이렇게 회고했다. "내 세대 한국여성들은 어머니로부터 배우고, 그 유산을 물려받은 덕분에 성공할 수 있었습니다. 우리는 나라를 빼앗겼기 때문에 미국에 와서 살게 된 것이고 우리의 부모들은 모두 조국의 독립운동에 참여했습니다. 그렇게 하지 않으면 한국 사람이 아니었습니다."

하지만 일본의 진주만 공습을 시작으로 발발한 2차 세계대전으로 인해 하와이 한인들은 조국과 연결된 끈을 잃었다. 전운이 감도는 하와이에서 한국어학당들은 문을 닫았고 장성한 아들들은 미군의 일원이 되어 전쟁터로 떠났다. 그리고 1945년, 꿈에 그리던 광복을 맞았으나 조국에서 수많은 사탕수수 노동자들과 사진신부들은 점점 잊혀져갔다. 그리고 그들의 자녀들도 어느덧 부모님의 언어, 부모님의 나라를 잊어갔다.

언제부터인가 하와이에 다시 부모님의 언어가 들리기 시작했다. 어수선한 해방정국과 1950년 발발한 6·25전쟁으로 인해 한국에 주둔한 미군들이 한국에서 만난 부인과 자녀들을 데리고 본국으로 돌아오기 시작한 것이다. 6·25 전쟁 이후 1989년까지 약 9만 명의 한국여성이 새롭게 미국 땅에 발 디뎠다.

그녀들은 언어도 문화도 다른 이곳에서 꿋꿋이 새로운 삶을 개척해 나갔다. 한국 식료품점을 열고 한인 식당을 운영하며 한국문화를 전파했다. 하지만 한국인 군인 아내들은 남편의 가족과 이웃들에게 이방인 취급받으며 소외되었고 같은 한인 이민자들의 멸시 어린 눈빛도 견뎌내야 했다. 결국, 그녀들은 자신들만의 커뮤니티 안에서 서로를 위로하며 살아갔고 존재하지만 존재하지 않는 듯 한인 사회에서 지워져 갔다.

1장 '잊혀진 사람들'은 우리가 다시금 기억해야 할 사탕수수 노동자와 사진신부, 그리고 그들이 맺은 열매인 하와이 초기 이민 2세들에 대한 이야기다. 또한, 미주 한인 이민사에서 절대 지워져선 안 될 군인 아내들의 이야기이다.

하와이 와이파후 플랜테이션 박물관의 한국관에 전시된 무궁화 한반도 지도

하와이 빅아일랜드 알라에 공동묘지에 묻힌 한인들

당신의 산타아나스는 무엇입니까

한 지붕 두 가족

에스더 정희 권 아리나가 · 권영철 남매 / 초기 이민 2세, 하와이 호놀룰루

남매의 부모님은 사탕수수 농장 노동자와 사진신부로 하와이에 온 권도인 · 이희경 부부다. 1920년대 하와이에서 태어난 남매는 이제 마지막 남은 초기 이민 2세다.
 남매의 기억 속 부모님은 항상 바쁘셨다. 아버지는 가구사업에 몰두하는 동시에 대한인 국민회의 하와이 콜로아지방회의 회장으로 활동하며 임시정부를 재정적으로 지원했다. 어머니는 대한부인구제회, 영남부인회 회원으로 활동하며 독립군자금을 지원했다. 바쁘신 부모님을 대신에 맏딸인 정숙이 남매를 돌봐주곤 했다. 매주 일요일, 한인감리교회의 예배에 참석하는 것이 가족이 다 함께 보내는 거의 유일한 시간이었다.
 그러나 1945년, 부모님이 그렇게 고대하던 광복을 맞았을 때 고국은 그들을 잊어갔다. 부모님은 몇 차례나 귀국을 시도했지만 결국 조국 땅을 다시 밟지 못한

채 하와이에서 생을 마감하셨다. 부모님이 활동하신 국민회가 이승만의 동지회와 갈등 관계에 있었기 때문이다.

남매는 부모님의 삶을 보고 자라며 각자의 길을 선택했다. 막내 에스더는 어머니를 닮아갔다. 어머니의 나라, 어머니의 언어를 잊지 않기 위해 노력했다. 그리고 인권변호사가 되어 부모님의 나라에서 온 사람들을 도왔다. "제 삶은 가난한 이들과 어려움에 처한 이민자들을 위해 쓰였습니다. 변호사로 일하며 큰돈을 번 적이 없어요. 이러한 제 성정은 어머니에게서 온 것 같아요." 그녀는 1992년 하와이 '올해의 여성변호사상'을 수상했다.

오빠 영철은 하와이 다문화 사회에서 살아남기 위해 동생과 다른 길을 택했다. 그는 하와이에서 태어난 하와이인으로서 이곳의 다양한 문화를 존중하며 살고 싶었다. 자신에게 한국인의 피가 흐르는 것은 맞으나 한국적인 것을 고수하고 싶지 않았다. 태평양 전쟁이 발발하자 그는 미군으로 입대해 필리핀과 오키나와에 파병되었다. 아버지는 조국 독립에 보탬이 되길 바라는 마음이셨지만 그는 미국 사회의 일원으로서 참전한다고 생각했다. 목사가 된 그는 평생 '다문화 존중'이라는 자신의 신념을 지키며 살아왔다. 1962년부터 3년간 어린 시절 '적진교회'라 불렸던 한인기독교회의 협동목사로 재직했고 그 후 진보적인 미국연합그리스도교에서 오랜 기간 활동하였다.

영남부인회

에스더 정희 권 아리나가 / 1928년생, 초기 이민 2세, 하와이 호놀룰루

사탕수수 노동자 아버지와 사진신부 어머니

저는 에스더 정희 권 아리나가 입니다. 1928년 호놀룰루에서 2남 2녀 중 막내로 태어났어요. 일본인인 남편 성을 따랐기 때문에 성이 아리나가 에요. 아버지는 경북 안동 출신으로 플랜테이션 농장 일꾼으로 하와이에 오셨어요. 어머니는 대구에서 신명여고를 나오신 후 미국에 사진신부로 와서 아버지를 만났어요.

아버지가 처음 하와이 이민자 모집에 지원했을 때 17세였어요. 미성년자라는 이유로 선발되지 못했죠. 그래서 두 번째 시도 때는 18살이라고 나이를 속였고 결국 하와이로 가는 여정에 합류할 수 있었어요. 아버지는 1905년 2월 하와이에 도착해 카우아이 섬의 콜로아 농장에서 일했어요. 하지만 나이를 속인 게 금방 들통났죠. 당시 플랜테이션의 한인 노동자 봉급이 한 달에 18달러였는데, 아버지는 17세였기 때문에 성인과 똑같이 일하고도 2달러 적은 16달러를 받았어요. 아버지는 그걸 평생 마음에 담고 아쉬워했어요..

권도인, 이희경 부부

하와이의 한인 사진신부들.
둘째 줄 왼쪽에서 두 번째가 이희경이다.

제가 태어났을 때는 이미 부모님이 플랜테이션에서 나와 호놀룰루에서 살고 계셨어요. 저희 부모님은 다른 한인 이민자 부부들과는 좀 달랐어요. 당시 사진신부와 남편들은 열 살, 열다섯 살, 스무 살까지도 차이가 났어요. 남편이 나이가 많아서 플랜테이션을 나온 뒤 다른 일을 구하기 힘든 경우가 많았고 어린 처와 아이들을 두고 세상을 떠나는 경우도 있었죠. 하지만 저희 아버지와 어머니는 여섯 살 밖에 차이 나지 않았어요. 두 분 다 젊으셔서 함께 사업을 일궈나갈 수 있었죠.

호놀룰루 최고의 인기 가구점, '권'

1929년에 아버지는 호놀룰루 도심의 누아누 애비뉴Nuuanu Avenue에서 가구사업을 시작하셨어요. 그런데 그해 미국에서 대공황이 시작됐어요. 사업을 시작하기에 최악의 때였죠. 하지만 아버지는 굉장히 창의적인 분이셨어요. 항상 새로운 것을 갈구하셨고, 새로운 것을 생각해 내셨어요. 그래서 어려움에도 불구하고 사업을 잘 이끌어가셨죠. 아버지는 가구점을 할 때 가구 업자들과만 일하는 것이 아니라 실력 있는 장식가들과 함께 일하셨어요. 30년대 후반쯤 'D.Kwon권' 가구점은 호놀룰루에서 가장 인기 있는 가구점 중 한 곳이 되었고 도리스 듀크Doris Duke(1912-1993) 아메리칸 담배회사, 듀크대학교 설립자 제임스 뷰캐넌 듀크의 상속녀, 미국 사교계 명사 같은 유명 인사들이 단골손님으로 왔었죠.

더욱이 아버지는 발명가이기도 했어요. 최초로 대나무 커튼을 만들어 '포인시아나Poinciana'라는 이름으로 특허를 획득하셨어요. 그때 즈음 아버지는 부단한 노력 끝에 영어도 굉장히 잘 구사하게 되었고 좋은 고객들도 만나셨죠. 하지만 개인 사업을 한다는 건 힘든 일이었어요. 수입이 일정치 않았고 고객들이 어서 빨리 대금을 지급해주길 기다리는 게 다반사였어요.

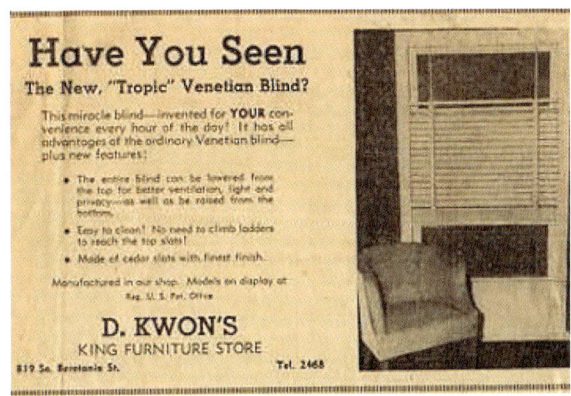

당시 인쇄된 권 가구점 광고

권 가구점

두 개의 삶, 부모님의 꿈과 현실

어렸을 때 부모님은 항상 바쁘셔서 뵙기가 힘들었어요. 아버지는 항상 사업 때문에 바쁘셨어요. 항상 새로운 것을 고안해내기 위해 공장에서 시간을 보내셨죠. 특히 어머니는 두 개의 삶을 사셨는데 하나는 아버지와 같이 일하는 거였죠. 가구 덮개 장식을 직접 바느질하셨어요. 또 다른 하나는 교회와 영남부인회 활동이었어요. 호놀룰루 한인 감리교회의 여성봉사회 회원으로서 교민들을 도왔고 경상도에서 이민 온 여성들이 주축이 된 영남부인회 활동도 열심히 하셨어요. 1918년에 세 살밖에 되지 않은 언니를 데리고 고국에 가서 독립운동을 도우셨죠. 1919년 3월 1일 서울에서 있었던 독립운동에도 직접 참여하셨다가 일본군에게 체포되어 1년 가까이 옥살이를 하셨어요. 하와이에 돌아오기 위해 경유한 일본에서도 시위에 참여한 것이 문제가 되어 요코하마 이민국에 붙잡혀 두 달 가까이 옥살이를 하셨죠. 어머니는 돌아와서도 독립운동을 하느라 늘 바쁘셨어요. 하지만 그게 아쉽지는 않아요. 그게 엄마의 삶이었으니까요.

저는 자식으로서 (어려운 상황 속에서도) 저희를 이렇게 키워주신 부모님을 존경합니다. 또한, 한국 독립을 위해 일하신 부모님이 무척 자랑스러워요.

저희 부모님이 미국에 오신 이유는 플

1918년 한국에서 혁명가 복장을 입고 찍은 사진. 왼쪽이 이희경이다.

랜테이션 농장에서 일하기 위함이 아니었어요. 두 분 다 미국에서 공부하고 대학에 가는 게 꿈이었지만 생계를 위해 일하시느라 그 꿈을 실현하지 못하셨죠. 그 대신 자녀들 교육을 위해서 헌신하셨어요. 다른 한국인 이민자들과 마찬가지로 부모님은 교육이 성공의 열쇠일 뿐 아니라 진정한 사람이 되는 과정이라 생각하셨어요. 제가 하와이 대학을 졸업하던 날 아버지는 뜨거운 눈물을 흘리셨어요. 네 명의 자녀 모두가 대학 졸업장을 받길 바라던 아버지와 어머니의 꿈이 실현되었기 때문이에요.

1945년 한인감리교회 여성회원들의 하와이 적십자 활동. 오른쪽 첫 번째 의자에 이희경이 앉아있다.

둘째 엄마 second mom가 되어준 큰 언니 정숙

(바쁘신 부모님) 대신 큰언니가 저희의 둘째 엄마였어요. 큰언니 마거릿, 그러니까 정숙은 저보다 14살 위였어요. 제가 기억하기로 엄마가 한국에 가 계셨을 때 저희 남매 모두가 감기에 걸렸어요. 언니 자신도 아팠지만 언니는 우리를 돌봐야 했죠.

언니가 대학에 다닐 때 우리에게 많을 것을 가르쳐줬어요. 프랑스어 강의를 듣고는 프랑스어 구절을 가르쳐주기도 하고 영어를 어떻게 하면 더 잘하는지 가르쳐주기도 했어요. 정말이지 재밌었죠. 언니는 우릴 상대로 일종의 교수법 연습을 한 거예요. 후에 영어 선생님이 됐죠. 언니는 우리 가족 중 처음으로 대학에 진학했기 때문에 부모님께서 아주 자랑스러워하셨어요. 언니는 우리 가족의 개척자 같은 존재였어요.

1958년 아버지와 언니 정숙

1937 정숙의 대학 졸업식. 어머니와 정숙

하와이 한인사회의 분열

2차 세계대전이 많은 것을 바꿔놓았어요. 전쟁 때문에 한국학교 운영이 중단되었고 한인 이민 1세들이 가지고 있던 한국과의 연결고리가 끊겼거든요. 전쟁의 결과로 우리는 (하와이 현지 사회와 문화에) 좀 더 섞여 들이갔던 것 같아요.

그리고 두 교회의 분열은 국민회는 감리교(한인 감리교회), 동지회는 장로교(한인기독교회)를 바탕으로 결성되었다 한인 사회를 둘로 분열시킨 것과 같았어요. 하지만 학교에 가면 우린 (어느 교회, 단체에 속하든 상관없이) 다 같이 어울려 놀았어요. 저희는 적이 아니었어요. 친구였죠. 하하. 하지만 저희 부모님들은, 흠... 마치 전쟁같이 싸우셨죠.

1915년 하와이 한인감리교회.
가장 앞줄 오른쪽에서 10번째 자리에 이희경과 정숙이 있다.

재미있는 게요, 세월이 흐르고 2008년쯤 이었을 거예요. 제가 여든한 살 이였는데 한인기독교회, 그러니까 저희가 적진Enemy 교회라 부르던 곳에서 한국문화 클래스가 있었어요. 첫 수업 때 어떤 여자분이 저를 가만히 보시더니 이름을 묻는 거예요. 저는 권이라고 대답했는데 "혹시 오빠가 영만이에요?" 라고 되묻는 거예요. "예스"라 했더니 "오, 반대쪽에서 오셨네요!"라며 놀라워했어요. 하하하. 벌써 50년도 전 이야기인데 아직도 그렇게 생각하는 거예요. 하지만 과거는 잊자고 생각했어요. 저희는 벌써 80대니까요.

한인기독교회의 한국어강좌 수강생들과 에스더 (뒷줄 왼쪽에서 첫 번째)

한 지붕 두 가족

저는 항상 우리 둘이 셋째인 영천과 막내인 에스더 한 가족이었고, 저희 위의 언니와 큰오빠가 또 다른 한 가족이었다고 생각했어요. 아버지는 아니었지만 어머니는 전형적인 한국 어머니였고 장남과 장녀에게 기대하는 것이 많으셨죠. 어렸던 우리는 좀 더 자유분방하게 자랐어요.

어머니는 1947년에 돌아가셨어요. 제가 결혼하기 전이죠. (살아계셨다면) 당연히 일본인과의 결혼을 반대하셨을 거예요. 사실 중국인, 일본인, 한국인 모두 다른 민족과의 결혼 inter-marriage을 반기지 않았죠. 특히 한국인은 "일본사람 절대 노, 노, 노, 노(No, no, no)"였어요. 그래서 큰오빠와 언니는 한국인과 결혼했어요. 하지만 우리 둘은 일본인과 결혼했죠. 아버지는 굉장히 도량이 넓으셨어요. 아마 플랜테이션에서 (차별당했던) 경험이 정의와 공정에 대한 강한 생각을 심어주었던 듯해요. 한인 사회에서 반일감정이 강했지만, 아버지는 일본계를 많이 고용하셨었어요. 게다가 아버지 고객들은 전부 백인들이었거든요.

그리고 정말 중요한 점은 모두가 한국인과 결혼 할 수 있을 만큼 한국인이 많지 않았다는 거예요! 하하하. 그때 한국인은 겨우 7천 명 이였어요. 오늘날 LA를 보세요. 한국인이 100만 명이에요. 하지만 당시 하와이는 갓난아기부터 노인까지 전부 다 합쳐야 7천 명 이였어요. 원래 있던 한인들도 적었고 1965년 전까지 새로 오는 한인 이민자도 없었어요.

전쟁신부들이 소개해준 한국음식

1965년 즈음 매우 중요한 변화가 있었어요. 1924년 '동양인 배척법'이 제정되고부터 1965년까지 동양인들의 미국이민이 금지되어 있었어요. 매캐런 법$^{McCarran\ act}$ 제정 이후 1970년대부터 본격적으로 한인들이 다시 오기 시작했어요.

그러나 그전부터 하와이에는 전쟁신부$^{War\ bride}$들이 있었어요. 한국전쟁 때 한국에 갔던 미군 중 상당수가 (한국인 아내를 데리고) 하와이로 돌아왔어요. 우리가 자랄 때는 한국 라디오 채널도 없었고, 한국 식료품점도 없었고 한국식당도 없었어요. 전쟁신부들이 와서 가게를 열기 시작했죠. 저는 그들의 수가 많지는 않지만 정말 중요한 하와이 한인사회의 구성원이라고 생각해요. 저희는 1924년부터 전쟁이 끝날 때까지 한국과 단절되어 있었어요. 정말 소수의 한인이 한국을 방문했고 국제전화가 너무 비싸서 통화도 하지 못했어요. 전쟁신부들이 우리에게 한국음식을 소개했어요. 그건 정말 흥미로웠어요.

아버지에게 배운 한국어 단어

저는 다른 남매들보다 아버지와 친밀했어요. 아버지는 샌프란시스코에서도 사업을 하셨는데 거기서 사고를 당하셨어요. 머리 쪽에 심한 부상을 입으셨죠. 저는 대학원에 진학 할 예정이었지만 취소하고 아버지를 돌보았어요. 함께 시간을 보내며 아버지와 굉장히 가까워졌죠. 아버지는 머리 부상 때문에 영어를 잊으시고 한국어만 기억하셨어요. 하지만 제 한국어는 형편없었죠. 전쟁 때문에 저는 한국학교를 2년밖에 다니지 않았거든요. 아버지는 물건들 이름을 한국어로 말할 수 있고 저는 영어로 말할 수 있었어요. 그래서 제가 "디스 이스 어 펜$^{This\ is\ a\ pen(이것은\ 볼}$

펜입니다)"라고 하면 아버지는 펜을 한국어로 뭐라고 하는지 말했어요. 그런 다음 의자, 책상 등등. 그러면서 저는 한국어 단어를 많이 배웠어요. 그 시기에 저는 한국에 대한 관심이 커졌고 대학원에 진학해 한국을 공부했어요.

내 부모님의 나라에 흐르는 낙동강

저는 (다른 초기 이민 2세들과) 좀 다른 것 같아요. 대학에서 한국어와 한국 역사를 공부했기 때문이죠. 그리고 한국 이민자와 여성들의 이야기를 담은 책도 여러 권 썼고요. 하지만 제가 일본인과 결혼할 때 저는 한국과 일본, 그 어느 쪽에도 속하지 않겠다고 결심했었어요. 돌이켜 보니 그건 실수였어요. 그래서 전 돌아왔죠.

제 남편 고객 중 후쿠시마 서점 주인이었던 분이 후쿠시마로 우릴 초청했어요. 우리 부부는 일본에 가면서 한국도 가기로 했죠. 1987년, 그게 저의 첫 한국 방문이었어요. 일본 여행을 마치고 한국에 도착해서 공항 화장실에 갔어요. 그런데 화장실에서 어떤 사람이 노래를 부르는 거예요. 그때 "나는 한국에 있구나." 느꼈어요. 왠지 좀 더 편안했거든요. 일본과 한국이 뭔가 다르다는 걸 느꼈어요.

그리고 2004년에 부모님 유해를 현충원에 안장하기 위해 다시 한국을 방문했어요. 공식 행사를 마치고 우리 가족은 대구로 갔어요. 저희 어머니가 첫 졸업생인 신명여고에 가서 교내 역사관에 전시된 어머니 사진을 봤어요. 그러고는 아버지의 고향, 안동으로 갔죠. 안동에서 한옥에 머무를 때 하루는 모두가 일어나기 전 혼자 아침 일찍 일어났어요. 저는 강 쪽으로 혼자 걸어 내려갔어요. 낙동강, 저는 낙동강에 있었어요. 강물 위로 낙동강을 감싼 자연들이 비치는 모습은 정말이지 한 폭의 그림 같았어요. 그 순간, 나는 내 부모님의 나라에 돌아왔다는 것을 깨달았어요. 제 가슴 속에는 항상 한국이 있었어요.

2004년 가족의 한국 방문기

ANDONG

This is the actual site of Kwon Doin's family home, as determined by Prof. Kim. Nothing remains of the house, in Yeongyang village outside Andong.

Stephen, Esther, Grace at the site of the Kwon family house

Prof. Kim

Traditional village in Andong - under restoration

Our hotel - Nongam Jongtaek - ancient restored house of scholar Nong-am (1469-1555)

Slept on quilts on heated floor - very comfy!

Dosan Seowan Confucian Academy

After bidding our hosts farewell, we headed off to Dosan Seowan Confucian Academy, founded by the scholar Toegye Yi Hwang in 1561. It lies in a peaceful and delicious-smelling pine forest. Below is the Shisadan Islet.

36

자꾸만 맴도는 말, '어려워'

최근에 어머니께서 돌아가신 지 73년이 되었어요. 어머니의 목소리를 떠올리려 했는데 기억이 나질 않는 거예요. 그러고 보니 어머니가 한국어로 말하던 것만 들었기 때문에 영어로 말하던 어머니의 목소리를 기억할 수 없는 거였어요.

사무실에 앉아서 엄마가 했던 말들을 생각해 내려 하니 '한국', '어려워' 이런 것들이 떠올랐어요. 사람들은 자신이 아는 말, 들었던 말을 기억하잖아요. 제 경우에는 자주 떠오르는 것들이 '복잡해', '어지러워', '미안해' 이런 거에요. 엄마가 하시던 말 인 거죠. 제가 한글 쓰기를 시작했을 때도 가장 먼저 떠올랐던 게 '어려워'였어요. 얼마나 모든 게 어렵고 힘드셨을까…. 어머니 생각이 문득문득 납니다.

1931년 이희경과 에스더

하와이 한인 커뮤니티의 미래

이제 하와이의 코리안 아메리칸 2세들은 정말 얼마 남지 않았어요. 우리가 떠나면 우리가 기억하는 이 역사도 함께 사라지는 거죠. 그럼에도 한인 커뮤니티는 앞으로 더 커질 거라 생각해요. 새로운 한인 이민자들이 계속 올 거 같아요.

한국에서 새로운 이민자들이 오기 시작했을 때 초기 이민자들과 신 이민자들의 교류가 전혀 없었어요. 사실 제가 교류하는 2기 이민자 대부분도 대학교수거나 의사, 목사님 등 전문직에 있는 분들이죠. 그 외 우리가 만나는 다른 2기 이민자들은 식료품점에 가거나 식당에 갈 때 만나는 사람들이에요. 그런데 한국 식료품점에 가면 저는 제 한국어를 연습하고 싶은데 거기 계신 분들은 영어로 이야기하려 해요. 제가 한국어를 잘 못 해서 그런 건지 모르겠지만요. 하하.

그러나 지금 저희가 보고 있는 것은 2기 이민자들의 자녀들이에요. 정말 뛰어난 학생들이 많아요. (신문 등을 통해) 항상 그들에 대해 읽을 수 있어요. 그들은 특히 골프에 있어서 최고죠. 하하하. 제 생각에 2기 이민 1세들은 아직도 굉장히 한국적인 정서를 가지고 있어요. 하지만 그들의 다음 세대들은 어떨지 잘 모르겠어요.

하와이의 다문화 가족

 제 아이들은 (한국인의 정체성이 강한) 저의 영향으로 일본보다는 한국인에 가깝게 자랐어요. 제 쪽 가족은 모두 '베리 스트롱 very strong 한국인'이에요. 많이는 아니지만 한국문화에 대해 알죠. 하지만 제 딸은 중국계 유고슬라비아인과 결혼했어요. 제 손자들은 중국, 일본, 한국 그리고 슬로베니아. 이렇게 4개의 피가 섞여있어요. 그리고 둘째 아들은 아일랜드계와 결혼했는데 아이는 쿼터 코리안, 쿼터 재패니즈 하프 아이리쉬 인거죠. 셋째 아들은 벨기에 사람과 결혼했어요. 그러니까 셋째아들의 아이들은 일본, 한국, 벨기에가 섞인 거죠. 우리는 완전한 다문화 가족이에요. 하와이 사람들이죠.

권영철 / 1926년생, 초기 이민 2세, 하와이 호놀룰루

한국과 나를 구별하고 싶었던 소년

저는 권영철이고 목사입니다. 올해로 아흔하나죠. 1926년에 태어났어요. 제가 태어났을 때 제 위로 형 영만과 누나 정숙이 있었어요. 저는 넘버 쓰리였죠. 우리 가족은 캠프에 살았는데, 전부 한국인들만 있었어요. 그때 하와이에서는 한국인은 한국인끼리, 일본인은 일본인끼리, 중국인은 중국인끼리 살았거든요.

우리 가족은 한국 가정이었어요. 하지만 제가 말하고 싶은 건, 아기였던 저는 어떤 문화도 가지고 있지 않았어요. 전 일본어도 한국어도 몰랐어요. 하지만 한국문화권인 한국가정에서 자라며 '부모님께 순종해야 한다.' 같은 걸 배웠죠. 우리 가족은 일요일마다 교회에 갔어요. 그곳이 제가 자란 곳이죠. 교회는 한국인 공동체가 모이는 장소였고 우리는 교회에서 많은 것들을 배웠어요.

그리고 학교에 다니기 시작했을 때 중국계, 일본계, 필리핀계, 하와이 아이들과 함께 어울리며 이 모든 다양한 문화들이 섞여 나에게 밀려들어 왔어요. 그러니까 저는 어떠한 문화가 없는 상태로 태어나 한국인이 되었고, 자라면서 다양한 사람

아버지와 형 영만. 1935년

과 문화를 접하게 된 거예요. 어린아이였던 우리는 문화라는 게 무엇인지 이해하지 못했어요. 우린 그저 서로 다른 사람들일 뿐이었어요. 아이들은 모두 영어를 배우고자 했고 다들 모국어가 달랐기 때문에 영어가 우리의 소통 수단이 되었어요.

그러면서 저는 점점 더 저 자신과 한국을 구별하고 싶어졌어요. 저는 한국문화권이 아닌 다문화권, 이 새로운 문화권에 살고 있기 때문이었어요. 하와이 다문화사회에서 살아가기 위해 저는 점점 더 한국문화에서 벗어나고 싶었어요. 하지만 그건 쉽지 않았죠. 집에 가면 한국어로 말하고 학교에 가면 영어로 말해야 했으니까요.

말도 안 되는 우리들끼리의 이상한 영어

 재밌는 건 친구들이랑 놀 때는 애들이 한국어, 필리핀어, 하와이어, 중국어 이 모든 언어로 말한다는 거죠. 하하하. 모든 언어가 한데 섞여 혼재했어요. 뭐 말도 안 되는 크레이지 잉글리쉬Crazy English, 이상한 영어였죠. 하하. 하와이 친구들이랑 놀면 하와이어, 중국계 친구랑 놀면 중국어가 영어랑 막 섞이니까. 하하. 그래서 우리는 친구들에게 다른 언어들을 배우기도, 한국어를 가르쳐주기도 했어요.

공포스러운 축구 시합

 저도 6년 정도 교회의 한국학교에 다녔어요. 사실 지금은 한국어를 못하지만 그때만 해도 제가 졸업생 대표 연설을 한국어로 했었죠. 생각해보면 저는 어릴 때 한인교회 안에서 엄격하게 한국인으로 자랐어요. 교회가 한인들의 사회적 기관이었던 셈이죠. 당시 모든 한인은 힘겨운 시기를 버텨내고 있었어요. 교회를 통해 한인들은 힘을 합칠 수 있었고 더 강해질 수 있었던 것 같아요.

 그리고 교회는 독립운동의 중심지이기도 했어요. 제 어머니는 감리교 여성단체에서 활동하며 (독립자금을 모으기 위한) 모금 운동을 하셨어요. 박용만 장군이 하와이에서 조직한 군대를 위해 자금을 대기까지 했죠.

 그런데 국민회와 동지회는 항상 싸웠어요. 저는 그게 정말 보기 싫었어요. 한번은 한인 감리교회와 한인기독교회가 같이 축구를 했어요. 저희는 (감리교 측이었기 때문에) 한인기독교회를 좋아하지 않았어요. 하하. 그리고 그쪽도 저희를 좋아하지 않았죠. 그러니까 우리가 같이 축구를 하면 말이죠, 오…! 그건 공포였죠. 부모님은 철저히 한국인이셨지만 저는 한국인이 되는 것도, 한국인으로 구별되는 것도 원치 않게 되었어요.

1927년 누나인 정숙 (가운데 웃고 있는 소녀) 이 로얄 스쿨 7학년 때 찍은 사진.
영철도 후에 같은 학교를 다녔다.

누님이 하라면 해야 해

마거릿^{정숙}이 하와이대학교 신입생이었을 때, 정숙은 매일 저녁 우리를 데리고 스피치 클래스를 했어요. "아-아, 이-이, 오-오." 우리는 자러 가려고 애를 썼죠. 하하. 하지만 그녀는 우리를 돌봐줬어요. 어머니는 한국에 가셨고 아버지는 집안일을 전혀 하지 않으셨어요. 우리 남매는 집안일을 아주 일찍 배웠죠.

누나가 '해!'라고 하는 건 '누님' 말 대로 해야 했어요. 정숙은 우리가 집안일을 어떻게 해야 하는지 이야기해줬죠. 영만과 저는 집 청소를 했어요. 마거릿이 설거지를 했고 전 작았기 때문에 의자에 올라서서 식기들을 찬장에 넣었죠.

우리는 그렇게 순종을 배웠어요. 연장자를 존중하는 것. 그러니까 그게 우리 가정 안에서 정숙이었어요. 위계질서가 있었죠.

현충원에 묻힌 내 선조들과 내 부모

동생은 오랫동안 하와이 한인들에 대해 연구했어요. 그런데 동생 같은 사람을 제외하고 대다수의 2-3세들은 점점 더 한국독립운동에 관심이 없어졌어요. 당시 한인 커뮤니티는 하와이에서 한국적인 것들을 지키며 살기 위해 고군분투했지만 (2세들에게는) 한국적인 것들이 점점 덜 중요해졌죠. 하지만 최근 들어 한인 2-3세들은 다시 한국 역사를 이해하고 싶어 하는 것 같아요. 그래서 미주 한인 이민사를 기념하는 행사들도 예전보다 크게 하는 것 같네요.

우리 가족은 (해외 독립운동가 유해봉환 사업의 일환으로) 초청받아 2004년 한국 방문길에 올랐어요. 저희 부모님 유해를 대전 현충원에 안장하기 위해서였죠.

부모님의 현충원 안장식

 그때도 저는 한국적인 것을 별로 좋아하지 않았어요. 하지만 현충원을 방문했을 때, 제 마음에 변화가 일었어요. 저는 아버지 어머니가 한국을 위해서 온 힘을 다해 싸우는 걸 봤기 때문이죠. 자라면서 한국과 관계된 그 어떤 것도 하고 싶지 않았지만 돌이켜 생각해보니 그러지 말았어야 했어요.
 어린 시절, 모두가 가난했어요. 닭고기가 정말 아주 조금 들어가 있던 쌀죽을 먹었던 게 아직도 기억나요. 힘들게 일하며 살아남기 위해 고군분투 했던 사람들. 그 사람들은 내 선조들이고 내 부모였어요.

한국군들과 에스더 · 영만 가족.

부모님이 떠나올 때의 한국, 그리고 지금의 한국

한국에 가보기 전 저에게 한국은 '세계 주요 경제국이자 비리와 부패, 뇌물 수수가 만연한 나라'였어요. 대통령도 연루되어 선거를 새로 했죠? 오직 텔레비전과 신문기사를 통해 갖게 된 이미지였죠. 저는 '내가 읽은 것들과 대체 뭐가 다르겠어?'라는 마음으로 한국에 갔어요. 'OK, 정부에서 다 대준다니까 가보지 뭐.'라는 생각이었죠. 실은 (한국여행이) 꽤 재밌었어요. 전 한국어를 다 잊었기 때문에 몇 가지 중요한 문장들만 공부해갔죠. '배고파요', '화장실이 어디에요?' 이런 것들이요.

이태원에서 걸어 다니고 있는데 가판대 행상인이 저한테 일본어로 말하는 거예요! 제가 일본인같이 보였나 봐요! 그래서 저는 한국어로 말해줬죠 "노, 노, 아임, 한국 사람이야. No, No, I'm, 한국 사람이야." 하하하.

저는 한국 경제가 얼마나 발전했는지, 한국인들이 얼마나 열심히 살아가는지 보았어요. 돌아와서는 제가 한국에 대해 가지고 있던 생각과 가서 본 것들, 이 모든 것들이 섞였어요. 그리고 깨달았죠. 한국은, 이제 우리 부모님이 떠났던 때의 그 한국이 아니라는 것을. 많은 것들이 달라졌죠. 한국인들이 그토록 열심히 일했기 때문에 한국이 회복할 수 있었다는 사실을 잘 압니다. 그리고 저는 저희 어머니 아버지가 얼마나 열심히 일하셨는지도 알고 있어요. 부모님은 근면성실함, 자녀교육과 같은 한국적 가치를 (하와이로) 가지고 오셨던 거죠.

2004년 한국방문기를 담은 앨범

아이고 참말 죽겠다

 제가 교회 컨퍼런스에 참석했을 때에요. 저녁에 기도하는 시간이 있었는데 제 마음속에 떠오르는 게 뭐였는지 아세요? "아이고, 참말 죽겠다." 하하하. 나 참, 우리 부모님이 예전에 심지어 교회에서도 여자들이 같이 있다고, "아이고 참말 죽겠다."라고 말하곤 했던 게 떠올랐어요. 하하하.
 언어는 경험을 반영하는데, 한국인들의 힘겨운 삶과 어려움이 그들이 사용하는 언어에 반영된 거였어요. 그들이 "아이고 참말 죽겠다."라 말할 때 그건 희망이 없다는 걸 뜻하는 거였지만 사소한 문제에도 그렇게 말하곤 했죠.
 에스더 너도 무슨 문제가 있으면 '아이고 참말 죽겠다.' 그러잖아. 한국적인 거죠. 하하. 우리가 말하는 것, 우리가 기억하는 것은 우리가 경험한 것들이에요. 그러니까 우리가 그걸 말하는 거죠. 환경과 조건이 바뀌었지만 우리는 아직도 같은 말을 해요. 아주 작은 일에도 우리는 "아이고 참말 죽겠다."라고 말하죠.

새로운 미주 한인의 정체성

 첫 번째 이민 물결을 타고 온 사람들은 영어를 잘 하지 못했고 다들 플랜테이션에서 일해야만 했어요. 경제적으로 낮은 계층에 속할 수밖에 없었죠. 그러나 두 번째 물결을 타고 온 이민자 중 상당수는 전문직 종사자들이었어요. 교수, 기업인, 의사도 많았죠. 그리고 오늘날, 많은 한인 2, 3세들이 지역사회에서 경제적으로 사회적으로 성장했어요. 하와이 대법원 수석재판관이 된 한인 3세 로널드 문이 좋은 모범이라 생각해요.

지금도 하와이로의 이민은 계속되고 있어요. 미국 본토에서도 한국에서도. 이곳 주민들은 민족적, 인종적 배경이 모두 달라요. 여기엔 이슬람 모스크도 있고, 모슬렘 국회의원도 있죠. 다양한 민족과 인종, 문화가 공존하고 그것을 인정하는 곳, 그게 하와이에요. 저는 (이러한 하와이 다문화 사회에서) 저희 부모님 세대처럼 한국인의 정체성을 지키는 게 힘들다고 생각해요. 지금 하와이는 이 모든 사람들이 교류하고 소통하도록 하죠. 한국인이 되는 것은 다양한 문화와 정체성 중 하나에 불과해요.

그렇기 때문에 앞으로 '새로운 한인 정체성'이 한인들 사이에 생길 거에요. 한인 커뮤니티는 지금과 더 달라질 것이고, 더 섞일 거에요. 앞으로 단일민족주의는 옅어질 거고 다양성 주의가 더 짙어질 거예요. 초기 이민자들은 평생 단일민족주의적이었죠. 이민 2기들도 (1세들의 경우) 어느 정도 단일민족주의적이지만 다음 세대들은 다를 거예요. 지금도 한국에서 새로운 사람들이 다른 생각과 견해, 가치들을 가지고 이민 오고 있으니까요.

모든 문화의 혼합물, 하와이 아이들

제 아내 그레이스는 일본인이고 저는 한국인이에요. 우리 사이에는 아들이 셋이에요. 우리 아이들은 한국, 일본이 섞여 있죠. 그리고 의사로 일하는 큰아들 네이튼은 중국인과 결혼했어요. 그래서 우리 손자 손녀들은 한국, 중국, 일본의 피가 흐릅니다. 제가 보기엔 아이들 중 누구도 중국, 한국, 일본 문화와 가깝지 않아요. 아, 음식만 빼고요. 하하.

영만 · 그레이스 부부

아이들이 가진 가장 강한 문화적 아이덴티티 Identity, 정체성는 음식이에요. 우리 집의 경우 새해를 축하할 때 다 함께 모여 일본음식을 먹습니다. 모찌일본식 떡랑 뭐 다른 것들이요. 불고기도 같이 먹죠. 그게 아이들이 이해하는 문화해요.

아이들은 자신들이 3국의 정체성을 가졌다고도 생각하지 않아요. 이 아이들은 그저 하와이에서 태어나고 자란 하와이인이에요. 아이들이 학교에 가면 모든 다양한 문화가 혼재하죠. 우세한 한 문화가 없어요. 아이들은 중국, 일본, 한국에서 받는 영향이 없어요. 하와이에서는 고등학교에 가던, 대학교에 가던, 심지어 교회에 가도 다문화입니다. 아이들은 지금도, 앞으로도 계속해서 하와이의 다문화 사회 속에서 자랄 겁니다.

권도인 이희경 부부의 장남 양반의 가족사진.
부부의 자손은 미국땅에서 5대가 자라나고 있다

"마리 명순 오노무라"

이명순 / 1946년생, 1세, 평안도, 하와이 힐로

우리는 한산한 평일 오후, 한인 미용실이 있다는 소리에 힐로 쇼핑센터를 찾았다. '진주미용실' 간판이 우리를 맞아주었는데, 문을 열고 그곳에 들어서는 순간, '딸랑'이는 소리와 함께 내 눈앞에 여느 한국 미용실과 같은 풍경이 펼쳐졌다. 미용사 어머님은 손님 머리 손질에 여념 없으셨고, 한쪽에는 뽀글머리를 한 어머님들이 옹기종기 앉아 담소를 나누고 계셨다. 이곳은 힐로 어머님들의 사랑방이었다.

어머님들의 힐로 사는 이야기를 듣고 있는데 '딸랑'이는 소리와 함께 문이 열리고 세련된 정장 차림의 여성이 들어왔다. 같은 상가에서 동양 식료품 마켓을 운영하고 있는 이명순 씨였다. 그녀는 50년 전 주한미군이었던 남편을 따라 힐로에 왔다. 그 좋다던 미국에 와보니 '한국보다 더한 깡촌'이라 서글펐다. 그녀는 자신의 인생이 얼마나 기구했던지, 책 한 권은 거뜬히 나올 거라며 집으로 우릴 초청했다. 차로 한 30분을 달렸을까, 골짝골짝을 넘어 잔디정원이 넓게 펼쳐진 저택에 도착했다.

이영순씨가 운영하는 '더 오리엔트 커넥션'

이명순 씨는 1946년 평안도에서 태어나 5살 때 6·25 전쟁으로 가족을 잃고 남쪽으로 후퇴하는 군인 트럭에 실려 서울에 내려졌다. 그 후 수없이 많은 고아원을 전전하며 자랐다. 나만의 가족을 절실히 꿈꾸던 그녀는 한국에 파견 온 일본계 미군과 결혼해 하와이에 왔다. 사랑보다는 미국에 오는 게 목적이었다. 어차피 한국에서도 뿌리내리지 못한 삶이었다. 그녀는 더 나은 삶을 찾아 주저 없이 미국으로 떠났다.

그녀는 삶의 무게가 너무 무거워 정체성에 대해 고민할 새도 없었다. 그녀에게 미국, 한국, 일본 그 무엇도 중요치 않았다. 사느라 바빠 아이들에게 한국어, 일본어 둘 중 하나도 가르칠 시간이 없었다. 일본인 3세 아버지와 한국인 어머니, 한일의 피가 흐르는 미국인 아이들. 의사소통 수단은 영어였다.

그녀가 차려준 식탁에는 미국식 스테이크, 한국 된장과 일본 된장을 같이 넣고 끓인 된장찌개가 올라와 있었다. 꼭 그녀의 가족을 닮아 있는 상차림이었다. '마리 명순 오노무라'. 그녀의 이름은 그녀의 인생 그 자체, 하와이 다문화 그 자체였다.

참혹한 전쟁의 기억

나는 한국이름이 너무 싫은 거 있죠. 옛날이니까 순이지 뭐, 이명순. 내가 부모하고 헤어졌잖아요. 그래서 이북에서 해방 뒤에 태어난 건 아는데, 몇 월인지 몰라. 날짜도 몰라. 평안도인 것만 알아. 내가 일곱 살이었을 때 가족들이 전쟁 끝나면 올 테니까 할머니 말 잘 듣고 있으라 해요. 노인이랑 어린애는 안 죽인다고. 엄마 아빠는 젊고 하니까 나랑 여동생을 할머니한테 맡기고 피난 갔어.

어느 날 총알 소리가 다다다다다다 귀가 따가울 정도로 울렸어. 그러고 다음 날인가 군인 차 소리가 들리는 거야. 우리는 인민군들이 쳐들어오는 줄 알았어. 그런데 '아군입니다! 국군입니다! 다 나오세요! 전쟁 끝났어요! 우리가 이겼습니다!' 하는 거야. 나는 그 말 안 잊어버려. 우리 살았다! 너무 좋아서 내 동생하고 방공호에서 뛰쳐나와 만세만세 외치면서 폴짝폴짝 뛰었어. 그게 유엔군이었던 거 같아. 군인들이 우리 먹을 거도 주고 너무 좋은 거 있지.

그런데 한날 아침에 보니 한 사람도 없어. 다 가버렸어. 어린 마음에 얼마나 섭섭한지. 그러고 나서 얼마나 됐는지, 군인 두 명이 트럭 두 대를 타고 와서 막 소리를 지르는 거야. 빨리 내려가자고. 이게 마지막 기회다. 그때 군인들 트럭에 타고 남으로 내려왔어.

How do you do? 안녕하세요?

광나루 광장인가 거기에 우리를 다 내려놓더라고. 피란민들이 가득한데 나는 텐트에서 주먹밥 같은 거를 얻어먹으면서 연명했어. 그러다가 군인 트럭 타고 고아원으로 보내졌어. 당시에 원조는 오는데 고아원에 먹을게 없는 거야. 그래도 애들이 많으니까 살 것 같더라고. 땅속에서 몇 년을 못 놀았으니까.

어느 날 선생님이 옷을 다 정리하고 머리를 빗겨서 앉히더니 "오늘 손님이 오신다, 우리 고아원을 도와주는 분인데 이 미국 사람 오시면 How do you do? 하면서 전부 인사해야 한다." 라고 했어. 내가 이북에서 이 사람들이랑 안면이 있잖아? 옳다, 나 살려줄 사람이 오나보다 했어. 그래서 니 혼자 일어나시 "How do you do?" 소리치면서 인사했어. 미국 사람이 그게 기가 막혔나봐. 선생님께 뭐라 하더니 나를 집으로 데려갔어. 나를 어답션 adoption, 입양 한 거야.

그 사람이 미군 장교였는데 양부모님 일하러 가고 나 혼자 있으니까 외롭고, 동무들 생각나고 슬퍼서 못 있겠는 거야. 그래서 말 안 듣고 울고 발버둥 치고. 나는 그러면 내가 있던 고아원에 데려다줄 줄 알았는데, 시골구석 어느 나쁜 고아원에 데려다줬어. 거기서는 나이 많은 아이들이 어린애들을 그렇게 두들겨 때려. 너무 슬픈 거야, 어린 나이에도. 거기서 또 다른 큰 고아원으로 옮겨가고 또 옮겨가고. 수십 군데를 옮겨 다녀서 고아원 이름이랑 애들 이름 (기억하는 것도) 포기했어.

도망친 새 신부

12살 즈음 이북에서 우리 식구를 알던 가족들이 나를 데려갔어. 15살 때 동네 약국에 들렀는데 약사가 나한테 빠진 거에요. 그 사람은 30살. 내가 너무 어리고 가족이 없으니까, 누가 나를 사랑해주니까 무조건 따른 거야. 그 사람이 나를 정말 호강시켜줬어요. 18살 때까지 기다려주고 서울에서 크게 결혼식 했어요. 시어머니가 금목걸이 반지 패물 해주고, 프로펠러 타고 해운대 신혼여행 가고. 그런데도 나는 행복하지가 않아. 내 인생이 어떻게 돌아가는지. 도대체 뭐가 뭔지 분간을 못 해서 멍하니 바보가 된 거야.

신혼여행 갔다 왔더니 시어머니가 호적 옮겨야 한데요. 나는 가정을 모르던 사람이에요. 반평생을 전쟁 때 고아로 살고, 15살에 이 남자를 만나서 내가 뭘 알아요. 호적 옮기면 영원히 결혼하는 거야? 겁이 났어요. 그래서 결혼한 지 3개월 됐을 때 인천으로 도망갔어. 친구 집에 와서 생각해보니까, 나 이제 갈 데가 없어. 우리 집 갔더니 못 들어오게 해. 시집에도 이제 못 들어가. 그래서 어릴 때 극단 보고 틈틈히 배웠으니까 무용학원에서 무용을 가르치면 되겠다고 생각했어요.

대령과 무용수의 만남

우리 남편이 한국에 군인으로 왔잖아요. 그래서 한국에서 만났어.

우리 무용학원 원장님의 사촌 미스터 김이 미군 부대 통역관이야. 그분이 미국 독립기념일 날 (부대에) 공연하러 오라고 초대를 했어요. 7월 4일 인천 남구 문학동 산꼭대기에 있는 부대 극장 가서 우리 애들하고 공연을 했는데 점심시간에 미스터 김이 극장 뒤로 나를 데리고 가더라고. 누가 나를 만나자고 했데. 그게 우리 남편이야. 남편이 커멘더 Commander, 지휘관 인데 그날 프로그램 책임자였어. 일본계 미

미국에 오기 전 한국에서 남편과 이명순 씨

1965년 한국에서 무용수로 활동하던 이명순씨

한국 파병 당시 남편

국인이었는데 나한테 굉장히 관심을 두더라고. 우리 남편이 나를 좋아해 줘서 20살에 만나 6월 7일 날 결혼해서 들어왔어요.

　나는 사랑보다 미국 오는 게 목적이었어요. 장교니까, 미국서 왔다고 하니까. 옛날에 돈 있어야 미국가지 아무나 못가요. 여기 와서 다들 고생 많이들 했어요. 뭣도 모르고 미국이라고 와가지고….

한국보다 더한 깡촌

　이제 내 인생은 여기서 다시 시작되는구나, 여기서 내 가족을 형성해서 살아간다. 새 가족, 나만의 가족. 비행기에서 내리니까 그렇게 마음이 좋고 행복할 수가 없어. 1967년에 와서 처음에 LA에 살았는데 인종차별이 심해서 이듬해 남편 고향인 하와이로 왔어요. 1909년도에 우리 남편의 할머니가 하와이 섬 호노카아에 이민을 오셨어요. 하마쿠아 플랜테이션에 일하려고. 시부모님이 2세고, 우리 남편이 3세.

　하이고, 와보니까 허허벌판만 보이고. 어쩌면 좋아, 이거 돌아갈 수도 없고. 나는 이북에서 가족을 다 잃고 왔기 때문에 한국에 가족이 없어요. 아무도 없는 차에 우리 남편이 나 좋다 해서 따라 왔는데, 와보니까 한국보다 더한 깡촌이야. 젊은 사람도 없고 전부 60대 노인들만 있는 거야. 일본사람들도 대학교를 본토로 가면 하와이로 안 와요. 시골에 뭣 하러 오겠어요. 한국에서 우물가에서 떠들던 게 그렇게 그리운 거야. 사람이 그렇게 그리울 수가 없고, 한국이 그렇게 그리울 수가 없어.

1900년대 초반
하와이에 온 일본인 이민자들

한국보다 더한 일본 시집살이

　남편이 엔지니어였는데 한 달에 700불 받았어요. 건강보험, 퇴직연금 나가면 400불밖에 집에 안 들어와. 그거 가지고는 생활이 어려우니까 시댁에서 6년을 살면서 딸 둘을 그 시골에서 낳았어요. 그런데 (시부모님이랑) 풍속이고 말이고 안 통하잖아요. 할아버지 할머니가 사탕수수밭에서 고생하면서 일해서 호노카아에 땅을 샀어요. 성공하신 거죠. 이 사람 아버지도 꽤 성공해서 재산이 많았어요. 그런데 하도 어렵게 살아서 돈 쓸 줄을 몰라. 일본 사람은 여자한테 살림 살 돈을 안 줘요.
　내가 못 살겠는 거야. 이분들이 동양에서 하는 그 예의범절, 풍속이 없어요. 여기 와서 아메리칸 스타일로 생활하는 거야. 내가 예의범절을 지켜서 좀 모시려 하면 시부모님이 얘 왜 이래? 못 알아보는 거야. 나는 진심으로 부모한테 잘하려는 건데. "너 그러지 마, 우리 너 돈 안 줘. 이 집 니꺼 아니니까 알랑거리지마." 그러는데 되게 기분 나쁜 거야. 또 내가 한국여자니까 안 믿는 거야. 한국 돌아가자니 아무도 없고, 누가 나를 기다려 주지도 않고. 정말 어렵게 결혼해서 쫓아왔는데 발 디뎠을 때 한숨이 나더라. 하….

지옥으로 변한 아메리칸 드림

　처음에 남편이 1년만 참아달라더니 2년이 되도 (시댁에서) 나갈 생각을 안 해. 애가 생기면 살림을 따로 해줄 줄 알았어. 애 학교 가려면 힐로에 가야 하니까. 그런데 애가 생기니까 더 힘들어. 아기를 낳고 왔더니, 한국에서는 따끈한 밥에 미역국 끓여주고 하는데 핫도그 하나 줘.
　슈퍼마켓이 동네에 없어서 뭐 사 먹지도 못하지, 운전도 안 가르쳐줘서 어디 나가지도 못하지. 애들 둘은 보채지. 내가 기대했던 아메리칸 드림이 완전히 지옥으로 변한거야. 그래서 내가 완전히 병이 났어. 힐로 병원에 실려 가서 7일을 누워 있었어. 백인 의사가 남편한테 당신 가족 데리고 나와야 한다, 부인 안 데리고 나가면 못 산다고 해서 겨우 나와 살게 됐어.

그 뒤로 내가 국화꽃 가꾸는 꽃집에서 시간당 1불 80전을 받고 일을 시작했어요. 나한테 이게 어디냐 싶어서 일을 정말 열심히 했어요. 급여 받으면 아이들 밑에 조금 쓰고, 차 주유만 하고 다 저축했어요. 주유도 맨날 "Can I have only 5$ gas?"^{5달러 치만 주유될까요?} 그랬다고. 그렇게 내가 5년 동안 거기서 일하고 2천불을 세이브^{save, 저축} 했어요.

우리는 여기서 살아남아야 했다

그런데 일본인 동료직원이 해코지를 하는 거야. 그때는 직장가면 한국 사람 잘 안 써줬어. 직장을 가면 대게 일본사람들이야. 아침에 갔더니 누가 그 화원에 꽃을 다 싹둑싹둑 잘라놨는데, 동료들이 주인한테 내가 그랬다고 말한 거야. 그래서 거기서 일을 못 하게 됐어요. 나는 거기서 10년도 20년도 일하려고 했는데. 누명을 써서 기가 막힌 거야.

당시만 해도 하와이에서 한국 사람을 개똥으로 아는 거야. 하와이에 '코리안 바^{Korean bar, 한국 술집}' 소문도 나쁘게 나고 바에서 일하는 한국 여자들도 많았거든. 한국 사람 하면 다 거지, 미개한 나라, 바^{bar, 술집}, 바 걸^{Bar girl, 술집여자}이라 했었죠.

한번은 가게 점원으로 일하려고 면접을 보는데, 그 사람이 "너는 왜 바에 가서 일 안 하냐? 바에 가면 돈 많이 버는데."라고 했어요. 그때 내가 속이 상해서 따졌어요. '야, 한국여자들 그렇지 않아. 나는 술집이라곤 몰라, 알아? 당신이 한국인 싫고 술집 싫으면 거기 안 가면 되잖아. 왜 거기 가서 돈 쓰는데? 당신이 거기 가면 당연히 거기 일하는 사람들은 당신 돈 받아 갈 테지. 그 사람들은 당신 돈 보고 일하는 거니까. 우리는 돈을 벌어야 하니까. 우리는 여기서 살아남아야 하니까. 알겠어?'

마카다미아 농장

마침 하늘이 도왔어. 거기에 마우나로아 마카다미아라고 있어요. 엄청 큰 플랜테이션이에요. 거기서 사람 채용한 데서 갔더니 시간당 2불 65전 준대요. 거기서 백Bag, 가방을 하나 주는데 백 하나에 바켓Bucket, 양동이 4개가 들어가요. 한 트럭에 일꾼 25명이랑 반장 한명이서 같이 타고 농장으로 갔어요.

바닥에 떨어진 마카다미아를 일일이 손으로 줍는데 일이 너무 힘든 거야. 앉으면 못 일어나겠고, 일어나면 못 앉겠고. 그래서 기어가는데 플랜테이션이 얼마나 긴지 끝이 안 보여. 빨리 주워야지, 늦으면 반장이 와서 혼을 내. 뜨거운 뙤약볕에

마우나로아 마카다미아 농장에서 일하던 때의 이명순씨

힘들고 땀은 나지, 개미랑 지네가 막 기어 올라다니지.

그래도 해가 나면 좋은데, 여기(힐로)는 비가 많이 오잖아요. 비가 오면 나무 사이사이 완전 진흙탕에 가서 너트를 주워야 해요. 빗물이랑 흙에 다 젖어서 속에서 밀대는 물지, 땀은 나지, 보호경은 써야지, 김이 나서 앞은 안 보이지. 거기다 바켓 하나 들고, 바켓 3개 든 백을 끌고 가는데 죽은 송장 2개 끌고 가는 거 같아. 너무 힘들어서 많이 울었어요. 얼마나 아픈지, 너트가 얼마나 무거운지….

더 서러운 게, 점심을 싸가지고 와서 놔두면 어떨 때는 몽구스가 와서 그걸 훔쳐 먹었어요. 집에 가면 얼마나 허리가 아픈지, 누구한테 밤새 두들겨 맞은 듯이 아프고. 그래도 애들 집에 오면 치어리더 유니폼 빨래해서 다음 날 준비해야지, 음악 좀 가르친다고 피아노 레슨 연습시키지, 숙제 봐주고. 너무너무 힘든데 그래도 어떡해, 다음날 또 가야지. 그렇게 10년 일해서 2만 불을 모았어요.

마카다미아 농장 동료들과

원수를 선으로 갚아라

그런데 그렇게 힘들게 일하면 서로가 동정이 있어야 하는데 사람들이 살벌해요. 내가 너트 하나 안 줍고 지나갔다 하면 옆 여자가 반장한테 금방 일러요. 자꾸 그러면 내가 쫓겨나요. 거기 필리핀, 포르투갈, 일본 애들도 있는데, 반장들이 코리언이라하면 더 괴롭히는 거야. 포르투갈 사람이 나무 두 개나 그냥 지나갔는데 아무 소리 안 하고, 내가 너트 하나 실수로 안 주우면 그걸 못 지나쳐.

내가 원래 크리스천이 아니었는데, 꽃집에서 당하고 하도 억울해서 답답한 마음에 교회에 나갔어요. 성경책을 보니까 '원수를 원수로 갚지 마라. 원수를 선으로 갚아라.' 고해요. 그래? 알았어. 하나님을 믿어야지 그럼. 그래서 사람들이 나한테 아무리 못해도 용서하는 마음으로 일을 한 거야. 화내지 말고, 다투지 말고.

그런데 일본 아줌마랑 나랑 한 파트로 너트를 줍는 데 그 사람이 나를 굉장히 괴롭혔어요. 골라낸 돌을 자꾸 나한테 던지는 거야. 그러면 내가 다시 그 돌을 다 골라내야 하거든. 하루는 그 돌에 맞아서 허리를 다친 거야. 참다 참다 회사에 이야기했어요. 회사에서 그거 제일 싫어하거든 다쳐서 안 나오는 거. 나 이제 하나님 백이 있다, 동료들한테 따돌림 당하고 이런 거 이제 안 무섭다는 생각으로 보고했어. 그랬더니 일본 아줌마가 오피스 불려가서 야단맞고 이제 대우가 달라지는 거 있지.

하와이에 흩날리는 한복자락

하와이에는 크리스마스 때마다 페스티발이 있어. 인터네셔럴 페스티발. 내가 해마다 거길 나가서 한국 고전무용을 선보였어요. 거기서 1등 하면 75달러를 주는데 나가기만 하면 내가 1등을 했죠. 거기서 초청 무대 춤 춰주면 또 25불이 나왔어. 그래서 해마다 내가 한 거야. 나한테는 그 돈이 얼마나 큰 건데. 그걸 꼬박꼬박 받아서 저금했지. 그래가지고 내가 한국을 못 가는 거지, 돈이 아까워서. 한국에 누가 있다고. 내가 놀러 못가요. 놀러 가는 건 상상을 못해요

Our Best Wishes
to the Japanese Chamber of Commerce and Industry of Hawaii on the 16th annual International Festival Celebration.

****

For your Real Estate needs Call:

HIROMU YAMANAKA REALTY, INC.

116 Kamehameha Ave.,
Hilo, Hawaii

Phone: 935-5261

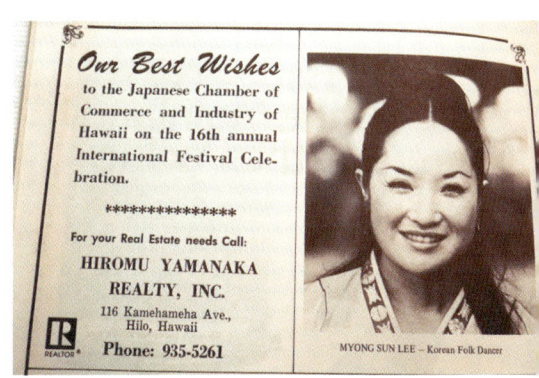

한복을 입고 하와이에서 고전무용을 선보이는 이명순씨

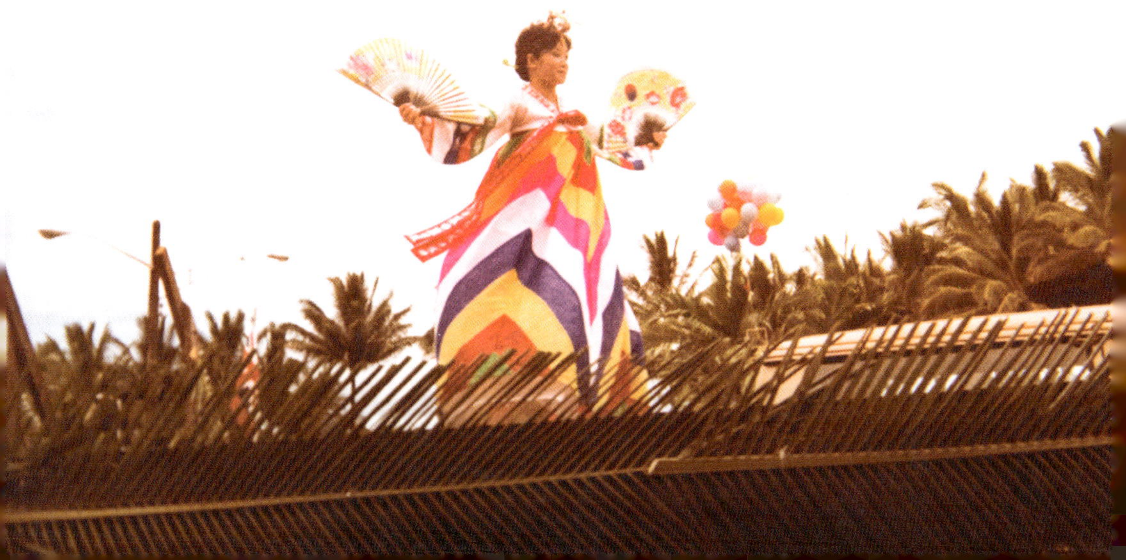

nd Korean Club/Al

힐로 쇼핑센터의 더 오리엔트 커넥션

내가 마흔두 살 일 때 이 가게를 시작했어요. 친구가 한국가게 하나 4만 불에 나왔다고 한번 해보라고 했어요. 나는 장사의 장자도 모르고 2만 불 밖에 안 모아놨는데 어떻게 하나 했지. 그런데 생각해보니 마카다미아 일 보다 덜 힘들지 않겠나 싶어. 그래서 대출을 해서 89년에 그 가게를 받았어. 처음에 물건을 어디서 들여와야 하는지도 모르고, 손님도 안 오는 거예요. 그래도 나는 다른 직업을 구할 수가 없으니까 이 장사를 열심히 했죠.

1989년 더 오리엔트 커넥션에서 이명순씨

나 혼자 중고차 끌고 항구에 가서 냉동식품을 받아왔어요. 한 상자가 50파운드^{약 22kg}야. 물건 싣고 오다가 중간에 엔진이 죽어버리면 지나가던 사람들이 밀어서 옆에 놔주고 가기도 하고. 갈치, 고등어, 조기, 동태 가시고 오면 내가 포장하고 가격을 매겨서 냉장고에 넣어놓고. 손님이 하나 들어오면 왕이라도 들어온 것처럼 있는 정성을 다하고, 김치를 만들어 팔고 반찬을 만들어 팔고 했더니 소문이 조금씩 나서 점점 손님이 오는 거야. 나는 그게 감사한 거야.

정신없이 살다 보니 애들이 대학교 가고, 하나씩 결혼하고. 이제 좀 잘살아 보자 해서 이 집으로 이사 온 거야. 그랜드 칠드런^{손자 손녀}들도 벌써 대학 들어가기 시작했지.

"이렇게 살아준 게 감사합니다."

캐미 권 황남희/ 1963년생, 1세, 대구광역시 중구 봉덕동, 하와이 힐로

현지 조사를 오기 전, 군인 아내로 미국에 오신 분들을 만나기 위해 여러 한인 단체에 문의했다. 그러나 "잘 모르겠다.", "우리 단체에는 군인 아내로 오신 분이 없다." 혹은 "군인아내들은 남편이 미국인인 만큼 현지사회에 동화되셨다."는 답변만 돌아올 뿐이었다. 현지에 와서도 수소문했지만 잘 모른다는 답변뿐이었다. 아쉬운 마음을 뒤로한 채 점심식사를 하러 힐로 다운타운의 한 동남아식당에 들어섰다.

쌀국수를 주문해놓고 우리는 말이 없었다. 그런데 우리가 앉은 자리 뒤로 한국인으로 보이는 분들이 식사를 하고 계셨다. 반가운 마음에 인사를 나누었다. 혹시나 싶어 아시는 분 중에 경북에서 온 분이 계시느냐고 물었다. 아니나 다를까, "여기 경상도 사람 많지."라며 연락처를 하나 적어주셨다. 대구에서 군인 아내로 오신 분이라 했다. 바로 캐미 권, 황남희 씨였다.

그녀는 고향에서 온 낯선 이들의 인터뷰 요청을 흔쾌히 받아주었다. 한적한 힐로 주택가에 위치한 그녀의 자택에 도착했을 때, 그녀는 미소 가득한 얼굴로 우리를 반갑게 맞아주었다. 그녀는 친구 엄마의 소개로 주한미군이었던 남편을 만나 미국에 정착했다. 그렇게 고향을 떠나온 지 올해로 34년. 소통도 잘 안 되던 남편과의 결혼생활은 10년도 안 돼서 끝이 났고 그녀는 살아남기 위해 안 해본 일이 없었다. 하지만 그녀는 그것을 고생이라 생각지 않았다. 덕분에 아이들이 잘 커 줬기 때문이다. 어렸을 때 종알종알 한국말도 잘 했던 아이들은 아버지 손에 자라며 한국어를 잊었다. 하지만 "엄마, 사랑해요."는 아직 기억하고 통화할 때 말해준다며 미소 지었다.

사람의 얼굴은 지나온 생애를 말해준다 했던가. 지나온 세월을 돌이키는 그녀의 얼굴에는 평안함이 가득했다. 그녀는 가슴 속 응어리 맺힌 아픔들을 이제 내려놓았다. 이렇게 살아 준 그녀 자신에게 고마워하며 하루하루 감사한 마음으로 살아가고 있다.

아버지와 엮이지 못한 어린시절

저는 황남희, 1958년생입니다. 저희 아버지 고향은 안동 와룡면 와룡리고 제 본적이 안동이에요. 아버지하고 우리 엄마하고는 두 번째 결혼이지. 큰 엄마 쪽에서 딸 둘 낳고 아버지가 대구로 와서 엄마를 만난 거야. 아버지는 돌 깨는 사람이에요. 대리석을 만드는 거죠. 어릴 때 대구 남구 봉덕동 살았는데 나는 진짜 공부도 되게 못했고, 학교도 가기 싫어서 밥 먹듯이 빠졌어. 공부하면 착실하게 잘 하겠는데, 공부 좀 할라하면 아버지가 술 사온나 시키는 거야. 아빠 술 주면 취해서 내만 괴롭히니까 차라리 내가 마시자 싶어서 막걸리를 맨날 사다 나르다가 이제 내가 취하는 거야. 술만 먹으면 나를 괴롭히고 책 같은 거 불 싸지르고. 책이 없어서 그다음 날 학교를 못가. 아버지가 첫 결혼에서 딸만 있고 두 번째 결혼에서도 딸만 있으니까, 딸이 싱그러운 거지. 그러다가 우리 남동생을 하나 낳더니만 세상에, 백 원짜리 지폐로 똥을 닦아줘. 그걸 내가 지금까지도 기억해. 나는 천덕꾸러기였어요.

초등학교 2학년 때 즈음 엄마가 나를 외갓집으로 보내서 왜관 중앙 국민학교 다녔어요. 우리 엄마가 아버지랑 엮어 주지를 않았어. 거기서 졸업하고 다시 대구로 내려왔는데 또 서울 엄마 사촌 집으로 가라더라고. 거기서 중학교까지 다녔죠. 고등학교 갈 때쯤 내가 도망 나왔어요. 그 집도 싫더라고. 친구들하고 마산, 통영으로 돌아다녔어. 어디든 도망이 가고 싶었어.

한국을 떠나고만 싶어 선택한 사랑 없는 결혼

어린 시절에 나는 집에 있기가 싫더라고. 한국 사람과 결혼할 거라는 생각도 안 들고 빨리 누구랑 결혼해서 한국을 떠나고 싶었어. 그러던 차에 봉덕동 살던 친구 엄마가 남편을 소개해줬죠. '남희야, 역마살 낀 것 매로 돌아다니지 말고, 내가 좋은 사람 한 명 소개해줄게, 그 남자랑 결혼해서 미국 가버려라. 니는 너거 아버지한테 맨날 두드려 맞기만 하고, 응? 한국 여기 있으면 뭐하노, 미국 가서 살면 되잖아 한국 나오지 말고.' 그러는데 솔깃하더라고.

그렇게 미군 남편 만나서 한국에서 한 1년 살고 첫딸 낳고 미국으로 온 거죠. 저는 그때 영어는 헬로도 못했어요. 근데 전 남편이 한국어를 좀 하더라고 다행히. 그래서 도망가기 위해 사랑 없는 결혼을 했죠.

언니의 호적을 빌려 발급받은 여권

사실 58년은 여권상이고, 본 나이는 1963년생이에요. 내가 미국 오기 위해서 우리 둘째 언니 호적을 빌려서 왔어요. (미성년자가) 국제결혼 하고 미국 오려면 부모님이 서명을 해야 되는데 아버지가 서명을 안 해주는 거야. 어머니는 반대 안 했는데 아버지가 반대했죠. 자기 눈에 흙이 들어가기 전에 황씨 집안에서 그런 꼴 못 본데요. 그래서 아버지를 안 좋아하던 둘째 언니가 도와줬어요. 나를 보내야 하니까 잠시 (서류상)이혼을 하고, (언니 호적으로) 제가 혼인신고하고 (미국)호적을 받자마자 미국으로 왔죠. 3개월 만에. 그때 제가 19살이었어요.

뉴욕에 내딛은 첫 발

1984년 7월 21일에 들어왔어요. 올 7월^{2017년 7월} 되면 34년이니까. 뉴욕공항에 내려서 또 소형 비행기를 타고 코네티컷으로 갔어요. 예일대학교 있는데, 거기가 시집이에요. 시어머니가 꽃다발을 줬어. 보니까 장미같이 가게에서 산 게 아니라 들꽃인데, 그래도 나를 위해 꽃을 가져다주는 그 사람이 너무 고마운 거야. 나는 남편이 좋아서 결혼한 게 아니라 한국을 떠나고 싶고 부모가 보기 싫어 도피 온 건데….

그때 뉴욕에는 한국타운도 있었는데 예일대 있는 데는 한국 사람 많이 없었어요. 거기는 유학생들이 살았죠. 한국 장로교회 딱 하나 있었는데 교인이 한 스무 몇 명 밖에 안되는 거야. 한인이 굉장히 없었지. 처음에 영어가 최고 곤욕이었죠. 말이 안 통하니까 외우고, 또 외우고 "하와 유?, 아임 파인 땡큐." 여기 와서 일하면서 영어학교 다니고 공부했죠. 그때는 젊었으니까. 지금은 그렇게 하라고 해도 못 할 거 같아요.

소세지 공장의 검은 사람

 남편이 무능했어요. 우체국에 다녔는데 괜찮은 직장인데 안 다니려고 하더라고. 그래서 영어도 못 하는 내가 직장을 다녔지. 코네티컷에서 3년을 존슨빌 소시지 공장에 다녔어요. 한국 사람 하나 없는 데 가서 밤낮으로 일했어요. 아침 5시에 가가꼬 저녁 7시에 오는 거야. 오버타임하면 돈을 많이 주니까 일요일도 일하고.
 직장에 검은 사람들이 참 많았어요. 우리는 검은 사람을 많이 상대 안 해봤잖아요? 내 옆에 검은 사람이 와서 이야기하니까 무섭더라고. 영어나 좀 잘 하면 이야기를 하겠는데 영어도 잘 못 하니까. 내 일하는 데 와서 자꾸 쳐다보고. 그 사람은 업무지시를 내리는 건데 나는 말귀를 못 알아 들은 거야. What? What? 뭐라고요? 껌뻑껌뻑 쳐다만 보고 바디 랭귀지만 하고. 테이프를 갈라는 건데 나는 못 알아듣는 거야. 점심에 밥을 먹으러 가도 그 사람만 보면 무서워. 자꾸 보니까 이야기하기가 편해지더라고. 3년을 같이 하니까.

힘겨운 결혼생활

 처음에 뉴욕 쪽에서 4년 살고 플로리다로 이사를 갔어요. 코네티컷 있을 때는 내가 걸어서 왔다 갔다 할 수 있으니까 직장 다니고 했지만, 플로리다에서 운전 못 하면 무슨 직장을 다녀요? 그래서 베이비시터 쓰느니 내가 애들 좀 보는 게 낫다 싶어서 당분간 일을 쉬었어요. 내가 직장 다닐 때는 별소리 안 하더니, 돈을 안 버니까 김치 냄새난다고 냉장고에 김치 넣지도 못하게 하고, 한국음식 집에서 먹지도 못하게 하니까 더 못 살겠더라고. 그 사람은 한국음식 안 먹어요. (애들 어렸을 때) 깍두기 잘라서 물에 씻어서 소시지랑 같이 밥을 멕였더니 남편이 왜 김치 먹이냐 그랬어요.

그래서 (플로리다에서) 교회를 가자마자 운전을 배웠어. 운전을 해야만 직장이 있고 살길이 있으니까. 교인들한테 운전 배워서 면허증을 내가 악으로 악으로 땄어. 오늘 이 동네에서 떨어지면 딴 동네 가서 또 치는 거야. 그렇게 세 곳을 옮겨 다녀서 합격했어.

(남편은) 내가 좋아하는 사람이 아니잖아요. 뭐 말이 통해? 진실한 말을 제대로 해봤어? 그 사람 속마음을 알아? 모르는 거야. 그냥 사는 거지. 그러니까 그 사람이 바람난 것도 이해해. 진정한 나에 대해 모르니까. 내가 그 사람한테 하고 싶은 말을 못하잖아, 영어가 안 되니까. 그래서 내가 몇 번을 칼 들고 죽여 버린다는 소리를 했어요. 쌓인 스트레스를 애한테 풀고. 그러니까 이 남자도 학을 뗐겠지. 지금 생각해보면 내가 잘못한 것도 많지. 너무 철도 없었고.

잊지 못할 구치소 독방에서의 3일

그러고 남편이 바람이 나서 플로리다 있을 때 이혼했어요. 내가 현장 목격을 한 거야. 왜 여자가 그렇잖아요. 싫든 좋든 그래도 새끼가 있는데. 나는 플로리다, 동네도 전혀 모르는 동네 와가꼬. 둘이 같이 있는 걸 내가 목격하고 작은 화분을 그 여자한테 집어던졌는데, 곧바로 경찰이 왔다고. 수갑을 채워서 곧바로 구치소로 들어갔죠.

내가 물건을 던져서 사람이 맞아서 상처가 났다 이거야. 내 죄명이 살인미수가 돼버렸어. 운이 안 좋은 게, 화요일이나 목요일에 그랬으면 다음 날에 재판받고 나올 수가 있는데 금요일 저녁에 들어가서 금, 토, 일 이유도 모르고 3일을 (구치소에서) 사는 거야. 월요일 아침에 재판받고 200불 내고 나왔어. 미국에 와서 산 세월 중 제일 곤욕스러웠어. 유치장 독방. 이건 사람이 환장하겠어. 독방에 있는 3일 동

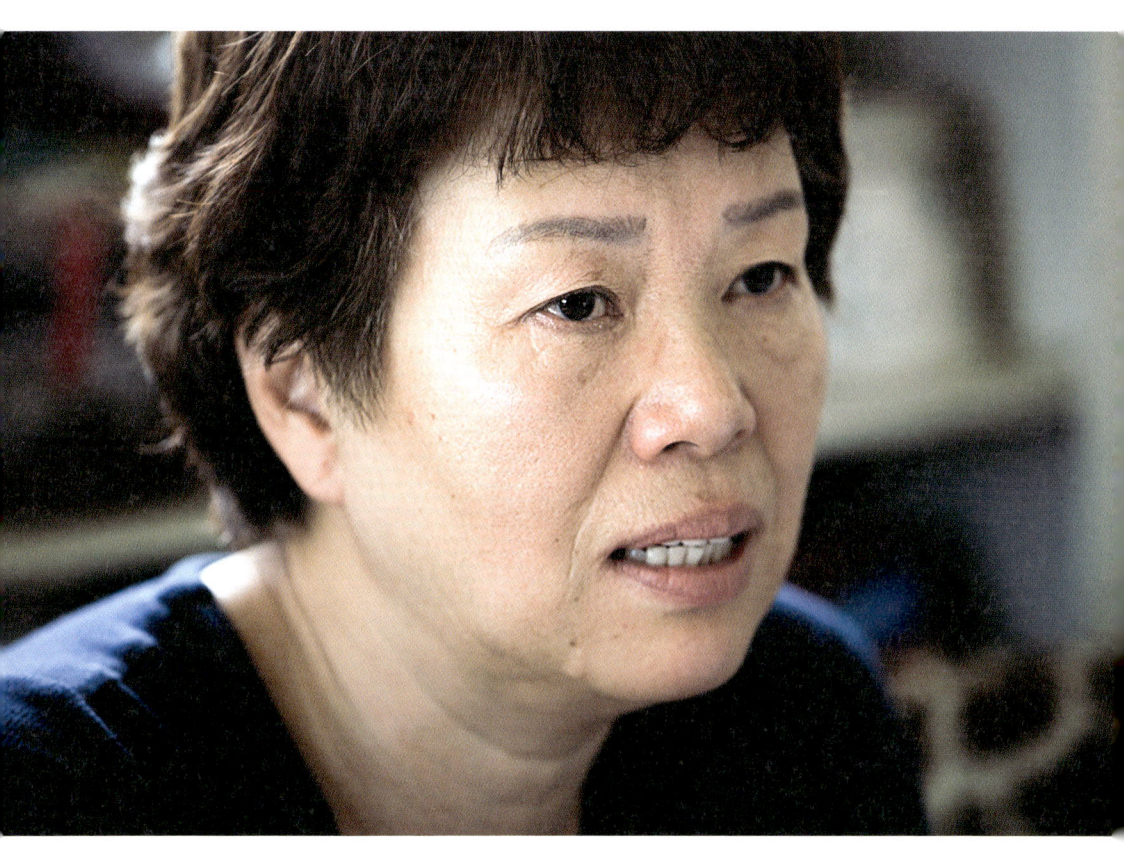

안 밥 한 끼를 안 먹었어요. 그때는 영어를 잘 못 해서 살인미수라는 것도 몰랐지. 나는 간단한 건 줄 알았는데 어마어마한 사건이더라고.

그래서 애 둘을 뺏겼지 살인미수 엄마라고. 우리 큰 딸이 9살, 우리 머시마가 5살 때였어. 제가 변호사를 써서 재판에서 이겨서 양육권을 찾아왔어요. 법원에서 (남편한테) 애 1명당 일주일에 70불 양육비를 주라고 판결을 했어요. 한 달을 계산하면 280불을 줘야 하는데 안 주는 거야. 그래서 내가 애들 못 보게 금지령을 내렸지.

일자리를 찾아 하와이로

하와이에 정착한 황남희씨

이혼하고 플로리다에서 내가 직장을 못 구해서, 하와이 한인회 광고에 빌딩청소 구한 다는 걸 보고 하와이에 왔어요. 그런데 애들 데리고 하와이 오려면 남편 서명이 필요하데. 남편이 애들 못 데리고 가게 하니까 또 법정싸움을 했지. 내가 배움이 있어, 미국에서 뭐가 뚜렷한 게 있어? 가만히 생각해보니까 차라리 저거 아버지가 키우는 게 낫겠다 싶어서 아버지한테 애들 주고 거꾸로 내가 양육비를 주기로 했어. 내가 하와이 와서 직장을 다니면 되니까. 그래서 하와이 와서 아이들 고등학교 졸업할 때까지 매달 한 명 당 300달러씩 양육비로 보냈어요.

낮에는 빌딩 청소하고, 저녁에는 식당에서 웨이트리스로 일하고. 애들 둘 양육비를 주려면 내가 수입을 맞춰야 되니까 일을 쉬지 않고 한 거지. 낮에는 8시간 금토까지 일하고. 토요일 일요일은 부잣집 가서 청소해주고. 저녁에 식당에 가면 새벽 2시까지 일하고. 거기서 한 4시간 차에서 잠을 자고 곧바로 낮 직장 가는 거야. 토요일쯤 되면 집에 들어와. 애들 양육비 줘야지. 집세 내야지. 아우 감당 못해. 근데 그거는 고생이라고 생각 안 해. 애들 잘 컸으니까.

LA폭동을 피해 하와이에 온 한인 유학생

호놀룰루에서 식당에서 일하면서 두 번째 남편을 만났죠. 그분이 LA에서 유학생으로 왔다가 폭동1992 LA 4·29 폭동 때문에 호놀룰루로 나온 거예요. 그 사람이 영주권이 없어서 이민국 조사하면 맨날 도망 다니고 숨어 다녔어요. 같은 한국 사람으로서 안됐더라고. 참 아프더라고. 그래서 내가 시민권자니까 저 사람이랑 결혼해주고 저 사람 날개를 달아줘야겠다 싶었어요. 그렇게 인연이 되어 우리 아들을 낳았어요. 지금은 그 사람도 시민권 따서 호놀룰루에 있어요.

새롭게 찾은 이름, '캐미 권(Camy Kwon)'

한국 본명은 황남희인데 미국 올 때는 황순화로 왔어요. 둘째 언니 이름으로. 1989년에 시민권을 따면서 (영어 이름을 등록해서) '캐미 권'이 된 거죠. 미국에 이름 짓는 책이 있어요. 첨에는 내가 '애나'라고 하려고 했는데 '캐미'라는 소리가 정감이 가더라고. 두 번째 결혼한 남편이 권 씨니까 '캐미 권'이 된 거죠.

우리 막내가 15살 때 1997년 즈음 일거에요. 힐로에 사는 엄마 사촌 조카, 먼 친척 언니가 오라고 해서 이곳으로 왔어요. 그 언니가 비즈니스를 하더라고. 내가 4년 동안 그 언니 집에서 웨이트리스 생활하고 돈을 벌어서 내 가게를 오픈했지. '캐미 슬라운' 그걸 내가 10년 했어요. 판지가 지금 9년 됐어요. 이제 일 안하고 이렇게 사는 거예요. 욕심 없으니까.

이렇게 살아준 게 감사합니다

　내가 역마살이 끼여서 여행 다닌다고 미국 50주를 안 가본 데가 없어요. 괌만 안 가봤지 다 갔다 왔어요. 여기가 내한테 제일 맞더라고. 그러니까 20년을 살죠? 안 그랬으면 또 떠났겠죠.
　한국이 싫어서 떠났지만 이제는 한국이 그리워요. 미국 온 지 15년 만에 한국을 처음 갔어요. 우리 엄마가 요양원에 계시는데 마지막으로 내 얼굴을 보고 싶다 해서 나갔어요. 그리고 1년이 안되어 돌아가셨지. 한 10년 전부터는 이제 마음에 여유가 있으니까 부모가 엮어주지 않았던 형제들도 내가 찾아갔지. 핏줄이잖아. 지금은 형제같이 왕래해요. 가서 동창들도 찾아보고 같이 놀러도 다니고. 재밌더라고. 하하. 이제는 한국 가서 살고 싶어. 한국에 조그만 땅 있으면 컨테이너 집이나 짓고 텃밭 가꾸고. 애들 여기 있고 하니까 한번 씩 들어오고. 한국 가서 사는데 까지 살다가 죽으면 재는 여기서 뿌려야지.
　지금 돌이켜보면 내가 이렇게 살아준 게 감사하다는 생각이 들어요. 돈을 떠나서 명예를 떠나서 하루하루 감사하는 마음으로 살아요. 며칠 있으면 우리 동창들이 한국에서 놀러 온다고. 빨가벗고 같이 놀던 왜관 친구들. 저는 사람도 좋아하고, 먹는 거 좋아하고. 하하하. 욕심이고 뭐고 다 버리고 스트레스 안 받고. 남들 도와가며 사는 거죠. 내가 너무 어렵게 살았으니까 나보다 안 된 사람들 위해서도 재산 쓰고. 그게 제 제 마지막이랄까. 하하하.

1965년 새로운 이민법이 제정되기 이전에 미국으로 입국할 수 있는 길 중 하나는 유학이민이었다. 대부분의 유학생은 학업을 마친 후 현지에서 취직하거나 개인 사업을 시작해 영주권을 얻었고 그곳에 뿌리내렸다. 1967년까지 6,368명이 미국 유학길에 올랐는데 이 중에 귀국한 사람은 6%에 불과했다. 이들은 현지 대학 교육을 바탕으로 졸업 후 빠르게 현지에 적응해 나갔고, 훗날 한인 사회의 리더로 성장하였다.

경북 경산 출신으로 1958년 미국 유학길에 올라 1970년 하와이 대학교 교수로 부임한 최영호 하와이대학교 명예교수가 그 좋은 예이다. 최영호 교수는 미국 내에서 인정받는 한국학 전문가로, 한국사를 알리고 한국에 대해 잘못 알려진 사실을 바로잡는 한편, 이민 사회에 적응하지 못해 어려움을 겪던 한인 청소년들을 돕는데 앞장섰다.

또한, 영주권과 시민권을 취득한 유학생들은 1960년대 후반부터 시작된 한인들의 본격적인 미국 이주 흐름 속에서 한국에 남아있는 가족들을 초청하는 한편, 자신들의 고등학교와 대학교 동문들의 미주 이민과 적응을 도와 미주 한인 사회 팽창에 큰 역할을 하였다. 유학생들의 이러한 역할은 오늘날 미주 한인 사회에서 한국 고등학교와 대학교 동문회들이 활발하게 활동하게 된 계기가 되었다.

1970년대 미주 한인사회는 밀려드는 한인 이민자들로 인해 급격히 팽창하기 시작했다. 1970년대에만 26만여 명의 한인 이민자가 미국에 정착하였으며 1980년대부터 90년대까지 소폭 감소한 16만 4천여 명이 미국 이민 길에 올랐다. 이러한 한국인의 대량 이민 뒤에는 국제결혼으로 미국에 정착한 군인 아내들이 있었다.

미군과 결혼하여 이주한 한인 여성들은 한국의 가족들을 초청할 수 있게 된

1965년 이후부터 그들의 부모, 형제자매를 미국으로 초청했다. '가족 이민'이 본격적으로 시작된 것이다. '이민은 또 다른 이민을 부른다'는 말처럼, 군인 부인들의 형제자매, 그리고 그들의 배우자와 배우자의 가족들, 또 그들의 가족들이 줄이어 미국 땅에 도착했다. 비록 군인 부인들 자신은 완전히 한인 커뮤니티에 속하지 못했지만, 이들의 주선으로 미국에 온 가족들은 한인 커뮤니티 속에서 살아가며 한인 사회의 성장을 이뤄내 갔다.

가족 이민으로 미국에 뿌리내린 이민자들은 유학생들과 달리 영어 구사력이 뒤떨어지고 현지 문화에 대한 적응이 느렸지만 이들은 가족들의 도움으로 각 지역의 한인 밀집지역과 코리아타운에 무사히 정착했다. 하와이에 정착한 한인들은 관광지인 와이키키를 중심으로 한인 식당과 식료품점, 편의점, 기념품 상점들을 열기 시작했다.

한국에서 성장하고 성인이 되어 미국에 이주해 온 1세들은 한국인의 정체성이 강해 유대감이 강했다. 이는 한인회를 비롯한 한인 단체들의 출범과 한인사회 성장으로 이어졌으나, 현지 사회에 섞이지 못하고 한인 커뮤니티 속에서 한국적인 삶을 유지하며 살아갈 수밖에 없었다는 한계점도 가지고 있었다. 특히 하와이 한인 사회의 경우 젊은이들이 교육과 취직을 위해 본토로 이주하고, 이민 1세 부모 세대들만이 한인 사회를 구성하고 있었기에 한국적인 성격이 더 강했다. 이들은 이제 한국에서 살았던 세월보다 하와이에서 산 세월이 더 길어서 이곳에 사는 게 더 편하다고 했지만 그래도 고향이 항상 그립다고 했다.

2장 '천하에 너만큼 아름다운 나라가 없어'는 지상천국으로 불리는 하와이에서 살아가며 고향의 금수강산을 그리는 이민 1세들의 이야기다.

"세계적인 시민으로, 세계적 기준에 당당하게"

최영호 · 김민자 부부 / 1세, 하와이 호놀룰루

"하나님, 자녀들이 세계적인 무대에서 활동하게 해주세요." 아버지의 간절한 기도 덕분이었을까, 경북 경산의 가난한 집안에서 태어난 소년은 우연한 기회에 꿈만 같은 미국 유학길에 올라 세계무대에서 한국을 알리는 석학이 되었다.

최영호 씨는 1931년 일제 치하의 한반도에서 태어났다. 그의 아버지는 총독부에서 일하고 계셨으나 기독교인으로서, 또 한국인으로서 일왕과 일본을 숭배할 수 없어 편히 살 수 있는 길을 포기했다. 하지만 어려운 집안 형편으로 인해 그는 지독한 열등감에 빠져들었고 자신감을 잃어갔다. 서울로 대학 갈 형편이 안돼 1950년 대구사범대학교에 들어갔으나 곧바로 6 · 25전쟁이 발발했고 영어를 잘 했던 그는 자원입대해 육군 미 1군 사령부 정보장교가 되었다. 그러나 휴전 뒤에도 군에 남게 되면서 학업에 대한 꿈은 그에게서 멀어져 가는 것만 같았다.

당신의 산타아나스는 무엇입니까   97

하지만 그에게 기적과 같은 일이 일어났다. 그가 호위한 미국 손님 중 한 분이 그의 자질을 알아보곤 미국 유학을 주선한 것이다. 자유롭고 학문적인 시카고대에서 공부하며 그는 자신감을 되찾았고 상황에 불평하기보다 나 자신이 어떻게 살아갈 것인가를 더 생각하게 되었다. 그의 인생은 유학을 통해 완전히 변화했다.

그는 하버드대 연구원을 거쳐 1970년 하와이 대학교 역사학과 교수로 부임했다. 올해로 47년째 하와이에 거주하고 있는 그는 그 자신이 하와이 한인사의 산 증인인 동시에 미주 한인 이민사와 독립운동사에 정통한 몇 안 되는 학자이다.

그는 이곳에 사는 동안 자신을 도왔던 사람들처럼 하와이 한인 이민자들을 돕는 데 앞장섰다. 시카고대학교에서 함께 유학한 아내 김민자 씨와 한인 청소년 프로그램, 한인사회 학교 등을 운영하며 이민 생활에 어려움을 겪는 한인 청소년들을 도왔다.

부부는 이곳에서 살아온 날들을 돌아보며 하와이 한인들이 이곳의 다문화를 존중하며 살아가길, 또한 조국의 동포들이 세계화 시대를 살아가는 세계시민으로서 세계적 기준에 당당하게 살아가길 바라고 있다.

최영호/1931년생, 1세, 경북 경산시 중방동, 하와이 호놀룰루

계성학교 아버지와 신명학교 어머니

저는 1931년 6월 13일, 경북 경산군 경산면 중방면^{현 경산시 중방동} 343번지에서 태어났습니다. 우리 집안은 몰락 양반 집안이어서 땅 1필도 없이 가난했어. 하지만 양친이 기독교를 받아들여서 우리 아버지는 대구 계성학교를 다녔고, 어머님은 신명학교를 다녔어. 부모님이 일찍 계명 한 분이었어요.

우리 아버님은 총독부 군총 일했어요. 일제 강점기 군총이니까 그대로 했으면 잘 살았겠지. 그러나 사상적으로, 종교적으로, 민족적으로 일본 천황과 일본 우상숭배를 못 하니까 떠나신 거지. 부모님 직장이 없어서 우리가 경제적으로 무척 힘들었어. 경산 자인면 쪽에서 교회 일하시고 학교 경영하셨지. 생활비는 주로 어머님이 바느질하고 강원도 도계, 정선 같은 탄광 지역에서 보따리 장사해서 벌었고, 여름에는 나도 보따리 들고 부산 시장에서 경산 사과 팔고 역전 마당에서 자고 했다고.

부모님 회갑축하 예배.
왼쪽편에 유도일 목사가 성경책을 읽고 있다.

'오노 호랑말코'와 가미다나

나는 경산 옥계 국민학교[현 경산초등학교] 다녔어요. 1학년 때 한국인 담임선생님이었는데 나중에 니시무라 수미에라는 일본 여선생이 (담임으로) 왔어요. 일제 강점기에 완전히 일본 교육을 받은 거죠. 그 당시 만주사변[1931년]이 났고, 중일전쟁[1937년]이 일어났으니까 일본이 군국화를 점점 추진할 때였어요. 황민화가 철저하게 이뤄지던 때지. 초등학교 3학년 때던가 일본 교장 선생님이 왔다고. (이름이) 오노 마레수케 였는데 아주 악질이었어. "교회 가면 안 된다. 교회 가면 벌준다." 그랬는데 우리 아버지 어머니가 "학교는 못 가도 교회는 가야 한다."고 해서 교회에 갔어. 월요일 아침에 학교 조회하는데 어제 교회 간 사람 나오라 하더라고. 내 형하고 나하고 한 열 몇 명이 나갔는데 하루종일 무릎 꿇고 앉아서 벌섰어. 그래서 우리가 교장을 '오노 호랑말코'라고 불렀지.

최영호씨의 부모님 아버지 최재학씨, 어머니 서혜수 씨.

그리고 황민화를 위해서 모든 한국인 집에 일본 가미다나, 그러니까 일본 신사 작은 모형을 각 집에 모셔야 한대. 학교에서 하나씩 나눠줬어. 어른들이 이걸 어떡하냐고 우리 집에 와가꼬 엉엉 울었다고. 그러다가 (어른들이) 저걸 통시^{뒷간의 방언}에 갖다 넣었어. 애들이 경찰 올까 봐 겁이 나서 야단이야. 그래서 아이디어를 낸 게 (가미다나를) 벽에 걸어 놓고 앞에 커튼을 쳤어. 우리가 그렇게 살았어.

송탄유와 동촌 비행기 활주로

초등학교 다닐 적에 태평양 전쟁이 일어났는데 전시가 심화되니까 초등학생들도 동원 된 거야. 일본에 기름이 없으니까 송탄유^{소나무 송진을 이용해 만든 기름} 채취하려고 경산 백천동에 송탄공장을 만들었어. 나도 산에 가서 (송진 채취) 했다고. 한번은 내보다 3살 어린 친구가 산에 가서 그걸 하다가 발을 헛디뎌 죽었어.

옥계 국민학교 졸업하고는 경북중학교에 갔는데, 2학년 올라가서는 대구 동촌 비행장^{현 대구국제공항} 활주로 확충하고 격납고 만드는데 동원됐다고. 아침 일찍 대구역에 나가가지고 기차 타고 동촌 가서 비행장에서 하루종일 일하고 저녁에 집에 돌아왔어.

어린시절 최영호씨

경산역에서

처음 본 태극기와 가슴을 치고 들어온 애국가

그러다가 중학교 2학년 때 8·15를 맞았어. (여느 때와 같이) 대구역에 모였는데 그 날은 일 안 한다. 정오에 중요발표가 있으니 라디오를 들으라고 했어. 우리는 일 안 한다니까 신이 났지. 대봉동 소방서에서 라디오 방송을 들었는데 그게 일본 천황의 항복 선언이었어. 학교로 모이라고 해서 가니까 이 도령 한복 입은 한국 선생이 태극기를 들고 "동해 물과 백두산이~" 애국가를 가르쳐주는 거야. 그때 태극기를 처음 봤다. 가슴이 꽝! 하는 게, 내가 한국인이라는 것을 처음으로 자각한 거였다.

그전까지만 하더라도 학교에서 "미국과 영국은 짐승의 나라다." 이렇게 배웠어. 그리고 집에서 부모님이 밥 먹기 전에 기도할 때 "주여, 하루속히 전쟁이 끝나게 해주세요. 고통이 덜하게 해주세요."라고 하는데, 나는 왜 일본이 이기게 해달라고 안 하는지 의아했었다. 그런데 그날 동해 물과 백두산이 그러니까 '아! 이거구나, 한국인의 정체성이.' 내가 그때 깨달았다.

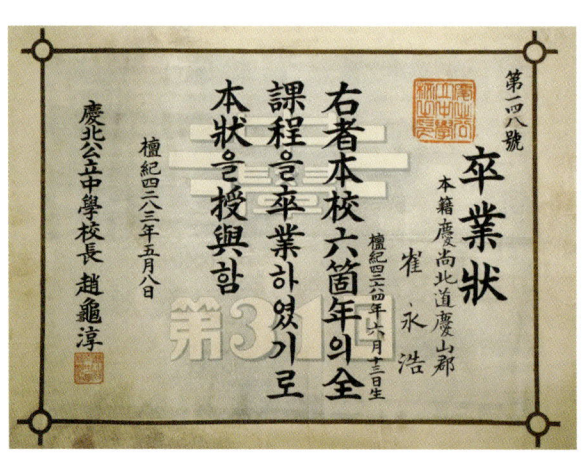

(졸업장
본적 경북 경산군 최영호.
단기 4264년 서기 1931년 6월 13일생.
본교 6개년의 전 과정을
졸업하였기로 본 장을 수여함.
단기 4283년 서기 1950년 5월 8일
경북공립중학교장 조구순)

최영호씨의 경북고등학교 졸업장

서서 손가락을 치켜들고 있는 이가 최영호씨다.

당신의 산타아나스는 무엇입니까

6·25 발발 직전인 1950년 5월.
최영호씨는 경북고등학교를 졸업하고 장교로 자원입대했다.

우연한 만남이 가져다준 유학기회

 1950년 5월에 경북고등학교 졸업하고 6월에 대구 사범대학 들어갔는데 한 일주일 다니고 6·25가 일어났어요. 그때 내 나름의 민족주의가 있었던 거 같아요. 조국이 위험한데 우리가 가만히 있으면 안 된다며 학생들이 자원입대하는데, 나도 거기 줄 섰지. 근데 거 가면 죽는다고 지나가던 동네 아저씨한테 잡혀가 왔어요. 아버지가 대구에 갔다 오시더니 장교 모집 광고가 있더래. 그래가 지금 경상감영 공원 있는 데 있던 대구도청에서 장교시험을 쳤어. 시험 과목에 영어가 있는데 바로 합격하고 7월에 군대 갔어요. 그리고 8년 동안 육군 미 1군단 사령부 정보장교로 근무하다가 1958년에 육군 소령으로 제대했어.

1957년 육군부관학교 군사영어반 시절 최영호씨, 맨 아랫줄 오른쪽에서 세번째.

(군에 있을 때) 1957년도에 도쿄에서 국제펜클럽 International PEN, 국제 문학인 단체 이 열렸어. 전쟁이 휴전됐으니까 한국정부에서 한국을 소개하기 위해 도쿄에 온 해외 유명 작가들을 특별히 한국에 초대했지. 근데 내가 우연히 이분들을 호위하게 돼서 같이 생활했어요. 그때 내가 영어를 제법 했다고. 거기서 미국 시인인 제레미 잉거스 Jeremy Ingalls를 만났어요. 그분이 당시 미국에서 유명한 시인이고 (일리노이 주에 있는 록퍼드 대학의) 영문학 교수였는데 날 잘 봐줬어요. 미국 유학 갈 생각이 없느냐 더라고요. 갈 길이 있으면 좋겠다고 (대답)했지만 당시에 나는 미국 유학을 생각할 수 있는 형편이 아니었지. 그분이 내 진짜 은인이세요. 집안이 너무 가난해서 나 자신에 대해 자신감이 없었고, 내 아이덴티티 정체성를 발견하지 못해 상당히 고생하던 차에 이 분의 도움으로 내가 유학 갈 수 있었어요. 이게 내 인생에 중요한 변화였죠.

1956년 10월 19일.
미군부대를 찾은 월터 다울링Walter C. Dowling 제 4대 주한 미국 대사 부부와 최영호씨.

단돈 30불 가지고 미국으로

그분의 학교에서 장학금이 와서 가야 되는데 비행기 표를 살 돈이 없었다고. 도저히 갈 형편이 안돼서 못가고 있는데 이모님들이 도와줘서 비행기 표를 구했어요. 그게 1958년이야. 그때 달러가 귀해가지고 은행에서 30불까지만 바꿔줬어. 그래서 비행기 표랑 30불 환전해가지고 갔어요.

근데 비행기 표를 늦게 사는 바람에 출발이 늦었어. 학교는 이미 학기가 시작됐어요. 나는 비용을 아끼려고 시애틀 도착하면 시카고까지 기차 타고 가려 했는데 학교에서 늦었다고 비행기 타라는 거야. 30불 가지고 있었는데 이상하게 딱 맞아서 (시애틀에서 시카고 가는 비행기 표를) 15불에 샀어요. 그래가 내 호주머니에 남은 15불 가지고 학교생활 시작했어요. 고마운 게 학교에서 장학금 대주고, 아르바이트도 다 시켜주더라. 그때 우리 집안은 집도 없이 셋방 살아서 내가 미국에서 아르바이트 해가꼬 한국에 돈 보냈다고. 다행이지. 많이는 아니지만 2~3개월에 100불씩 보냈어요. 미국이 진짜 고마운 거지.

아버님이 그런 말씀을 한번 하셨어요. "자녀들이 세계적인 무대에서 활동하도록 해주세요'라고 기도했는데 하나님께서 내 기도를 참 잘 들어주셨다고. 애리조나 주립대학교 역사학과를 졸업하고 시카고 대학에서 (역사학) 석·박사 학위를 받았어요.

당신을 만나고 나의 존재가 완전히 달라졌다

유니버시티 오브 시카고 University of Chicago, 시카고 대학교, 빠져나올 수 없을 것 같던 미궁에서 내가 누구인가를 발견하도록 해 준 곳이 바로 거기에요. 나의 아이덴티티를 찾게 해 준 지적인 고향이라고 할 수 있지. 중요한 게, 거기서 우리 마누라를 만난 거라고. 하하하.

열등감을 극복하는 게 나의 인생에 가장 큰 문제였어. 내 나름의 고민과 투쟁, 그 고통 속에서 정체성을 발견하는데 아내가 중요한 역할을 했어요. 시카고 대학 시절 실존주의 바탕의 사색에 몰두했고, 강의 들은 내용들을 아내와 같이 이야기했어요. 아내는 사상, 종교, 물질적으로 내가 자아를 찾을 수 있도록 도와준 사람입니다. 이이를 만나고부터 나의 존재가 완전히 달라졌어요.

그리고 캠퍼스 분위기가 학문적이고 자유로웠어요. 남의 도움을 받지 않고 자기 스스로 자신이 나갈 방향을 정해야 한다고 배웠죠. 내가 왜 이런 부조리한 상황에서 제약받고 차별받는지 불평만 했는데 '너의 인생은 네가 선택하는 것이다. 네가 어떻게 너의 장래를 형성하느냐, 그 선택은 네가 해야 된다.'는 것을 시카고에서 깨달았어요. 그 후 2년 동안 하버드 대학교 동아시아연구소 연구원으로 있으면서 집사람과 결혼했습니다.

1년 있다 가려다 영주가 되었다고

1970년 하와이대 역사학과 교수로 부임했어요. 박사학위 끝내고 한국에 간다고 생각했는데, 빈털터리니까 미국에서 한 1년 직장생활 하고 서울에 집 살 정도 돈 모아서 가려고 했어. 그런데 들린다는 게 영주가 돼버렸다고. 한국에 있는 대학에서 강의도 했지만 80년대 전두환 때 대학 분위기가 자유롭지가 않았어. 내가 하와이 왔을 때 (한국으로부터의) 2차 이민이 시작됐어요. 1929년 이후 동양인이 미국에 이민을 못 오게 돼 있었는데 1965년 미국 이민법이 바뀌었지. 그전까지 하와이에는 1903년~1905년에 온 7천 명의 (조선인) 사탕수수 노동 이민자들과 그들의 후손이 있었어요. 한국의 명맥이 쓰러져 갈 즈음인 1970년부터 (한국인 이민자들이) 새로 들어온 거야. 그래서 내가 처음 하와이에 왔을 때 (이민 온 지 얼마 안 된) 사람들을 많이 만났어요. 당시 이 사람들이 미국 들어와서 최하위층으로 시작해서 적응하는 데 문제가 상당히 많았어요.

하와이 한인 청소년 프로그램

1970년대 초 이민자들이 올 때 초중고생 자녀들도 많이 왔는데 아이들이 말도 안 통하고 문화도 다르니까 학교 가서 공부도 잘 못 한다고. 적응을 잘 못하니까 애들이 학교도 안 나가고 자기들끼리 갱을 만들어서 한인 식당이나 술집 가서 깡패처럼 돈 빼앗고 마약도 하고 그랬어요. 그래서 내가 안 되겠다 싶어서 한인 청소년 프로그램Korean youth program을 시작했어요. 부모들은 일하러 가서 애들을 못 돌보니까 방과 후에 우리가 애들 운동시키고, (이민사회 적응을 돕기 위한) 각종 프로그램을 운영하는 방식이었어. 1971년부터 한인 감리교회와 (칼리히 지역) YMCA를 연계해서 한인사회학교를 운영했어요.

그리고 청소년 프로그램하면서 한편으로 학부모들과도 소통을 많이 했어요. 한국 사람들 보면 다 자식 잘 되라고 이민 왔다 하거든요? 그런데 영어도 제대로 못 배우고 온 아이들이 적응하는 게 얼마나 힘들겠어. 제가 이민 온 한국 사람들한테 자식에 대한 기대치를 바꿔야 한다고 했어요. 미국 하와이 와서 학교 다니면서 '마약, 범죄, 혼전임신.' 이 세 가지 안 하면 효도라고 했어요.

(한국에서 온 부모들과 여기서 자란 아이들 사이에) 문화적인 차이도 많아요. 내가 기억나는 게, 한 번은 어떤 아저씨가 내한테 와서 그러더라고. "선생님, 내 손자가 '할아버지, 밥 먹어.' 그러는데 손자가 내한테 한국말 해주는 게 고마운 건지, 버릇없다고 혼을 내야 하는 건지 잘 모르겠어요." 하하하.

1992년 하와이의 한인 아이들

88올림픽이 바꿔놓은 한국 이미지

70년대만 해도 하와이 한인 2~3세들의 한국에 대한 인상이 굉장히 안 좋았다고. 한국이 가난했잖아요. 또 하와이 술집들이 '코리안 바'로 불리면서 한국인하면 바에서 일하는 사람들이라는 이미지가 있었어요. 그래서 2세, 3세들이 자기가 코리안이라는 것을 내세우지 않으려 했어. 내가 만난 한 2세 친구는 한국인이라는 것이 부끄럽다고 했어요. 그런데 88올림픽을 보니까 그게 아니거든. 그 때부터 한국에 대한 인식이 조금씩 달라졌어. (한국에 대한 이미지가) 차차 좋아지다가 2002년 월드컵 이후에는 완전 달라졌어요. 요즘에 한국문화 여기서 인기 많습니다. 하하.

세계적 시민으로, 세계적 기준에 당당하게

세계가 계속 글로벌화 되고 있잖아요. 그런데 우리나라는 경제 분야에 있어 이익 추구를 위한 실리적 국제화는 잘 하는데 이와 동반해야 하는 문화적, 사상적, 사회적 국제화를 잘 못 이뤄가는 것 같다고. 우리나라의 편협한 민족주의, 애국심이 원인인 것 같아. 우리 전통 주자학에 따르면 흑백이 완전히 분리되어 있어요. 그래서 우리는 중간 그레이존 Gray zone, 중간지대 을 인정 못 해요. 그런데 서구 민주주의라는 건 다른 의견이 있을 수 있다는 거예요. 다양성을 우리 문화가 아직도 받아들이지 못하는 것 같아요. 하와이 한인사회에도 아직 그게 남아 있어요. 한인회가 나누어져 있는 게 가장 큰 문제에요. 현재 하와이 한인사회는 하와이 한인회와 호놀룰루 한인회로 분열되어있다. 하와이 인구가 120만 정도인데, 한국인이 2퍼센트 인구 통계청 조사에 따르면 현재 하와이 한인 인구는 약 4만8천여 명이다. 이중 시민권자는 3만4천여명이다. 정도라고. 이 정도면 수적으로 무시되잖

아요? 그럼에도 불구하고 한국 사람들 발언권이 적지 않거든. 한국 사람들이 이민 와서 밑바닥에서부터 시작해 성공한 거예요. 하와이에서 공부 제일 잘하는 건 한국 사람들이고 한국이민들은 인구에 비해 정치적으로 경제적으로 가장 성공한 이민자 그룹이에요. 서로의 다양성을 인정하면 (한인 사회 내의) 문제가 해결될 거예요. 우리가 세계적인 시민으로 세계적 기준에 당당하게 제 역할을 해야죠.

국적, 민족, 종교에 제약받지 않는 아이들

하와이는 다문화 사회에요. 그런데 한국인들이 아직은 이중국적을 잘 받아들이지 못하는 것 같아. 한국 신문을 보면 답답하고 갇힌 기분이 들어요. '한국 사람, 한국'이라는 프레임을 씌우고, 그게 사람을 판단하는 기준으로 작용하는 것 같다고.

우리 밑 세대 아이들은 국적, 민족, 종교에 전혀 제약받지 않는데 그들의 부모 세대가 그걸 자꾸 지키려고 해요. '한국인'이라는 것에서 이제 해방됐으면 좋겠어요. 우리 고유의 전통과 문화를 이어받는 것은 좋으나, 그것이 절대 배타적이어선 안 되죠. 지금이 과도기지만 (이민) 세대가 바뀌면서 (한인사회도) 그렇게 변하고 있어요.

그리고 나의 뿌리가 경상도인데, 제발 경상도든 전라도든 서울이든 배타적인 사고를 하지 말고 개방적이었으면 해요. 우리 지방을 사랑한다면 우리 자신부터 지방색에 초연해야 한다고 고향 사람들에게 특별히 부탁하고 싶어요.

김민자 / 1941년생, 1세, 서울 종로구 당주동, 하와이 호놀룰루

역사 있는 이름, 민자

　저는 김민자입니다. 1941년생이에요. 제 이름에도 역사가 있는 게, 우리 형제가 사 남매인데 원기, 충기, 준기. 근데 나만 '민자'에요. 제가 태어났을 때는 일본 이름이 아니면 호적을 안 해줬대요. 그래서 나한테 일본이름을 준거야. 민자, 도시코敏子.
　저는 서울 토박이인데 국민학교 들어갈 때는 본적이 개성시 고려동 931번지였어요. 할머니 대는 개성에 계셨다는데 저희 부모님께서 공부하고 서울에 취직하셨거든요. 그러고 6·25 이후에 본적이 이북인 사람들한테 본적 바꿀 기회를 줬어요. 개성이 이북이 되었잖아요? 그래서 본적이 서울로 바뀌었어요. 제가 중학교 갈 때 본적이 서울시 종로구 당주동 44-1번지가 됐죠.

수학은 프린스턴, 시카고, 버클리

저희 부모님이 두 분 다 기독교 가정에서 자랐고 아버지가 사업 관계로 미국을 왔다 갔다 많이 하셔서 굉장히 깨어있었어요. 부모님이 "여자라도 공부할 만큼 해라."고 하셨죠. 연세대 수학과를 다녔는데 교수님들이 저를 참 잘 봐주셨어요. 미국 유학 가보라 하시더라고요. 그래서 미국 시카고대학교로 유학 가게 되었어요.

왜 시카고로 갔냐면, 워싱턴에 사시는 아버지 친구분이 있었는데 그 집 아이들이 저랑 나이가 비슷했어요. 걔네들이 대학 방학 때 한국 배운다고 와서 저랑 같이 지냈는데 내가 미국 유학 갈 거라고 어디가 좋은지 물었어요. 아버지 친구 아들이 "수학은 프린스턴, 시카고, 버클리." 그러더라고. 그래서 1963년에 시카고대학교로 갔지.

시카고 대학교에 아는 사람 하나 없었어요. 그런데 외국 학생 오리엔테이션에 갔는데 한 사람이 한국에서 온 학생 안다고 기다려보라는 거에요. 그 때 온 사람이 닥터 조에요. "한국 밥 먹으러 갈 건데, 같이 갑시다." 그러더라고. 갔는데 그게 남편 집이었어. 하하하. 그래서 만났어요.

내일 같이 교회 갑시다

미국 도착 한지 이틀째였는데, 이 집에 가서 밥을 먹었어요. 그때 신기하게도 그 전날 한국인들이 파티를 해서 (남편 집에) 남은 불고기, 잡채들이 있었어요. 그게 첫 만남이에요. 저는 기숙사에 있고 이 사람은 자취를 하고 있고. 같은 대학이니까 가끔 봤죠.

그 당시 60년대에 여자 유학생이 굉장히 드물었어요. 그러니까 소문이라도 날까 봐 남학생들이 여학생한테 접근을 못 하는 거 같았어. 그런데 이 사람은 "같이 밥 먹을까요?" 그러더라고. 굉장히 스스럼없는 사람이라 생각했지. 토요일에 같이 영화 보고 밥 먹고 헤어지는데 "학교 록펠러 채플에 음악이 굉장히 좋습니다. 내일 같이 교회 갑시다." 그러더라고. 오늘 봤는데 내일 또 보자는 건 좀 다른 뜻이 있다고 생각했죠. 그렇게 시작했어요. 하하하.

그때는 시카고 전체에 (한인) 유학생이 많지도 않았고 한국식당도 없어서 밥을 먹기가 힘들었어요. 당시에 쌀 사기도 힘들었거든요. 그래서 가끔 시카고 대학교 근처 중국집에 가서 맛없는 밥을 먹었죠. 북쪽으로 서브웨이 타고 한참 가면 일본집이 있었어요. 거기서 밥 먹는 데이트를 했죠. 하하하.

1971년 최영호 김민자 부부의 연애시절

세계적인 눈을 뜨게 해준 시카고 대학

시카고대학의 분위기가 특별했어요. 그때는 미국 흑백갈등이 아주 심할 때에요. 거기서 만났던 사람들이 킹 목사 Martin Luther King. 마틴 루터 킹. 미국의 흑인 운동 지도자.의 연설을 직접 들었죠. 세계적인 눈을 뜨게 해주는 학교 분위기, 책에서만 보던 이름들을 직접 대면하고 강연 들으니까 좋았죠. (남편이) 그런 것을 같이 이야기 할 수 있는 친구가 되더라고요.

저희가 진지한 대화를 많이 했거든요. 이 사람은 저보다 10년을 더 살아서 그런지 이야기할 때 참 재미있더라고. 제가 배운다고 느꼈어요. 남편은 역사학과 저는 수학이니까 모르는 이야기 들으면 재밌었어요. 이 사람도 저도 영화와 음악을 좋아해서 같이 영화 보러 가고 음악회 가고 했죠. '아라비아의 로렌스'Lawrence of Arabia(1962). 1차 세계대전 때 아랍의 독립에 적극 가담한 영국군 장교 로렌스의 일대기를 그린 영화를 같이 보면서 이상을 실현하기 위해 자기가 가진 것을 버린 삶에 대해 이야기하고 했어요.

그 남자는 서른 넘도록 왜 장가를 못 갔더냐?

그렇게 만나다가 정이 들었어요. 아버지가 저희 사귈 때도 몇 번 (시카고에) 오셨는데 "남자 볼 때 제일 중요한 건 자기가 좋아하고 보람 느끼는 일을 하는 사람이다."라고 하셨어요. (남편이) 그건 확실했죠. 그리고 미국에서 공부하면 직장 가질 수 있으니까 먹고 사는 건 걱정 안 했어요. 제가 듣기로 시댁에서는 "교회 나가는 집이면 됐다."고 했데요. 3년 만나고 1966년 봄 방학 때 결혼했어요.

결혼하겠다고 하니까 저희 어머니가 "아니, 그 남자는 서른 넘도록 왜 장가를 못 갔더냐?" 그러시더라고요 하하하. 저희는 교회에서 간소하게 결혼했어요. 결혼비용이 300불이었죠. 반지를 50불짜리 하고, 반주는 음악전공 학생들이 해주고, 선배가 케이크 해주고, 친구들이 사진 찍어주고. 그러니까 비용이 안 들더라고.

최영호 김민자 부부의 결혼식

남편 영주권도 따다준 공학자 아내

(결혼 당시) 저는 석사까지 하고 학교 연구소에서 고에너지 물리 관련 일하고 있었어요. 1965년 즈음 컴퓨터가 나오기 시작했는데 그때는 컴퓨터 교육을 받은 사람이 없기 때문에 자질을 보고 취직을 시켰어요. 물리 교수가 추천해서 MIT^{매사추세츠공과대학교, 공대분야에서 세계 최고의 명성을 가지고 있다.} 연구원으로 취직했죠. 첫 월급이 600불이었는데 그게 큰돈이었어요. 남편 하와이 올 때까지 내가 먹여 살렸죠.

그런데 그때는 이과계열 마스터^{master, 석사}에 있는 사람이면 영주권을 대부분 줬어요. 그래서 영주권을 받았죠. 남편도 같이 준다 해서 이 사람은 신청도 안 하고 영주권 받았어요. 그리고 남편이 1970년에 하와이 대학교 부임해서 하와이로 왔어요.

80년내 남편이 고려대에서 강의할 때 완전히 한국 갈 준비를 했어요. 한국은 간판을 중요시하니까 박사학위를 해야겠다 싶더라고요. 그래서 하와이 대학에서 통계학으로 박사를 했어요. 그런데 제가 박사 학위 받고 시민권을 받았어요. 남편은 자기 속에 있는 말을 할 때는 하는 사람이거든요. 그때가 전두환 정권 때인데, 한국 갔다가 혹시 (남편이) 잡혀가면 나는 미국 시민이니 내 남편 좀 도와달라고 할 생각으로 80년에 미국 시민권을 받았어요.

이 사람은 아직 미국 시민 아니에요. 한국 시민이거든요. 그래서 재외선거도 하죠. 74년에 큰아들을 낳고 77년에 둘째 아들을 낳았는데 애들이 어렸을 때 엄마 아빠는 국제 결혼한 건가? 왜 엄마 아빠의 국적이 다른지 의문이었다더라고요.

김민자씨의 하와이 대학교 박사학위 수여식.

1975년 큰아들과 최영호씨

1980년대, 아이들과 한국방문

한국에서 오는 사람들 돈 있고 영어 잘하고 배경도 좋아요

 60년대 말 70년대에 하와이 계신 분들은 주로 친척이민으로 오신 분들이었어요. 국제결혼한 군인 부인들 친척이죠. 그리고 경제적으로 한국이 미국보다 너무 낮으니까 대부분 영어도 제대로 못 배우고, 돈 벌러 왔었어요. 부모들이 돈 벌고 일한다고 아이들 케어를 못해서 저희가 YMCA와 함께 한인 청소년 프로그램도 하고, 한인사회학교도 운영해서 한국 아이들이 잘 적응 할 수 있도록 도왔어요.
 그런데 한국의 위상이 올라가면서 형편이 변하더라고요. 하와이 처음 왔을 때는 제가 명절 때 연례적으로 유학생들한테 밥을 해줬어요. 학생들이 "교수님, 추석인데 우리 밥 먹으러 갈 데가 없어요. 우리 갈비라도 구워주세요." 그랬었죠. 당시에 한국 식당도 많이 없었으니까. 그런데 좀 있으니까 유학생들이 자기 가족을 다 데리고 와서 밥은 자기 마누라가 나보다 더 잘하고, 자동차 가지고 다니고. 하하하. 그렇게 변하더라고요. 이제는 한국에서 오는 사람들 돈 있고 영어 잘하고 배경도 좋아요.

그래서 한인 청소년 프로그램은 이제 없어졌고 다른 단체가 많이 생겼어요. 한인사회학교는 지금도 제가 관여하는데 학생이 한 100명 되고 1년 예산이 40만 불 정도 돼요. 2~3년 전부터 대한민국 영사관에서 예산의 절반을 지원해주고 있죠.

변화하는 한인 커뮤니티의 정의

한인 커뮤니티의 정의는 두 가지로 볼 수 있어요. 첫 번째는 한국말로 생활하는 사람. 이분들이 한인회를 하죠. 두 번째는 한국인의 피가 흐르는 사람들. 어디에 기준을 두냐에 따라 한인 커뮤니티 정의 자체가 달라지는 거예요.

미국 인구조사 통계는 별로 의미가 없는 것 같아요. 센서스$^{Census, 인구조사}$ 할 때 말하기 나름이거든요. 조사할 때 한국 사람이라고 체크했지만, 집에서 어떤 언어로 사는가는 또 달라요. 제 생각에는 언어에 기반을 둔 정의가 맞는 것 같아요. 우리 집 같은 경우도 다 한국인이지만 우리 (부부)는 한국어를 쓰고, 아이들은 영어를 쓰거든요. 같은 집안에서도 한인 커뮤니티에 속하는 사람이 있고 안 속하는 사람이 있는 거죠. 그러니 저는 한국인, 한인 커뮤니티에 너무 집착할 필요가 없다고 생각해요.

한인 커뮤니티가 공동의 목적을 가지고 일하는 건 좋아요. 문화를 지키고 아이들에게 전수해주고, 한글학교도 운영하고. 하지만 요즘 한인회에서 하는 일은 주로 경로잔치예요. 왜냐면 (한국에 향수를 가진 이민 1세) 노인들 말고는 한인회에 크게 관심을 안 두거든요. 지금은 한인 세대가 바뀌어가고 있고 한국 자체도 글로벌화 되서 유학생들도 우리 때 유학생과 다르니까 한인 커뮤니티도 변화하고 있는 것 같아요. 그리고 이제는 한국과 한국 문화에 대해서 자부심을 가질 수 있는 환경이니까 한인의 숫자가 적고 많고 이런 건 걱정할 문제가 아니라고 봐요.

칼라 블라인드 하와이 아이들

우리 큰애는 캔자스 아가씨랑 결혼했어요. 백인 미국인이죠. 하와이 특징이 국제결혼이 굉장히 많아요. 다 미국 시민권자긴 하지만 혼혈결혼이 굉장히 많죠. 워낙 다문화라서 그걸 가지고 아무도 뭐라 하지 않아요.

우리 아이들이 고등학교 졸업하기 전에 학부모 상담시간이 있었어요. 선생님께서 하와이에서 자라는 아이들은 컬러 블라인드 colour-blind, 인종불문주의 라고, 피부색에 대해 의식을 안 하고 산대요. 그런데 미국 본토는 어디를 가든지 피부색에 예민하니 (본토로 대학을 가면) 그걸 각오하라고 하셨어요. 하와이는 좀 특별해요.

한번은 제가 아이들에게 물어본 적이 있어요. 오바마 대통령이 검은 피부를 가지고도 어떻게 저렇게 자신 있고 당당하게 살 수 있는 건지. 학창시절을 어떻게 보냈기에 그런 사람이 됐느냐고. 아이들이 오바마 대통령과 같은 푸나호우고등학교를 다녔거든요. 그러니까 하는 말이 푸나호우고등학교는 (다문화를 존중하도록 잘 가르쳐서) 학생들이 피부색에 연연하지 않고 다 자신 있게 산데요. 저는 오바마 대통령이 미국의 기적이라고 생각하는데, 그게 (우리의) 미래라고 생각해요.

"체면문화가 싫어 선택한 이민"

윤영해 / 1966년생, 1세, 경북 상주시 청리면, 하와이 힐로

윤영해씨를 만나러 가는 길, 우릴 태운 차량은 힐로의 카메하메하 거리 Kamehameha Avenue 위를 달리고 있었다. 밤새 비가 닦아놓은 힐로의 하늘은 맑고 청명했다. 촉촉한 잔디들은 싱그런 초록빛을 뿜어내고 있었고 바람은 상쾌했다. 드넓은 잔디 벌판 뒤로는 짙푸른 바다가 펼쳐졌다. 가히 지상낙원이라 부를 만했다. 그사이 우리는 그와 만나기로 한 와일로아 리버 주립공원에 도착했다.

편안한 차림의 그는 우릴 반갑게 맞아주었다. 커피를 건네니 뭘 이런 걸 가져오셨냐며 손사래 쳤다. 바닥에 깔고 앉을 것 하나 준비하지 못했음에도 그는 괘념치 않았다. 좋게 말하면 성의지만, 체면 차리는 한국문화가 싫다고 했다.

하지만 그는 한국 고유의 문화와 정서를 싫어하진 않았다. 그래서 지금은 없어진 빅아일랜드 한인회장을 오래도록 역임하며 고국에서 온 형제들을 돕고 아이들에게 한국어도 가르쳤다. 그 사이 세월은 가고 올해로 고향을 떠나온 지 30년이 되었다. 강산이 세 번 바뀔 시간이 흘렀지만 그의 고향 내음 가득한 말씨는 그대로였다. 그는 "저는 영어도 억세요. 경북이라서. 그게 뭐 어디 가나요." 라며 너털웃음을 터트렸다. 하지만 이제 한국에 가면 미아가 될 거 같다며 그냥 여기 사람들이랑 오순도순 한인의 자부심을 지키며 살아가고 싶다고 했다.

이리 가라면 저 쪽으로 가는 아이

저는 윤영해입니다. 길 영*에 바다 해海를 씁니다. 여기서는 지미 윤Jimmy Youn입니다. 1966년생이고 상주시 청리면 청상리가 고향입니다. 어린 시절에 나쁜 짓 참 많이 했습니다. 부모님이 이리 가라 하면 저쪽으로 가고 했으니까. 하하.

중학교 때 부모님이 공납금을 주면 한 번도 제때 낸 적이 없었어요. 친구들하고 놀기 좋아했거든요. 공납금이 한두 번 밀리는 게 아니니까 결국에 선생님이 오토바이 타고 우리 집에 직접 오셔서 부모님께 말씀하신 거예요. 집에서는 분명히 줬는데 어떻게 된 거냐 하는 거죠. 친구들이랑 도망 다니다 집에 들어가면 아버지께서 지게 작대기 들고 기다리고 계시곤 했죠. 그래도 저희 어머니는 아무 말씀 안 하셨어요. 2012년 어머니 돌아가시기 전에 딱 한 번 죄송하다고 했어요.

꼬리에 꼬리를 문 가족이민

저는 성희상업고등학교 졸업했습니다. 그 당시 주산 자격증을 따면 3학년 전반기도 안 마치고 취직할 수 있었어요. 저도 1983년도에 3학년 1학기도 다 안 마치고 금융기관에 잠깐 취직을 했어요. 그리고 서울 사당에서 일하던 중 85년도 말에 군대에 갔죠. 제대하고 87년 4월 27일에 하와이로 오게 됐어요. 빅아일랜드에 직통으로 왔습니다. 30년 됐죠.

사실 저는 고등학교 졸업하고 잘 나갔거든요. 사당동 그쪽에 놀기 좋잖아요. 강남고속버스터미널 10층 짓자마자 거기에서 일 배웠어요. 당시에 유류파동이 있었는데 저희 선배가 거기 말죽거리서울특별시 서초구 양재동 일대를 가리킨다. 같은데 가건물을 해가지고 고속버스회사에 기름 대주는 거 했거든요. 광주고속, 천일고속, 동양고

속 등등. 저는 숫자 계산하니까 수금을 담당했었죠. 85년도에 광주고속에서 수금하는데 보통 몇백만 원씩 됐어요. 그런데 부모님이 자식들 꿈 위해서 미국에, 문화도 다르고 말도 안 통하는 나라에 가신다는데. 오기 싫었지만 그게 (하와이로 오게 된) 계기가 되었어요.

　부모님께서 저 보다 몇 년 먼저 들어오셨어요. 저희 큰누이가 여기 살고 계셨거든요. 큰 누이의 시누이 매형의 누나 가 외국분과 결혼해서 자기 동생 부부를 초청했고, 또 저희 누이가 부모님을 초청한 거예요. 그리고 부모님의 초청으로 저희 형님하고 저하고, 여동생 이렇게 3명이 오게 됐죠. 그 당시 결혼 안 한 사람은 미국 오기 수월해서 7남매 중 결혼 안 한 3명이 오게 된 거예요.

체면 문화가 싫어 선택한 이민

(이민을 결정한) 첫 번째 중요한 이유는 체면 문화가 너무 싫었어요. 내가 가진 게 없어도 옆집에서 누가 뭐 좋은 거 하면 땡 빚을 내서라도 뭘 해야 하고. 누구를 만나러 가도 뭘 자꾸 사 들고 가야 하잖아요. 제가 군대 있을 때 제주도 사람이 많았어요. 그런데 당시 제주도가 정말 가난하더라고요. 휴가 가서 선임들 선물 줄 거를 못 사 온다고 탈영하는 애를 한 명 봤어요. 이런 건 완전히 잘못된 거잖아요. 그걸 보고 '내가 여기 있으면 웬만큼 벌어서는 못 살겠구나' 생각했어요.

좋게 이야기하면 성의지만, 없는 사람에게는 그게 상당히 부담이 가잖아요. 내가 기회 봐서 눈치 안 보고 체면 안 따지고 살아보고 싶어서 왔어요. 부모님이 초청해주신다는데 나가서 꿈을 펼쳐보자 싶어서 결정했죠.

여기는 환경미화원이라고 무시하고 깔보고 이런 거 없어요. 한국은 아니잖아요. 직업에는 귀천이 없는데, 그게 싫은 거예요. 지금 너무 좋아요 눈치 안 보고. 저는 여기 있으면서 체면 차릴 게 없거든요. 내가 머리에 파마를 하던지, 수염을 기르던지. 아무도 신경 안 써요.

음료수 한 캔 마음대로 사지 못한 서러움

노는 걸 좋아해서 처음 6개월은 진짜 못 살겠더라고. 진짜 다시 갈려고 했어요. 한국에서는 그냥 휘황찬란한 빛들이 번쩍이고 돈만 있으면 뭐든 하는데 여기 오니까 아무것도 없어요. 차도 많이 없었어요. 지금 빅아일랜드 인구가 20만 정도 되는데 당시는 10만 조금 넘었으니까. 처음 여기 오니까 저희 매형하고 누이가 생강 농사를 하고 있었어요. 아침 먹으면 생강밭에서 일하고, 저녁에 한 6~7

시 되면 밥 먹고 씻고 피곤하니까 자고. 그 생활이 몇 개월 반복되니까 그런 생각이 들어요. '아, 내가 한국에서 잘나갔는데 왜 여기 와가지고 이 손에 흙을 묻히고….' 후회도 좀 했었죠.

여기는 주말이 되면 직업과 관계없이 다 자기 여가활동을 해요. 심심하니까 저희 누이 부부가 골프 치는데 몇 번 따라가 봤어요. 그런데 거기 온 사람 중에 교수 한 분이 사람을 개무시 하잖아요. 젊은 사람이 이런데 따라 나올 시간이 있냐고, 공부나 해야지. 그분이 한번은 나한테 돈을 주면서 소프트드링크를 사 오라는 거예요. 근데 말을 할 수가 있어야 사 오지. 그때 억장이 완전히 무너지는 거예요. 사람이 이렇게 무시당하면서 여기 살아야 하나. 안 되겠다. 그래서 몸은 피곤하지만 생강밭에 일을 일찍 좀 끝내고 밤에 학교를 다녔죠.

주경야독 농사꾼

여기 힐로 하이스쿨에서 일주일에 두 번, 밤 7시부터 9시까지 하는 야학이 있었어요. 외국에서 이주해온 사람들 영어 가르쳐주는 거죠. 생강밭에 일하고 나면 몸이 그냥 부서질 것 같은데도 갔죠. 1년쯤 거길 다니다가 88년 겨울에 대학교 들어갔어요.

저는 농경 대학 했습니다. 그 당시 (힐로에) 농사짓는 분들이 한 서른 명 남짓 계셨어요. 대부분 저보다 일찍 오신 분들인데 영어가 안 돼서 손해 보는 게 상당히 많은 거예요. 농사짓는 사람이 작물을 재배해서 상품화시키면 그걸 유통에 넘기는데 전부 다 외국 사람들이죠. 영어를 못하니까 (유통업체에) 불이익을 당하는 거야. 그 당시엔 생강 가격이 상당히 좋았었는데, (한인들이) 불이익을 당하니까 내가 농경학을 해서 도움도 주고, 돈도 벌 수 있지 않을까 했죠.

아무래도 발음이 따라 하기 힘들었어요. (대학 다닐 때) 애들이 키득거리고 웃으면 그게 그렇게 자존심 상하는 거예요. 그래서 진짜 이 악물고 동아 사전 들고 다니면서 악착같이 했습니다. 여기서 살라면 제대로 해야지, 이것도 아니고 저것도 아니면 여기 온 목적이 퇴색되니까.

폭삭 망해버린 힐로 생강 농사

당시에 저보다 한두 살 많은 분들이 농사를 했거든요. 제가 농민조합을 하면서 '농약 위험물 취급 클래스'를 몇 번 했어요. 여기는 (농민들도) 농약 취급하는 라이센스^{자격증}가 있어야 해요. 독극물이니까. 그분들은 아무래도 (영어로) 읽고 쓰는 게 힘드니까 제가 강의를 해서 라이센스 딸 수 있도록 도와드렸죠.

그런데 생강밭이 병충해에 걸리면 순식간에 싹 번져버려요. 그래서 91년도에 힐로 생강 농사꾼들이 거의 다 망했어요. 그분들이 1~2에이커^{1에이커는 약 1,224평이다} 하는 게 아니라 기본 10에이커, 20에이커 했으니까. 에이커 당 보통 2~3만 불이 들어가거든요? 그러니까 몇십만 불이잖아요. 그게 폭삭 망해가지고 많이 이주해 나갔죠. 그래서 (저도) 그걸 그만두고 병원에서 일하고 있어요. 90년도 후반부터 지금까지 병원 사무실 매니지먼트 일을 하고 있죠. 한국으로 치면 원무과 사무장이라고 할 수 있겠네요.

외로운 힐로 한인사회

제가 (빅아일랜드에 이민) 왔을 때 사진신부 두 분이 살아계셨어요. 그분 중 하나가 해리 김 씨 어머니. 해리 김 씨는 여기 도시안전국 재해담당관을 40년 가까이 하시다가 2000년 힐로 시장에 당선됐어요. 재선돼서 8년을 역임하셨죠. 벌써 77세신데 이번에 다시 당선되셔서 3번째 임기 중이에요. 그런데 해리 김 씨 정도를 제외하고 초기 이민자 후손분들과 교류는 없었어요. 그분들과 자유롭게 영어로 소통할 수 있는 한인들이 별로 없어요. 아무래도 직업에 따라 그룹이 갈리죠. 의사, 교수 이런 사람들은 소통이 되는데 농사하러 오신 분들은 언어소통이 잘 안돼서 못 어울리시죠.

 (제가 이민 왔을 때만 해도) 컴퓨터라든지 텔레비전으로 한국방송 보는 게 없었어요. 그래서 사람들이 주기별로 일 년에 두 번씩 설날이랑 추석은 기본적으로 모였어요. 사는 이야기도 하고 음식도 같이 해 먹고. 90년대 초반까지는 여기에 카니발도 있어서 5월에는 좀 작게 9월에는 크게 했었죠. 한인회에서 바비큐도 하고 사람들도 많이 모이고 서로 교제도 하고. 그런데 생강 농사가 잘 안되면서 여길 떠난 사람도 많아졌고 호놀룰루에 KBFD라는 한국 방송국이 들어오면서 집에서 한국 프로그램을 시청하게 되니까 사람들이 이제는 이야기 하려도 안 나와요. 나오려면 준비해야 되고 내가 남들보다 못 살면 기도 죽고. 자꾸 숨어 살게 되는 거죠.
 여기 한인이 이제 300명 정도 남았는데 제가 이곳 한인사회에서 젊은 그룹에 속해요. 50대 부부가 셋이고 그 이외 전부 60대 이상이에요. 젊은 분들이 잘 없어요. 한국인 부부는 잘 없고 외국인과 결혼한 경우는 대부분 (한인사회에) 잘 안 나오시죠. 그분들은 그분들끼리 만나세요. 한국에 있을 적에 가난을 이겨보자 해서 왔지, 좋아서 미군이랑 결혼했겠어요. 그분들이 가족들 먹여 살리고 하신 건 많아요. 여기 참 외로운 어르신들이 많아요. 이제 한인회는 없어졌지만 누가 도움이 필요하다 하면 제가 개인적으로 도움을 드리고 있죠.

저랑 하와이 갈래요?

제 아내하고는 1991년도에 만났습니다. 대학교 4학년 1학기 마치고. 그때 처음이자 마지막으로 한국 다녀왔습니다. 그 당시에 여기서 생강 농사짓던 친구가 있었는데, 그 친구 부인이랑 제 아내랑 고등학교 동창이었어요. 그래서 편지 한두 번 주고받고 91년도에 한국 가서 결혼했습니다. 딱 두 번 만나고.

처음에 상봉동 터미널에서 만났습니다. 아내가 성남에 살고 있었으니까. 처음 만나고 두세 시간 이야기했죠. 사람이 괜찮은 거 같았어요. 두 번째 만날 때는 제가 성남으로 내려가지고 농담 반 진담 반으로 '저랑 하와이 갈래요?' 딱 그 이야기 했는데 그냥 웃더라고요. 저는 성질이 급해서 오래 못 기다립니다. 딱 3일 안에 대답하라니까, 3일 만에 대답해주더라고요. 5월 초에 만나서 6월 22일에 결혼했어요. 지금 생각하면 제가 미쳤나, 정신이 나가도 보통 나간 게 아니지. 하하. 갑자기 결혼한다니까 저희 부모님도 놀라셨죠. 결혼하고 제가 먼저 돌아왔고 1년쯤 뒤 시민권 받고 아내를 초청했어요.

아내가 1993년에 들어왔는데 처음에 고생 많이 했습니다. 저는 제 나름대로 주중에 일하고 주말이면 골프치러 다니고 했는데 아내는 집에만 있으니까 너무 답답하잖아요. 아내도 한국에서는 직장 다니고 있었거든요. 아는 사람도 없고, 친척도 없고 하니까 자기 가슴속에 쌓인 걸 풀 데가 없잖아요. 그래서 안 되겠다, 자기도 공부 좀 해야겠다 해서 제가 했던 것처럼 매주 화요일 목요일 야간학교 다니다가 간호학교에 갔어요. 지금 저랑 같이 간호사로 일하고 있습니다.

영어로 이야기 하면 물도 안줬다

제가 딸만 둘인데 집에서는 한국말 썼어요. 큰 애하고[93년 생] 작은 애하고 다섯 살 차이가 나는데 첫째는 참 수월했어요. 지금 생각하면 미안한데, 저는 좀 권위적으로 했어요. 영어로 물, 우유 달라고 하면 아예 안 줬어요. 지독하게. 그런데 둘째가 말하기 시작하니까 지 언니하고 영어로 말하는 거예요. 저희가 그거까지는 어찌할 수 없더라고요. 첫째는 한국에서 태어났다고 볼 수 있을 정도로 한국어를 잘해요. 둘째는 (요즘에) 한국 드라마, 사극 같은 거 보고 한국어가 많이 늘었어요. 저는 애들한테 "너네들이 이중 언어 할 수 있는 건 진짜 좋은 기회다. 한국어는 빨리 안 배워놓으면 나중에 배우기 힘들다. 한국인인 걸 자랑스러워해라."라고 많이 이야기했습니다. 저보다 20년씩 먼저 오신 분들 자녀 보니까 한국말 전혀 못 해요. 부모들도 다 영어로 하는 거예요. 그렇다고 아버지 어머니가 영어를 잘하는 것도 아니고. 그럴 바에야 아예 한국말을 좀 가르쳤으면 부모들이랑 소통하는 데 도움이 되지 않았을까. 그래서 저는 애들한테 한국말 엄하게 가르쳤어요.

이왕이면 비슷한 문화권이 낫지

큰 애는 흑인이랑 사귀고 있어요. 플로리다에 있는데, 24살이니까 제가 뭐 어떻게 할 수 없어요. 이왕이면 외국 사람이라도 문화가 비슷한 아시아계였으면 하는 바람은 있죠. 제가 농담으로 흑인은 안 된다 그래요. 딸은 아빠 왜 인종차별 하냐고 이야기하죠. 애들한테 네가 결혼하면 당사자만 하는 게 아니다, 두 집안이 교류가 있으려면 비슷한 문화권이 낫다고 못은 박았어요. 한국 사람은 집에 들어가면 신발 벗는 게 당연한데 여기 백인이나 흑인은 신고 들어가죠. 문화가 다르니 힘들어요. (애들)엄마는 누구를 사귀든지 괜찮다는데 저는 아직 그래도 문화권이 비슷한 사람이랑 하는 게 좋다고 생각해요. 하하. 하지만 애도 자기 생각이 있으니까 결국 못 말리죠.

마음 편한 힐로

고향은 여기 와서 딱 한 번 갔어요. 91년도에 결혼하고 인사차 고향에 갔다 왔죠. 그런데 제가 생각했던 옛날 인심들이 다 사라지고 상당히 사람들이 각박해졌다는 느낌을 받았어요. 사람들이 대하는 게 포근하다 느끼지 못했어요. 형식적인 것 같고. 제가 변한 것인지 그분들이 변한 것인지 모르겠지만 참 옛날 같지 않구나…. 그 뒤로 한 번도 한국 안 갔습니다. 집사람은 2-3년에 한 번씩 한국 가죠. 저 보고도 자꾸 가라고 해요. 친구들 한국에 많고 연락은 하는데 가고 싶지는 않아요. 한국은 너무 경쟁 사회에요. 어떻게 보면 (다른) 사람들 밟고 올라서야 하는. 여긴 안 그렇거든요.

처음엔 한국이 많이 그리웠지만 나름대로 내 삶의 목표가 정해지니까 너무 좋은 것 같아요. 친구들에게도 기회가 있으면 너네 자식들 보내라고 합니다. 한국에서는 애들 스트레스 많이 받잖아요. 과외를 세 가지 네 가지씩 하니까. 여기는 선생님들이 (공부하라고) 강요하는 게 아니니까 (한국 유학생 아이들) 여기 오면 너무 좋아해요.

제 꿈은 앞으로도 여기서 한인 이주민들이 잘 정착하도록 도움 주고, 그분들이 한국인이라는 자부심 가지고 그 영향력을 지역사회에 끼치며 살 수 있도록 돕는 거예요.

당신의 산타아나스는 무엇입니까

"나는 좀 진보된 경상도 사람이지"

안성근 / 1945년생, 1세, 경남 진주시 유곡동, 하와이 힐로

  그의 아내는 우리를 위해 제철 맞은 하와이 과일들을 한 상 차렸다. 선홍빛을 발그레 띠는 리치, 서걱서걱 썰어 놓은 수박, 맨들맨들 주홍빛 단내를 풍기는 파파야까지. 하지만 달콤한 하와이 과일들과 다르게 부부의 하와이 정착기는 달콤하지 않았다.
  "1986년도 4월 달에 제가 여기 왔는데, 잊혀지지도 않아요. 오는 날 힐로 공항에 비가 부슬부슬 왔었는데, 안 오고 싶었어. 아무래도 내가 태어난 나라가 좋지. 이, 딴 나라가서 사는 게 참…."
  소싯적 그는 부산 남포동에서 나름 잘 나가는 구두 디자이너였다. 하지만 자꾸 나이는 먹고, 애들은 커가고, 마흔이 다 됐는데 모아 놓은 건 없고. 이 불안한 삶의 돌파구를 찾아 그는 가족들을 데리고 처가 식구들이 있는 미국으로 떠났다.
  그는 이곳에서 구두 만드는 공구 대신 곡괭이와 삽을 들었다. 부부는 밭에서 꽃을 돌보고, 생강을 돌봤다. 농사일을 마치고 집에 돌아오면 초죽음이 되었다. 아내는 친정 식구들이 지척에 있어도 좀처럼 이민 생활에 적응하지 못했고 저녁이면 울기도 많이 울었다. 다시 한국으로 돌아가고만 싶었다. 그런 세월을 보내고 하와이 과일의 달콤함을 느끼기까지, 30년이 흘렀다.

그는 하와이 리치 맛을 "죽었다 깨어나도 못 먹는 맛, 여 왔으니까 먹을 수 있는 맛"이라 표현했다. 하지만 리치나 파파야가 그렇게 맛있어도 하와이 수박은 맛이 없단다. 수박은 한국 수박이 제일 맛있다고 했다. 달콤한 리치와 파파야는 하와이를 닮았다. 지상낙원, 이민자들이 꿈꿨을 달콤한 하와이. 한편으로 그 달콤함이 채워주지 못한 시원함이 그리운 하와이.

카투사에서 배운 영어

저는 안성근입니다. 안중근 할 때 중만 달라요. 같은 순흥 안씨에 항렬로 따지면 안중근 씨가 내 형뻘 됩니다. 1948년 4월 15일에 진주 유곡동에서 태어났어요. 군대 가기 전까지 거기 살았죠.

군대 생활 굉장히 오래 했어요. 10일 모자라는 36개월 동안 했죠. 영어는 거 (카투사) 가서 많이 배웠어요. 옛날에는 영어점수 요구 안 했거든요. 요즘 같으면 제가 안 됐겠죠. 하하. 훈련소 가자마자 어쩌다가 카투사 차출돼서 SP라고 서큐리티 폴리스죠? 정문에서 한국 사람들 오면 주민등록증 번역해서 일지에 다 적고, May I help you?^{무엇을 도와드릴까요?} 하고. 그래도 거기서 음식은 잘 먹었어요. 1960년대 한국 사람들 고기 먹기 힘들 때인데, Thanks Giving Day^{추수감사절} 같을 때는 뭐 음식이 남아돌고. 그러면 (밖에) 나올 때 여기저기 넣어서 막 가지고 나오잖아, 시리얼 같은 거. 그때 그게 한국사회에 얼마나 인기였는데. 한국에 시리얼 나오기도 전인데.

군대에서 만난 아내

 군대 가서 좀, 허허. 집사람 만나가 연애했거든요. 군인 신분으로 만났으니까 저 집에서 반대가 엄청 심했지. 저 사람은 고향이 경기도 인천. 제가 경기도에서 군 생활 했거든요 저 전방에 경기도 우정리_{경기도 연천군 미산면 우정리}라고. 집사람이 남자친구 만나러 온 친구 따라 부대에 왔다가 저랑 처음 알게 됐죠.
 처음 봤을 때는 이 사람이 저를 굉장히 못마땅하게 생각했을 거에요. 그때는 제가 시커멓고 모자 쓰고 권총까지 차고 있고 말도 서울사람처럼 상냥상냥 안하고. 경상도 사람 무뚝뚝하잖아요. 이래 돌처럼 구니까 어디가 맘에 들었겠어요. 경상도 사람들 언어 자체가 그렇잖아요. "밥 묵었나?" 그게 제일 큰 인사죠.
 그런데 사람이 부대끼면서 정이 든다고 나중에는 남자 여자 눈에 콩깍지가 끼니까 아무것도 안 보이더라고. 서로 좋아서 연애를 했죠. 제대하고 결혼하고 부산 가서 살았어요. 그때만 해도 참 못 살았죠. 셋방살이부터 시작했어요.

남포동 구두디자이너

 부산에서는 남포동에서 구두 디자인을 했었죠. 그게 보기보다 굉장히 힘들어요. 진짜 머리 쓰는 일이거든. 저는 운이 따랐는지 히트 좀 쳤죠. 그때 이름이 '발렌티노'라고, 저는 두서너 군데 양다리 걸치고 있었죠. 좀 실력 있는 사람은 서너 군데 걸치고 있고, 실력 없는 사람은 한 군데도 걸치기 힘들고.
 부산에 국제 고무라든지, 국제 상사라든지 큰 컴퍼니가 많이 있었잖아요. 그 밑에 직원들이 많았어요. 그 시절만 해도 일을 잘하든 못하든 시간당 얼마를 받는 월급제로 하는 곳이 있나 하면, '돈내기', 그러니까 실력 좋은 사람은 월급도 많이 받고 실력 적은 사람은 적게 가져가고 그런 배분 시스템인 곳도 있었어요. (돈내기 하는 곳 같으면) 죽기 살기로 하는 거죠. 바쁠 때는 잠도 못 자고 24시간 꼬박 군대 훈련받는 식으로 할 때도 있고, 비수기 때는 좀 한가하고. 그 대신 돈이 적게 들어 오는 거죠. 처음에는 그런대로 먹고 살고 살기 괜찮았는데 회의를 가지게 되더라고요. 어느 날 아침에 갑자기.

단순해 보이지만 복잡한 남자들

그 전에 우리 집사람 남동생이 한국에 미군으로 나와 있었어요. 누님이 미국 오고 싶으면 가자 그랬는데, 저는 안 간다 했어요. 제 생각에, 그래도 여기가 낫지. 말 통하고. 그때는 잘 먹고 살고 했는데. 어찌 됐건 가든 안 가든 수속은 해 보자 해서 (초청장) 신청을 했어요. 그랬는데 저희가 수속을 안 밟았어요. 대사관에 알아보니까 수속 밟을 수 있는 기한이 이미 1년 정도 지났다 하더라고요. _{초청장 발급 후 유효기간 내에 비자 신청을 해야 한다.}

근데 40살이 다 되어 갈 때쯤, 가만히 생각해보니까 자꾸 나이는 먹고, 애들은 커가고. 뭐 뒤에 쌓이는 건 없고. 그러니 저도 솔직히 불안함을 느꼈어요. 여자들은 남자들이 단순하다고 생각하는데 남자들이 더 복잡해요. 어깨에 자기 혼자만 있으면 되는데, 자식이 있고 마누라가 있으면 다르다고. 10년 뒤에도 이 상태를 잘 유지하고 살 수 있을까 이런 생각도 하고. 참 압박이 되더라고요. '그래, 절반은 여기서 살았으니 절반은 다른 나라 가서 한번 살아보자. 완전 모르는 사람만 있는 것도 아니고 처가 식구들도 있고.'라는 생각이 들었어요. 기회가 왔으니 한 번 날아보자. 그래서 1년 뒤에 다시 수속을 했죠.

카투사 시절 안성근씨와 아내.
뒷줄 오른쪽에서 두번째가 안성근씨.
아래줄 왼쪽 첫번째가 안성근씨의 부인이다.

비자를 받게 해준 세 단에 "Yes, if possible"

그때만 해도 미국 인심이 참 좋았어요. 지금이면 신청 다시 하면 확인을 하고 되니 안 되니 소리가 나오는데, 80년대만 해도 재신청 하니까 말없이 받아주더라고. 비자를 1월 아주 추운 날 광화문 미국 대사관 올라가서 받고 왔어요.

지금도 기억에 남는 게, 영사관 인터뷰를 하는데 그때만 해도 영어로 대답하면 영사들이 굉장히 점수를 많이 줬어요. 영사가 직업이 뭐냐 묻더라고. 디자이너다. 무슨 디자이너냐? 슈즈 디자이너다. 그렇께네 너 미국 가면 그대로 할 거냐고 물어. 그래서 내가 "Yes, if possible! 네, 가능하다면요." 그랬거든요? 딱 그 세 단어 했어요. 돌아서서 애들하고 손잡고 나오는데 통역하는 여자분이 날 부르더라고. '미스터 안! 영사께서 오늘 비자를 주시겠답니다!' 딱 그러더라고. 그때만 하더라도 하루 이틀 더 있다 비자를 줄지 말지 결정을 하는데 그 소리가 맘에 들었나 봐. 그 말 한마디가. 왜 그때 그 단어가 생각났는지 모르겠어요. 그래서 비자 받고 들어왔어요.

비가 내리 붓는 적막강산, 힐로

처음에는 버지니아 가려고 했어요. 우리 처 아는 사람들이 거기 많이 살고. 근데, 아~ 하와이가 너무 좋은 거야. 처음 하와이 호놀룰루 공항에 딱 내렸는데 목구멍에 들어오는 공기가, 이게 장난이 아니야. 와이키키 해변을 한번 둘러봤는데, 아, 이게 천국이다! 싶더라고. 파라다이스라는 말이 이게 그냥 쓰는 게 아니다. 이런 느낌이 딱 들더라고. 거기서 또 비행기 갈아타고 힐로 들어왔잖아요? 아~ 여 오니까, 거 보다 더 좋은 거야. 더 시골이고.

 근데 여기 한 가지 거석'거시기'의 경남 방언한 게, 4월에 비가 오기 시작해서 6월까지 한 3개월을 비가 내리붓는데 그때 처음 와가지고 볼케이노volcano화산 올라가는 쪽에 있는 우리 큰집에 들어갔는데 비가 막 오는데다가 깜깜 절벽이죠. 여기 땅이 좁아도 1헥타르에요. 한국평수로 1240평. 1240평인데 집이 한 채씩밖에 허용이 안 돼요. 그러면 밤이 되면 저쪽 옆에 집, 이웃집에 누가 뭐 하는지 몰라요. 적막강산이에요. 아 그거 진짜 마음에 안 들더라.

공기도 좋고 공무원도 좋은 하와이

그런데 마음에 드는 게 공기하고, 한국에서 못 느껴본 거셔. 영어는 못 하는데 (처음 이민 와서) 신고도 하고 할 게 많잖아요? 관공서 공무원들이 많은 곳을 갔는데, 사람 대하는 태도가 완전 맘에 쏙 들어. 100%가 아니야, 200% 마음에 들어요. (공공기관) 창구에 갔는데 아무도 없어. 머뭇머뭇하고 말도 못 하고 있는데 저 안쪽에 있는 사람이 나오더라고. 좀 높은 사람 같았는데 어찌 왔느냐고 물어. 뭐뭐 때문에 왔다고 말하니까 자기 담당이 아니라서 잘 모르겠는데 가서 담당자를 데리고 오겠다는 거야. 아, 이 사람이 자기가 다 돌아다니는 거야. 담당자 불러가 이 사람이 뭐 때문에 왔는데 당신이 알아봐 주라고 하더라고.

한국에서 말도 안 붙여주던 공무원들 보다가 여기 (공무원들) 보니까 완전 훼까닥 뒤집어져. 아, 이기 진짜 사람 사는 동네구나. 그래서 여기 2~3개월 살다 보니까 정도 슬슬 들고. 그래서 저 짜 버지니아 가는 건 완전 잊어버렸습니다. 그래서 여기 30년 넘게 살게 된 거예요. 하와이 살아보니까 살아볼수록 좋아요. 여기서는 슬리퍼 신고 관공서에 가던, 반바지나 찢어진 청바지 입고 은행에 가도 누구 하나 간섭하는 사람 없고. 옷 같은 거도 하와이에서는 티랑 청바지면 1년 365일을 나요. 날씨가 연중 따뜻하고. 살면 살수록 재미나는 게 이 동네에요.

하와이에 정착한 직후 부부사진

당신의 산타아나스는 무엇입니까

하와이 빅아일랜드 힐로

미8군 엉클과 처이모님

처가 식구들이 여기 계시는데, 우리 처 이모님은 굉장히 일찍 오셨죠. 1950년대 말 이었나, 60년대 초였나. 미8군 다니던 엉클^{uncle아저씨} 만나서 국제결혼 했거든. 6·25 이후 미군들 오랫동안 주둔했잖아요. 당시 국제결혼 한 사람들 한국 사람 사이에서 평판이 굉장히 안 좋았어요. 아니, 남자 여자 만나서 사랑하는데 희면 어떻고, 누러면 어떻고, 까마면 어때요? 서로 빠져서 죽자 살자 하면은 아무것도 안 보이는 거예요. (처 이모님이) 본토 남편 집에 갔는데 거기 동양인이 딱 1명이었다고 하셨죠. 그때는 밖에 나가면 검은 머리를 처음 봐서 꼭 동물원 원숭이 쳐다보듯 봤데요.

꽃 키우는 사람들

저희가 파머에요. 농사꾼. 꽃 키우는 사람들. 처음에 와서 꽃밭에 일하는 것부터 배웠죠. '앤트리움^{Anthurium}' 하와이 특산물이거든요. 여기 하와이산은 두껍고 크고 좋아요. 저 산골짜기 가서 꽃장식 할 때 쓰는 솔나무처럼 생긴 걸 꺾어다가 팔기도 하고. 여기 와서 참 일 많이 했죠. 생강 농사도 하고. 이민 온 사람들 직장도 없고 그거 아니면 할 게 없어. 되는대로 일했죠. (생강 농사를 그만둔 뒤) 마우나로아 마카다미아 공장 들어가가지고 14~15년 일했죠. 하와이 산이 제일 맛있어요. 꼬시고, 즙도 많이 나오고 달고.

그런데 여기 2013년 즈음 허리케인 왔을 때 사다리에서 미끄러져서 떨어지는 바람에 다리뼈가 완전 두 동강이 났어. 지금 다리 신경이 다 안 돌아와서 걷는 것도 야간 기우뚱해요. 그래가지고 저기^{안트리움 비닐하우스} 다 내려앉았었거든요. 꽃이

앤트리움

왕창 다 버렸어요. 그런데다가 주인은 다리 다쳤다는 핑계로 가지도 안 깎아주고 하니까, 하하. 저게 영어로 이야기하면 '차일드child어린이'처럼 돌봐야 하는데, 한 달 안 돌봐줬더니 폭삭 내려앉아요. 지금은 안트리움 조금만 해요. 요즘엔 토요일마다 파머스 마켓에 꽃 팔러 가요. 딱 토요일 4시간씩만.

안성근씨 집에 위치한 앤트리움 밭

엉터리 영어와 엉터리 한국어

큰딸이 중학교 1학년 때, 작은딸이 5학년 때 하와이 왔어요. 막내아들은 하와이에서 태어났고. 그때만 해도 딸내미 둘은 부모 말에 싫어도 순종하고, 좋아도 순종할 때에요. 미국 가자! 결정은 제가 한 거죠. 와서 애들 고생 많이 했어요. 언어도 다르고. 근데 애들은 굉장히 빠르게 틀을 잡더라고.

저희는 지금도 어디 가면 브로큰 잉글리쉬Broken English, 엉터리 영어를 쓰는데, 애들은 완벽한 잉글리쉬를 쓰거든요. 물론 집에서는 한국어 하죠. 저거 엄마 아빠가 영어가 100% 안 통하니까. 큰딸하고 작은딸은 한국어를 참 잘해요. 근데 사촌들 만

딸의 대학졸업식

나고 하면 저거들끼리 전부 영어로 하잖아요. 어떨 때는 여기서 30년 살아도 저희가 못 알아듣는 말이 있어요. 요즘 젊은 애들 은어도 많이 쓰고.

 아들도 여기 (같이) 살 때는 한국어 잘했어요. 그런데 지금 LA가 있으니까 하기는 해도 (한국어) 잘 못 해요. 카톡이 올 때 어떨 때는 받침이 틀려서 와요. 그럼 제가 고쳐서 보내주고. 영어는 잘 못 해도 한국어는 잘하니까 얼마든지 가르쳐 줄 수 있잖아요.

안성근씨 가족

나는 좀 진보된 경상도 사람

 여기가 큰딸 집이에요. 캘리포니아 유니온시티. 손자 손녀들 어렸을 때인데 벌써 내일모레면 대학가요. 큰 사위는 한국 사람, 작은 사위는 필리핀계에요. 작은 사위가 참 착해요. 한국분들 외국인이랑 결혼한다면 말리는 부모 많아요. 우리 아들한테 이왕이면 2세대라도 한국 사람이랑 (결혼)했으면 좋겠다고 했는데, 자기는 알아서 한데요. 저는 애들 결혼이고 뭐시고 절대 간섭 안 해요. 저거가 좋다면 무조건 오케이. 나는 좀 진보된 경상도 사람이에요. 하하. 남자 여자 관계는 인연이 있어야 해요. 억지로 되는 게 아니야. 우린 내려놓고 살아요. (부모가) 우겨봐야 되지도 않고.

안성근씨 가족.
캘리포니아 유니온시티에 위치한 장녀의 집

한국 사람들이 많이 바뀌어야 해요. 한국 같았으면 딸내미 안아보지도 못했을 거야. 남자들이 다 가부장적으로 생각하고. 여기서는 여보, 사랑해. 당신 오늘 생일이잖아. 부인 생일 때 카드 쓸 줄 알고. 사랑해, I love you 표현할 줄 알고. 한국에서는 한 번도 그런 적이 없거든요.

한국가면 제일 촌스러운 하와이 사람

86년에 오고는 4년 만에 (한국) 나갔죠. 그 후로는 자주 갔어요. (떠나올 때와 비교해서) 많이 다르죠. 우리나라도 많이 발전했고. 너무 많이 변해서 나갈 때마다 길도 잘 몰라요. 한국 나가면 제일 촌스러운 사람들이 하와이 사람들이에요. 여기서 맨날 티하고 바지 입고 사니까. 한국 가면 좀 차려입는다 해도 촌스러워. 하와이 스타일로.

어디에 사나 마찬가지인데, 한국은 아직도 권위적이고 큰소리치고, 돈 있는 사람이 우대받는 시스템인 것 같아서 좀 그래요. 한국 시골 가서 텃밭 가꾸면서 한번 살아 볼까 했는데 마음이 바뀌었어요. 사람 마음이 참 간사스럽더라고.

이민 와서 10년, 15년 지날 때는 여건만 되면 한국 가서 살고 싶다 했는데, 조금 오래 살다가 한국에 갔더니 고마 가고 싶은 마음이 없어져 버려요. 나도 똑같은 한국 사람인데 어딘가 모르게 소외당하고 이방인인 것 같고, 돌아오면 여가 마음이 더 편하고. 아이고, 거 가고 싶은 마음이 고마, 지금은 진짜 없어요. 한 번씩 가서 구경하고 오는 거죠. 가면 밥 먹여주고 재워줄 데는 많으니까. 제 생각에 완전히 살러 가긴 힘들 거 같아요. 그만큼 여기 정이 들었거든요.

"서글픈 이곳에 정이 들어간다"

현선섭 · 서수선 부부 / 1세, 하와이 호놀룰루

  비가 촉촉이 내리는 금요일 오후. 우리는 현선섭 씨와 함께 그의 자택으로 이동했다. 비 오는 금요일인 만큼 이른 오후임에도 이미 도로가 막히기 시작했다. 운전대를 잡고 있던 그는 답답한 도로 사정이 영 맘에 들지 않는 듯했다. "여 너무 느려. 참 답답해요. 하와이에 차는 자꾸 많아지는데 길은 하나에요. 그러면 좀 빨라야 하는데 여기 아들 너무 느려요. 하하"

  1979년 하와이에 정착한 그는 '지상낙원'이라더만 높은 빌딩도 없고, 넓은 도로도 없고 이게 무슨 미국인가 정말 서글펐다고 했다. 미국에 오기 전 그는 트레일러 운전사로 중동에 파견되어 광활한 유라시아 대륙을 누볐었다. 일찍이 해외로 눈을 돌린 그는 가난한 한국에 돌아가고 싶지 않았다. 그래서 1950년대 군인 아내로 하와이에 먼저 온 친척 여동생에게 미국초청을 부탁했다. 미국에서도 트레

일러 운전을 해서 먹고 살 생각에 맨몸으로 하와이에 왔으나 영어가 안되 취직이 힘들었다. 어쩔 수 없이 식당 청소를 하며 생활하던 중 자신처럼 군인 아내로 온 여동생의 초청으로 미국에 와 식당 주방에서 일하던 서수선 씨를 만났다.

1980년 연을 맺은 부부는 함께 자동차 정비소를 운영하고 생강 농사를 지으며 낯선 하와이 땅에 뿌리내렸다. 하루하루 일하느라 눈코 뜰 새 없던 날들을 보내고 여유를 찾은 지금, 현선섭 씨는 감리교회 차량 봉사하랴 한인회 이사로 일하랴, 중간중간 골프 치러가느라 여전히 바쁘다. 서수선 씨도 한인회 어르신 노래 교실에서 동년배들과 노래 배우러 다니며 즐겁게 살고 있다. 부부는 비슷비슷하게 살아서 서로를 잘 이해하는 하와이 한인들과 오손도손 정답게 살아가고 있다.

현선섭 / 1935년생, 1세, 경북 김천시 성내동, 하와이 호놀룰루

개구신 같던 막내아들

저는 현선섭입니다. 1935년생이고 고향은 경북 김천시 성내 2동. 김천극장 바로 뒤에요. 나는 어린 시절에 참 개구신^[심술', '훼방'의 경상도 방언.] 같이 놀았어. 맨날 아들하고 어울리고 놀고, 내가 국민 학교 졸업하고 (중학교도) 못 갔어요. 아주 힘들었어요. 아버지가 목수인데, 아주 대목수에요. 절 같은 거 짓고. 그렇게 아버지가 (일하러) 한번 나가면 뭐 한 2~3개월씩 못 들어오셨지요. 내 형제가 3형제입니다. 큰형은 8살 많고, 중간형은 4살 많고. 제가 막내입니다.

여게 현씨 집안 아닙니까?

우리 아버지 형제들은 다 일본에 있었어요. 우리 아버지는 장손이니까 집에 있고, 첫째 작은아버지는 일본 시대 때 보국대^[일제가 1938년 조선인 학생, 여성과 농촌 노동력을 동원하기 위해 조직한 단체.] 가서 돌아가셨어. 둘째 작은아버지는 (일본에서) 한국에 우리 집 댕기러 왔다가 소식이 끊어져 버렸고. 그런데 내가 열세 살 되던 해 어느 날 난데없

이 누가 우리 집을 찾아왔어요. 한 40년 전에 우리가 여게 살다가 떠났는데, 이게 현씨 집안이 아니냐고 물어요. 나는 어렸을 때니까 누군지 잘 모르죠. 알고 보니 우리 작은아버지인 거야. 일본으로 돌아가는 길에 해방이 돼서 길이 막혔데. 그래서 4년을 함안 군북에 있는 처가에서 사셨데요. 그래가 작은아버지를 찾았어요.

부산 범일동 우동공장

작은아버지의 (처가 쪽) 숙모님 동생이 부산 범일동에서 우동공장을 했어요. 옛날에 아실랑가 모르겠는데, 학교에 천지 부식 들어가는기 우동이 들어가요. 작은아버지가 자기 따라 부산으로 가자 카는 거야. 그렇게 우동공장에 가서 제가 한 7개월 있었어요. 처음에는 거 안에서 심부름만 하고 우동 먹고 그렇게 생활했죠. 나중에 작은아버지하고 같이 나가서 생활했는데, 작은아버지는 옷 수선 일하고 나는 우동공장 배달 일을 했어요. 새벽 4시 반에 일나가지고 5시 반이면 우동실고 국민학교로 배달 나가는 거야. 그걸 쭉 하면서 거서 한 4~5년 있었어요. 그러고 18살에 군대 갔습니다.

거제도 포로수용소

이때가 1953년, 전쟁 때 라요. 군대 들어가고 7개월 있다가 인민군한테 잡혔어요. 함안까지 내려왔던 빨갱이들이 밀리가 올라갈 때 제가 대전서 잽히가지고 영장'송장'의 경상도 방언을 밀었어요. 인민군이 갈 때 우리를 가운데 놓고 앞에 서고 뒤에 서고 하더이다. 영장이 일곱인데, 그 사람들이 완전히 죽은 게 아니에요. 죽지 않고 목숨만 붙어 있는 상태였어요. 인민군들은 죽지 않으면 끝까지 데리고 가더이다.

그걸 일주일 동안 하다가 내 친구랑 약속했어요. "우리가 이러다가 죽을 거 같응게, 오줌 누러 가는 척 하고 도망가자." 대전에 금산 쪽 가는데, 소변 본다니까 내려놔라 이거야. 둘이 버드나무 새로 도망가버렸어. 가들이 우리를 못 잡아요. 우리를 따라오면 거기 있는 일곱 사람 다 도망갈 거 아닙니까. 전부 우리 아군들인데. 가들이 가물'고함'의 경상도 방언만 지르지 우리를 못 따라 왔어. 거서 탈영해서 김천 내려왔는데, 김천서 잽히가지고 저도 '거제도 포로수용소'로 끌려갔어요. 군인은 그때 당시 잽히면 무조건 포로수용소로 끌려가는거야. 거제도 가서는 9개월 만에 나왔어요.

고향마을에서 친구들과

경남면 145번 면허증 버스운전사

고향에 돌아와서는 내가 원체 농사 싫어해서 자동차 고치는데 들어갔어요. 부산 전포동 '신진공업' 공장. 내가 거기서 일하면서 자동차를 내 맘대로 하는 거야. 고치고, 운전도 하고. 면허증도 그때 받았어요. 경남면 145번이에요. 당시는 부산이 경남이거든요. 한 1년 6개월 정도 있다가 공장에서 나와 그 길로 거창에 갔습니다. 경남여객 들어가가지고 버스 운전을 했어요. 거서 한 3년 하다가, 김천 대한교통에도 있었죠.

1963년에 부산에서 결혼도 했습니다. 그런데 우리 집 사람이 위암에 걸려가지고, 수술을 두 번 했는데도 결국은…. 김천서 제가 생활이 어렵고 해서 해외가려고 노력을 많이 했어요.

현선섭 씨와
첫번째 부인의 결혼사진

모나미 볼펜 한 자루

내가 버스를 운전했는데, 그때가 우리나라에 볼펜이 처음 나왔을 때에요. 대구서 사람을 싣고 상주에 들어갔어요. 식당 주차장에 차를 주차해야 해서 사장이 뒤에서 오라이 오라이 신호를 했죠. 그래, 빠꾸'후진'의 경상도 방언를 해가지고 앞으로 딱 요만큼 갔을 거에요. 갑자기 저 짝에서 식당 아줌마들이 소리 지르면서 막 스톱하라 캐. 사람 쳤다고 난리가 난 거야. 근데 버스는 앞이 상당히 높잖아요. 앞에 바로 밑에는 요만쯤 안보여요. 그래서 (차를) 세워놓고 내려 와보니 아가, 인제 국민학교 1학년도 안 된 거 같아요. 내 빠구 할 때 야가 (차 앞으로) 좇아 들어왔던 거야. 아가 죽어쁫으예…. 뭐 떨어진 거 주서서 고걸 손바닥에 그려본 거라, 바로 바퀴 앞에 앉아서.

그러니 어떡합니까. 그날 고마 바로 상주 경찰서로 들어갔어요. 그리고 청주 교도소 유치장에 넘어가 버렸어요. 넘어가서 제가요, 두 달 20일 만에 나왔어요. 거게 있을 때 집사람이 돌아가셨어요. 한 2개월 정도 아무것도 못했어요. 정말 참 생활이 어려웠는데…. 그래서 아이들을 부산 양산 처가에 맡겨두고 이란으로 들어왔어요.

중동개발 붐을 타고 낯선 이란으로

이란에 '화르시'라는 회사가 있어요. 왕실재단에 속했던 거로 기억해요. 그때 서울 동교동서울 마포구 동교동에 위치했던 '한국해외개발공사'. 91년 한국국제협력단(KOICA)으로 승계되었다.에서 해외 나가는 사람들 연수교육을 받습니다. 독일 광부들하고 같이 받았어요. 광부들은 모래 둘러메는 게 시험이고, 우리는 트레일러로 시험 봤지.

중동으로 파견 된 한국인들.
가운데 모자를 쓰고 선글라스를 낀 사람이 현선섭 씨다.

팔레비 시절에 (이란이) 발전을 할라캉게 차가 있어야 되는 거야. 스페인 항구에 (미국에서 수입한) 맥 트레일러를 수없이 갖다놨어요. 거서 (차를) 이란으로 끌고 와야되는데 이란에 운전하는 사람이 없어서 우리나라 와서 운전수 고용해 갔지. 내가 시험 보고 합격했어요. 부산 민락동 트레일러 회사에 있다가 비자 나왔다 해서 1974년 2월에 서울 가서 이란으로 들어갔습니다. 실제로 1975년 3월 이란에 입국했을 것이다. 한국해외개발공사는 1975년 3월 이란에 트레일러 운전사 2백 명을 1차 파견했다. 스페인서 차를 몰고 터키재를 넘어서 이란으로 들어왔어요.

유라시아 대륙을 누비는 트레일러

이란에 반다르아바스Bandar Abbas 카는 항구가 있어요. 거기서 미국에서 수입한 한 길 약 2.4~3m 정도 되는 파이프를 트레일러에 싣고 러시아 국경 근처까지 갔어요. 러시아에서 이란으로 물을 끌어오려고 러시아 근방에서부터 파이프를 착착 내려놓고 연결하는데, 그거 아니만 이란에 지금 사람 못 살아요.

우리가 2년 계약했는데 잘 했습니다. 이란이 우리나라 7배에요. 크기가 엄청 큽니다. 테헤란에서 반다르아바스도 3500리약 1374km, 테헤란서 러시아 근방까지도 3500리. 가는 거만 7천 리에요. 처음에는 물건 싣고 그까지 가는데 1주일을 주더라고요. 갈 때 트레일러 밑에 줄을 매가지고, 거다 이만치 넓은 판을 두 개 놔요. 거기다가 반찬, 내 소지품, 옷 같은 거를 넣어요. 우리는 염소고기, 양고기를 시장가서 사가지고 장조림을 했어요. 장조림은 쉬지를 않잖아요. 트레일러 밑은 항상 그늘이니까 날이 더워서 잠을 잘 때도 거가 들어가서 자요. 거서 한숨 자고 나면 또 가는 거야. 나중에는 우리가 일주일 만에 7천 리를 갔다가 왔어요. 그걸 한 2년 했어.

거기는 아무것도 없었어요. 도로가 쪽 발라서 액셀러레이터를 있는데로 다 밟아요. 밟고 있으마 메다가 120km에 딱 붙어요. 그리고 가다보면 천리 너머 불이 보여요. 게스 올라오는 불이. 하여튼 잠 없이 다녔어요. 일찍만 갔다 오면 500리알을 더 주니까. 허허. 우리가 원래 1300달러로 계약했는데 보통 1500불 벌었어요. 그런데 박정희 정권 때는 송금해야 되잖아요. 반쯤 송금했어요. 반은 우리가 쓰고.

벌판 너머로 보이는 가스의 불꽃

파이프를 운반했던 한국인 운전사들. 가장왼쪽이 현선섭씨다.

한인 트레일러 운전사들이 운전 중 머무르던 막사

호메이니가 돈 줍니까, 한 개도 안주지

　2년 하고 나중에 7개월 동안은 돈을 한 개도 못 받았어요. 그래서 완전히 빈털터리 됐어요. 와 그러냐 하면 우리가 2년을 하고 테헤란에 올라와가지고 왕실재단에 빌딩공사를 또 맡았어요. 우리는 다들 운전을 하니까 포크레인도 하고, 지게차도 하고, 레미콘도 하고. 지는 크레인을 했어요. 그게 왕실재단이다 보니 우리 먹을 거 하고는 다 대주고 임금은 정부를 통해서 보내준다는 거야. 우리가 빌딩을 다섯 동 완공하고 나니까 어느 날 밤새도록 총을 쏘고 야단이 났어.
　옛날에 호메이니아나톨라 호메이니(1902~1989) 1979년 2월 이란혁명을 통해 이란이슬람공화국을 탄생시킨 이란의 최고지도자.를 프랑스에 쫓가 보냈는데, 거서 이놈이 세력을 일으켜가 온 거야. 밤새 총질하고 난리인데, 한 3일을 그라더니만 정권이 완전히 바뀐 거라. 팔레비는 고마 나가서 못 들어온 거야. 그러고 우리는 쫓겨났는데 한국에 오니까 무슨 돈을 줘요. 호메이니가 돈 줍니까? 한 개도 안 주지. 몽땅 떼였어요, 마. (돈) 안보내주니 정부에서 줄 수도 없고. 그래서 제가 할 수 없어 미국에 들어왔습니다.

이란 건설현장에서 일하던 현선섭 씨

함께 일한 동료와 아이들과 함께.
뒤줄 오른쪽에서 두번째가 현신섭 씨다.

이란에서 아이들과 함께

파나마 가려다 맨몸으로 오게 된 하와이

한국이 옛날에 아주 못살았잖아요. 그래서 제가 한국 떠날 때 안 들어올 생각이 없었어요. 첨에 미국은 잘 모르고, 제가 파나마 갈라고 (이란에 있을 때) 파나마 영주권을 받았어요. 그때는 천오백 불만 주면 파나마 영주권이 그냥 나왔어요. 파나마가 토지는 많고 날은 따시고. 그런데 장비가 없어서 뭘 할 수가 없는 거야. 한국에 잠깐 들어왔다 파나마 간다는 게 미국에 들어왔어요.

6·25 때 미국사람하고 결혼해서 미국 온 친척 여동생이 있었어. 그 동생이 자기 식구를 다 초청했고 마지막에 온 게 내라. 이 주State에서 물건 싣고 저 주가서 내리는 정기화물 하면 그렇게 돈을 많이 번다 하더라고. 그래서 1979년도 11월에 미국 들어왔어요. 짐 아무것도 안 가지고 왔어. 딱 옷 두 가지, 신 한 켤레, 담요 두 장. 내가 100불짜리 하나 가지고 왔어. 미국은 사회보장제도가 잘 돼 있다 하니 미국 오면 잘 살겠지 싶어 무턱대고 온 거예요. 뭐하든 살겠지. 그때는 영주권 다 주던 때라서 들어오고 일주일 만에 영주권 받았어요.

근데 미국 들어와서 보니 영어가 한 개도 안 통하는데 뭘 합니까. 아무 것도 못하죠. 그 때 바Bar, 술집 청소 세 군대 했어요. 또 와이키키 식당에서 그릇 씻는 거도 하고. 일식당이라서 한 사람 먹으면 접시가 한 스무 개 되요. 그거하고 빨리나오면 밤 열두시 막차 타는데, 놓치면 집까지 걸어가고 했어요.

그러다가 제가 타워크레인 할 수 있겠다 싶어서 유니언크레인 조합에 들어갔는데 만날 물어보면 내 앞에 크레인 운전수가 90명 있다 카는 거야. 그라고 전부 무전으로 하는데 내가 말을 어떻게 알아듣겠어요. 1년 후에 가서 물어봐도 (내 앞에) 90명 있데. 이건 뭐 굶어 죽겠어. 아이고, 이건 안 되겠다. 제가 유니언에서 나와 버렸어요.

현선섭씨 아이들이 하와이에 도착한 날.
호놀룰루 공항에서

자동차 박사가 하는 바디샵

제가 차로 박사를 했응게, 집사람하고 차 고치는 바디샵^{Body shop, 정비소}을 채렸습니다. 80년도에 미국에서 재혼했는데, 우리 집사람이 바 키친에서 일했어요. 그때 여기 바에서 일하는 한국아가씨들이 많았어요. (우리 집사람 통해서) 전화번호를 다 줘놔서 차 고장 났다고 연락 받으만 내가 고쳐서 바에 갖다 주고 했죠.

그 당시 하와이에 다니는 차 10대 중 새 차가 하나 있을까 말까 했어요. 그렇게 고장 난 차가 수두룩했어요. 그런데 하룻밤에 연장을 싹 다 도둑맞은 거야. 그래서 바디샵이 굉장히 어려워졌어요. 게다가 아리요시 주지사^{George Ariyoshi, 14대 하와이 주지사, 일본계 미국인.}가 바디샵 허가 규정을 개정한 거야.

한국 사람들이 얼마나 머리가 좋은지 앞쪽에 박은 차랑 뒤쪽에 박은 차 두 대를 사서 앞에 박은 차는 앞에를 자르고, 뒤에서 박은 차는 뒤를 잘라서 붙인다고. 그러면 용접을 잘 해야 하는데, 이게 시원찮았는지 프리웨이^{Free way, 고속도로} 가다가 차가 떨어져 버린 거야. 그게 신문에 크게 나면서 일본 아들이 아리요시 주지사한테 민원을 넣었어. 여게 일본 아들 세상이거든. 이전에는 그냥 바디샵 한다고 신고만 하면 됐는데 법이 개정돼서 이제 허가를 받아야 해. 허가에 필요한 기계들 다 갖추려면 5만 불 정도 있어야 되는데 돈도 없고. 그러니 뭐 어쩌겠습니까. 그때 (바디샵) 청산하고 빅아일랜드 힐로로 떠나기로 했어요.

돈도 많고 잘 돌아가던 힐로

86년에 힐로 들어갔어요. 그때가 하와이 슈가캔^{Sugar cane, 사탕수수 농장}이 끝날 무렵이었어요. 내가 놀란 게, 하베스트^{harvest, 수확하다} 할 때 비행기로 기름을 뿌리고 불을 질러. 나중에 슈가 대만 남은 거를 거둬들이더라고. 참 대단하더만. 슈가캔이 사양 산업이 되고는 생강을 시작한 거죠. 힐로는 거의 매일같이 비가 왔기 때문에 생강이 잘 됐어요. 그때 한국 사람들이 힐로에 많이 살았어요. 한국인들이 (생강농장) 100에이커를 가지고 있습니다. 정말 어마어마한 땅이에요.

저는 처음에 1에이커 반 하다가 가장 많이 한 게 4에이커였어요. 힐로 진저^{Ginger, 생강}가 LA로 가고, 캐나다로 가고, 일본, 호주도 가고 전 세계로 퍼졌어요. 생강 한 포기가 10파운드^{약 4.5Kg} 정도 나와요. 우리 진저가 소꼬리 길이랑 같습니다. 5피트^{152.4cm}에요. 힐로 생강이 키가 엄청 크지요. 생강밭에 들어가면 이파리가 커서, 우리가 들어가면 밖에서 안보이요. 첨에 오니까 한 박스에 80전^{80달러}인가 하더라고. 1년에 잘하면 10만 불 까지 벌 수 있었어요. 그리고 생강 농사는 9월부터 10월까지는 아무것도 할 게 없어요. 그래서 그 시기에 여행을 참 많이 다녔죠. 2년 해가 지고 집도 사고, 그때 힐로가 참 돈도 많고 잘 돌아갔어요.

가족들과 힐로 생강밭에서

인삼보다 무서운 생강

사실 내가 농사는 죽어도 하기 싫은데, 살기 위해서 한 거예요. (생강농사 하면서도) 밭에 흙을 안 묻혔어요. 아 기계 다루는 건 내가 오케이. 밤이고 낮이고 기계 고장 나면 다 고쳐줘. 그런데 생강은 인삼보다 무서운 겁니다. 병이 나버리면 하룻밤에 다 번져버려. 인삼밭에 들어갈 때 깨끗이 하고 들어가잖아요, 생강밭에 들어갈 때도 꼭 신을 벗고 장화로 갈아 신고, 장화를 약물에 담가서 (소독하고) 들어간다고. 나올 때도 그렇게 하고. 이거는 마 한번 병이 들었다 하면 얼매 안가 다 날아가요. 도저히 잡을 수도 없고. 빼 내버리는 수밖에 없는 거야. 다른 길이 없어. 근데 (힐로 지역) 생강밭이 다 병에 걸려서 우리가 망했지요.

그리고 이 진저가, 한국 사람들이 많이 해서 프라이스$^{Price, 가격}$이 떨어지기 시작하는데 80불 하던 게 60불, 50불로 떨어져. 게다가 월남, 파나마, 브라질 이런 데서 진저 들어오는 게 한 파운드에 10전^{10달러} 하는 거야. 우리는 60전은 받아야 하는데. 이게 도저히 타산에 안 맞는 거야. 그러니까 다 망한 거야.

서글픈 이곳에 차차 정이 들어간다

처음 왔을 때 하와이에 이래 큰 빌딩 없었어요. 하와이가 그렇게 지상낙원이라 했는데. 도대체 이런 데가 어딨는고? 보니까 넓은 도로도 없고 빌딩도 없고. 너무너무 서글픈 거야. 이기 무슨 미국인가? 정말 실망했어요. 근데 있으면서 차차 정이 들더라고. 기후도 좋고, 아무 데나 자면 되고. 허허. 오고 좀 있으니까 고속도로도 생기고.

　그라고 요기 좀 더 나가면 한인타운이라. 한인타운으로 지정하려고 두 번 신청했는데 일본인 시의원들이 찬성을 안 해줘. 그래도 우리는 그걸 한인타운이라고 인정하는 거야. 거 가면 전부 한국말로 써놨잖아요. 지금은 (하와이에) 한국말 배울라 하는 사람도 많을 거예요. 교회마다 한글학교가 있어요. 미국 아들도 내가 골프장 가면 "안녕하세요!" 칸다고. 요새는 한국어 많이 해요. 하하. 또 미국 아들도 한국음식 많이 좋아해요. 제일 인기 많은 게 한국음식. 그러니까 한국식당이 계속 늘어나잖아.

　이제는 나이 들어가지고 골프 치러 다니고 봉사하고 살지. 내가 한인 감리교회 어르신들 모시는 차량 봉사 9년째 하고 있어. 10년 채워보려고 하는데 나도 나이가 많아서 될란지 모르겠네, 하하.

부부가 거주하는 노인아파트 복도에서 바라본 하와이 풍경

서수선현수선 / 1937년생, 1세, 경남 의령군 정곡면, 하와이 호놀룰루

자기 나이도 모르는 아가 어딧노

　한국식으로 하면 서수선. 달성 서 씨에요. 여서는 남자 성 따르니까 현수선이지. 1937년에 일본 나고야서 태어났어요. 일본에서 아버지는 잡화장사하고 어머니는 바느질하셨어요. 6살 때 해방되기 전에 한국 와서 의령 정곡면에서 정남국민학교 다녔어. 왜정 때 학교 입학하러 갔는데 내가 한국말을 잘 못했어. 시험 칠 때 몇 살이냐고 묻는데 여덟이랑 여섯이랑 구분을 못 하는 거야. 여섯 살이라 했다가 입학 못 하고 해방된 뒤 늦게 학교 들어갔어. 그래서 엄마가 "자기 나이도 모르는 아가 어딧노?" 그랬지.
　의령 정곡면경남 의령군 정곡면에서 아버지가 술도가를 하셨는데 술집 딸들이라고 시집 못 갈까 봐 고마 아버지가 술도가를 그만두고 싹 개조해서 가정집을 만들었어. 그런데 거서 농사짓기가 너무 힘든 거야. 그래서 "아이고, 함안 가서 집 사가꼬 농사지으면 수월하겠다." 해서 내 15살 때 함안으로 이사 나왔어요. 내가 5학년 될 때쯤 6·25사변이 터진 거 같아. 사변 끝나고 함안으로 이사 왔는데 엄마가 나는 집안일 하라고 학교를 안 보내줬어. 내 밑에 남동생은 학교 다니고 나는 5학년 하고는 끝이 났지.

어린 시절 가족사진. 윗쪽 가운데 사진이 어머니와 서수선 씨다.

서수선 씨의 결혼사진

뿔뿔이 흩어진 가족

 우리 집 살림 사는데 너무 힘들었어요. 밥은 해도 해도 다시 해야 되고 제사는 또 얼마나 많은지. 왜정 때 공출 바친다고 놋그릇도 다 뺏겼었는데, 해방 후에 아버지가 제사에 쓰는 놋그릇을 다시 다 사왔어. 그래가 천날 만날 놋그릇 닦아야 되고. 그러다가 18살 어린 나이에 시집갔어요. 시누가 우리 집에 바느질하러 오던 사람이었는데 자기 동생이 학교 선생이라고 중매를 섰어요. 남편은 26살. 내보다 8살 많았고 거제에서 선생하고 있었어요. 애를 넷 낳았는데 막내가 세 살 때 저거 아버지가 돌아가셨어. 제가 29살 때 과부가 됐어요.

 내가 애들 데리고 먹고 살려고 마산에서 보따리 옷 장사 하다가 우리 교회 목사님께 부탁해서 고아원에 취직했어요. 큰아들이 중학교 들어갈 때여서 시골집 판 돈은 큰아들 공부 밑천으로 다 들어갔죠. 고아원에서 14개월 살았는데 애를 넷 데리고 들어왔다고 월급도 얼마 안 줬어. 그래서 여기 있다가는 애들 공부도 안 되겠다 싶어서 나왔어요. 큰아들은 내가 데리고 있고 둘째 아들은 거제에 있는 둘째 큰아버지에게 보내고, 막내는 우리 친정엄마한테 보냈죠. 그런데 셋째는 머리가 좋아서 미국 양부모를 잘 만났어요. 철철이 옷도 보내주고 원조가 많이 들어와서 셋째는 고아원에 있으면서 중학교 졸업했어요.

아이고, 우리도 그냥 이민 갔으면 좋겠다

 나는 그리고 충무동 시장 쪽에 살면서 부산 범천2동에서 바느질했어. 근데 여름 되니까 한복바느질 일거리가 없어. 그래서 목욕탕에서 일했는데 때밀이 잘해서 돈이 꽤 벌리더라고. 얼마나 인기가 좋은지 단골도 있고. 그 덕에 우리 둘째 아들도 데리고 왔어. 큰아들 작은아들 경남공고 다니고 셋째도 동아중학교 졸업하고 집으로 오고.

그런데 큰아들이 대학가고 싶다는 거야. 해보라 했더니 동아대 국문과를 갔어. 큰애 대학 2학년 때 둘째 아들 고등학교 졸업하고 셋째도 고등학교 가고, 막내는 초등학교 다니고. 애 네 명 등록금을 대려니 도저히 혼자서 안 되겠는 거야. 공부는 우쨌든 시켜야겠는데. 그래서 '아이고, 우리도 그냥 이민 갔으면 좋겠다.' 그랬지. 그랬더니 우리 큰아들이 너무 좋아하면서 가자는 거야. 그때 우리 친정엄마하고, 남동생 부부하고, 여동생 둘하고, 전부 하와이 와가 살고 있었거든.

내 밑에 여동생이 군인으로 (한국) 온 남자랑 연애했는데 그 사람이 제대하고 와서 야를 데리고 들어왔어. 그렇께네 여기 있는 남자하고 국제결혼 해서 67년도 인가 68년도에 들어왔지. 여동생이 남동생 초청하고, 친정엄마도 초청하고, 그 밑에 여동생도 초청해서 가고 나도 초청해줬지.

돈 한 푼 없이 맨 주먹으로 들어왔어

미국 들어오려고 사글세 집에 걸어놓은 보증금을 뺏는데, 올케가 고춧가루 사고, 액젓 사고, 얇은 이불 사 와달라고 심부름을 잔뜩 시키는 거야. 그래가 77년 여름에 내 수중에 돈 한 푼 없이 맨주먹으로 들어왔지 뭐. 호놀룰루 공항에 딱 떨어져서 남동생 집으로 갔어. 그때 여동생이 돈 100불을 줬는데 우리 큰아들이 그거 잔돈 바까가지고 4형제가 내내 버스 타고 돌아댕기면서 하와이 구경했어. 그래도 첫째랑 둘째는 대학교 다니면서 미국 온다고 영어공부를 좀 했거든. 여 비행기 타고 올 때 지금은 자기들이 영어 좀 하는데, 나중에는 어릴 때 온 막내가 영어 제일 잘 할 거라 그랬지. 그러고 그때는 들어오고 일주일 만에 영주권 줬었어요.

나중에 시민권도 다 받았어요.

저는 그때 코리안 바 키친에서 일했어요. 하여튼 전부 바야 펄 시티^진주만에. 전부 한국 여자들이고. 거기 군인들이 월급 타면 거 와서 다 쓰는 거지. 내가 부엌에서 술안주 만들어서 하루 몇백 불 수입을 올려줬어요. 그런데 우리 형제들이 미국서는 아들이랑 같이 못산다고 재혼하라고 야단이잖아요.

차도 잘 고치는 좋은 아저씨

현선섭 · 서수선 부부의 결혼사진

하루는 키친에서 같이 일하는 사람이 이민 온 지 얼마 안 된 좋은 아저씨가 있는데 차도 잘 고친다 그래. 그래가 소개받아서 만난 게 이 사람이지. 이 양반하고 저하고는 여기서 80년도에 재혼했어요.

처음에는 영감하고 나하고 바디샵 사업을 같이하자 했어요. 나는 키친에서 쌔가빠시게'열심히 하다'의 경상도 방언 일하면서 계모임해서 돈을 모아놨어요. 영감이 자기는 돈은 없고 기술만 된다고 나는 기술이 없으니까 돈만 내라는 거야. 그래가 했는데 헌차 고쳐봤자 뭐 얼마나 벌겠어요. 초반에는 본전 밑 까는 거야.

도저히 안 되겠다 싶어서 내가 "아저씨 바디샵 이거 가지소, 나는 손 땝니다. 다음에 내 차나 공짜로 좀 봐주고 사업 아저씨 가지소."라고 했어요.

그랬더니 원래 전화도 안 하던 사람인데 연락이 왔더라고. 그날 저녁에 만나서 하는 소리가 나도 젊고 당신도 젊고, 둘이서 맞벌이해서 같이 한번 살아보자는 거야. 나도 마음이 독하지 못해서 거절을 못 했어. 그래도 몇 달 동안 알고 들다 보고 했는데. '아이고, 그러면 할 수 없다' 그래서 결혼을 했어. 여기 중앙교회에서 목사님이 주례서고 결혼식 했어요. 이 영감 얻어가 지금까지 사는데. 그냥 울타리지 뭐. 하하.

재미있는 힐로 생강농사

그런데 우리 바디샵이 뜯기게 되니까 집에서 놀 수도 없고, 나 이제 돈도 없고. 우리도 생강 농사하러 힐로로 이사하자 했어요.

그때 큰아들이 힐로에서 생강 농사하고 있었거든요. (힐로) 슈가캔이 문 닫으니까 땅이 많이 나와서 일본인들이 생강 농사를 시작했는데 그게 수입이 괜찮아서 아들도 땅을 조금 얻어서 생강 농사를 했어요. 남편을 힐로에 먼저 보내고 나는 인자 정리 다해가지고 87년도에 이사 갔어요. 이 양반은 트랙터 몰고 다니면서 잘하지 뭐. 처음에 아들 생강 농사 같이하다가 나중에 우리도 따로 했죠.

처음에 원 에이커 반을 심어서 했는데 너무 잘 되는 거예요. 밭에 골을 파면 높은 두덩이 생기는데, 처음에 가장 낮은 골에 생강을 심고 생강이 올라오면 트레일러로 지나면서 흙을 덮어줘요. 그러면 또 싹이 나면서 옆에 새끼가 따라오고 또 흙을 쳐주고. 한 세 번 치면은 높은 생강 골이 생겨. 생강 쪽이 흙이 높아지고, 높았

던 두덩은 낮아지고. 높은 흙 속에는 전부 생강이지. 생강이 자라서 잎이 쫙 뻗어 양쪽이 붙으면 사람이 못 들어가요. 그때 되면 거름 주는 거도 스탑하고 이제 농사 끝나는 거지. 재밌으요. 하여튼 18년간 했는데 잘 했어요.

  원 파운드에 80달러 정도 했는데 조합에서 수수료를 때 가도 판매처 연결을 잘 해주니까 할만했어요. 그런데 한국 사람들이 조합에서 할당량 정해주는 게 마음에 안 들어서 다 나가는 거야. 더 많이 팔아서 돈 더 벌려고. 우리는 조합에 끝까지 붙어있었는데 조합이 나중에 깨져버렸지. 슈가캔이 문 닫았으니까 천지 땅이어서 한국 사람들 10에이커씩 막 했지요. 우리는 많이 안 해서 늦어도 6월 되면 생강 캐는 거 끝내놓고 또 새로 심은 거 거름 주고 키워놓고는 8~9월에 여행 다녔어요. 일본으로 인도로 한국으로 온 천지 여행 다녔죠.

생강농사 휴지기에 여행 다니던 부부

애먹이는 생강밭 일꾼들

 그런데 생강 농사가 비용이 어마어마하게 들어요. 전부 남의 손으로 하니까 품삯도 많이 나가고. 일곱 명을 우리가 매일같이 쓰니까. 그리고 다음 해 팔 거 심는다고 밑천이 또 들어가잖아요. 생강 다 심고 키우고 나서 돈 벌어서 여행 좀 갔다 오면 돈 한 푼도 없어. 그러면 새 생강 나와야 돈 구경하지. 그리고 포크레인하고 트랙터 같은 기계도 많이 가지고 있어야 해요. 농사짓는 게 재미도 있지만 일도 많아요.
 일꾼들은 여기 로컬 아들도 쓰지마는 미크로네시아 애들도 쓰고 필리핀 아들도 썼어요. 근데 가들이 참 골탕 많이 먹여. 금요일 저녁에 월급 주면 토요일 일요일 술 먹고 월요일에 일을 안 나와. 돈 떨어지면 이제 일 하러 들어와요.
 근데 (생강 농사를) 일찍 끝내고 말았어야 했어요. 워낙 한국 사람들이 많이 생산해버리니까 생강 값은 확 떨어지고, 심어 놓은 거 팔아도 돈이 안 되고.

바짓가랑이에 흙 한번 안 묻히고 농사지은 사람

남편은 농사짓는 거 아무것도 못해요. 바짓가랑이에 흙 한번 안 묻히고 농사지은 사람인데. 흙을 싫어해요. 말만 생강 농사지, 일꾼들이 다 해놓으면 트랙터로 풀 같은 거만 치고, 일꾼들이 다 캐서 차에 주워 실으면 자기는 운전해서 가기만 하고. 다 내려놓고 오면 자기는 차 딱 씻어가 골프장 삭 내려가. 농사를 지어도 일을 안 했어요 이 양반은. 오늘도 손님 오셨다 보니까 골프도 못가고. 하하하. 지금도 한 달에 열 번은 치러 가요.

저는 나이가 드니까 아픈 데도 많아지고 이제 집에서 쉬죠. 한국 갔다 온 지도 한 8년 됐나? 몸이 힘들어서 이제 한국도 못 가지 뭐. 우리 아들들 다 자기 일 하면서 잘 살고, 이 사람 딸들도 시집 잘 갔고. 손자손녀들도 크고 있고. 이렇게 살다 가는 거죠.

"영어 못해도 잘 살지"

허인희 · 백복연 부부 / 1세, 하와이 카팔라마

하와이 카팔라마에 위치한 노인아파트에 도착했을 때 백복연 씨가 입구에서 우리를 기다리고 있었다. 우리를 발견하곤 한달음에 다가온 그녀는 "지다리고(기다리다'의 방언) 있었습니다."고 경상도 내음 짙은 인사말을 건넸다.

부부는 1987년 미국에 이민 왔다. 많은 한국 이민자들이 그러하듯 60년대 국제결혼으로 이민 온 허인희 씨의 여동생이 가족을 초청한 것이다. 그때 남편인 허인희 씨가 49세, 아내인 백복연 씨가 48세였다. '미지의 세계'로 떠나기엔 결코 적지 않은 나이였다. '비행기 표가 어떻게 되는지도 몰랐다'는 허인희 씨는 대구의 주물업 쇠퇴로 인해 일자리를 잃었고, 살길을 찾아 비행기에 올랐다.

그렇게 부부가 미국에 정착한 지 30년. 하지만 한국에서 보낸 세월이 더 길어서일까, 부부는 여전히 한국에 사는 것만 같다. 거실 한쪽 벽에 걸린 게시판에는 한국 여행 갈 때 물어보려고 적어놓은 '태양여행사', 이번에 한국에 새로 나왔다는 '신형 고속버스' 등이 빼곡히 차 있었다. 하와이 한복판에서 한국 뉴스를 시청하며 '신형 고속버스'를 써 내려갔을 그의 모습이 눈에 선연했다.

그의 아내 백복연 씨는 아직 "영어라 카는 건 일절 모른다."고 했다. 불편하진 않으시냐는 물음에 "여기 한국 사람 많아서 영어 좀 몰라도 됩디다."라고 대답하며 웃으셨다.

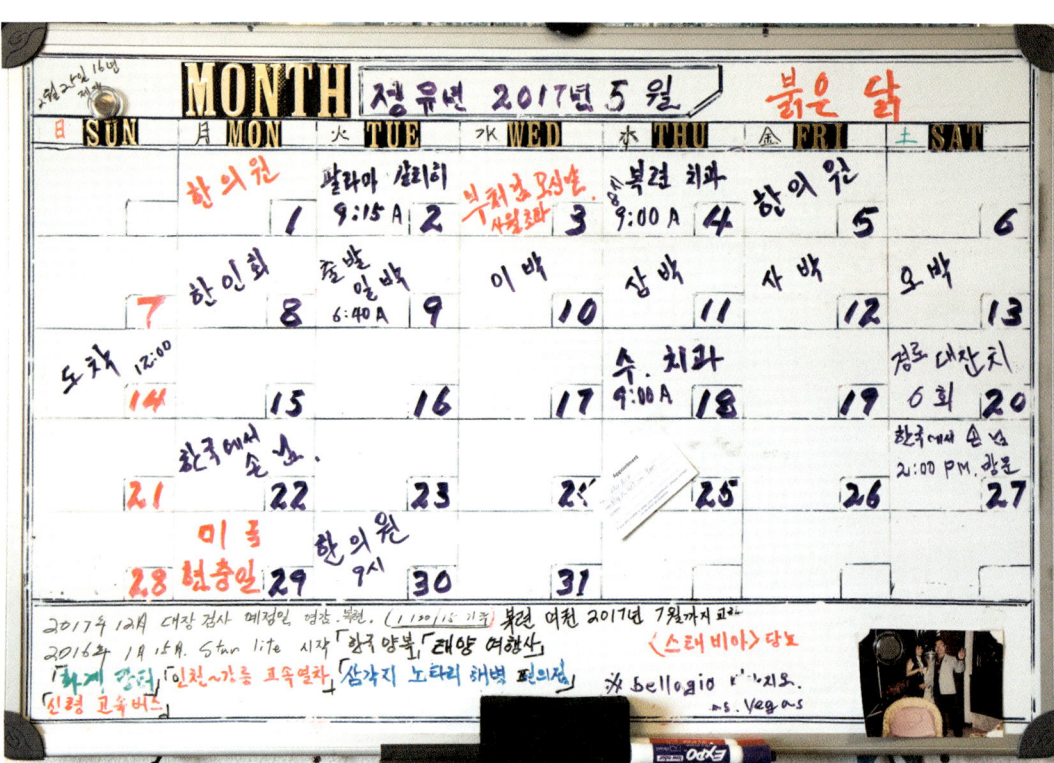

허인희 / 1938년생, 1세, 대구광역시 북구 팔달동, 하와이 카팔라마

후지산 마을에서 태어난 아이

  허인희, 범 인寅, 기쁠 희喜. 할아버지가 지은 이름이지. 저는 1938년에 일본서 태어났어요. 아키타현 북쪽에 저 후지산 쪽. 좀 추운 지방이에요. 아부지, 엄마는 아마 한국에서 결혼 한 거 같고 일본에 건너가가지고는 고물장사를 했어요. 할아버지와 아버지 형제분들은 다 대구에 있었고예. 할아버지가 엄청 토지가 많았어요. 고향은 (대구) 팔달동 46번지라예. 바로 팔달교 건너서 태전교 있고.
  그런데 국민학교 6개월 정도 다니다가 해방되가지고 원폭 터질 때 작은아버지가 오셨어요. 일본이 손들었다고 전부 한국으로 나가자고 하셨어요. 그래서 한국에 역이민 왔지. 일본 있을 때 부모님이 고물장사를 해가지고 돈을 엄청 많이 벌었어요. 일꾼들 24명을 같이 데리고 나왔거든요. 해방되자마자 나오는데 태풍 때문에 나오지를 못해. 부둣가에 머물면서 방을 못 얻어가서 거게 집을 샀어요. 거기 머물다가 비가 멈추고 대구로 갔어요.
  (대구 와서) 달성 국민학교 6회로 들어갔는데, 그때 한국말을 잘 못 했어요. 4학년 때까지 국어책을 잘 못 읽어서 벌도 많이 받았지요. 1학년 때는 출석 부르만 '네' 해야 하는데 '하이!' 카다가 친구들한테 놀림도 당하고. 그래도 제가 1학년 때부터 키는 작아도 힘은 셌어요. 씨름 하면 맨날 1등하고.

1950년 달성 국민학교 시절

204

달성공원 뒤 하꼬방 집

그때는 못 살았어요. 직장도 할 게 없고. 방앗간이 좀 잘 살았지 잘 사는 사람 잘 없었어요. 할아버지가 토지가 많아서 논을 꿨는데 그때는 농사지어도 돈이 안 됐어요. 그러다가 아버지가 화투를 해가지고 그 많은 땅을 다 화투로 버려버렸어요. 아버지가 대구 와가지고 직업도 없고 농사도 잘 안되고 하니까 술 잡숫고 화투를 시작한 거 같아요. 일본서 가져온 큰 금고하고 이불하고 전부 다 화투로 잃었어요. 그래가 침산국민학교 옆에 하꼬방 집을 하나 샀어요. 삼호 방직 공장에서 쭉 오면 그 모퉁이에 우리 집을 지어놨었어. 이상하게 허름한 거. 아버지가 기술은 없고, 배운 게 글자밖에 없으니까 토정비결 책 하나 들고 시장에 앉아서 봐주고 했죠. 아버지가 직장이 없으니까 우리 8남매가 고생을 했지.

학창시절 친구들과 허인희 씨. 밑줄 오른쪽 첫 번째가 허인희 씨다.

칠성동 영남주물공장

국민학교 졸업하고는 영남중학교를 졸업했습니다. 고등학교는 못 들어가고. 생활이 안 되겠다 싶어서 57년, 19살에 해병대를 갔습니다. 내가 8남매 맏이라. 우리 막내이가 내 군대 있을 때 태어나가 한 살인가 두 살 때 아버지가 돌아가셨어. 59년 12월 24일에 제대해서 그 8남매를 저 혼자 직장 다니면서 뒷바라지했죠.

22살에 제대하자마자 제철소 한 4년 다니다가 주물공장에 취직해가지고 이민 올 때까지 26년 동안 주물공장에서 일했어요. 칠성동에 대한방직하고 삼호방직하고 마주 보는 곳에 영남주물이 있었어요. 거기서 목재소 나무 자르는 기계 만들고 양수기, 선반 깎는 기계도 만들고. 오래 하다 보니까 현장 책임자로 일했어요. 박정희 대통령 돌아가셨을 때가 주물이 최고로 올라갈 때입니다. 그 이후로는 공대생들이 와서 사무하고 연구하고 했지.

생산 주임 5년 했을 때 공대 출신들이 들어오기 시작했거든요? 근데 그 사람들이 일은 제대로 안 하고 사무실 의자에 앉아서 신문만 보고 그래서 내가 '이렇게 일해서 되겠나?' 한소리 했어요. 근데 자기네들끼리 사장한테 나쁘게 보고한 거 같아요. 생산 주임으로 일하고 있었는데 갑자기 영업부로 가라 그러더라고요. 영업부 들어가서 창원 현대중공업 이런 데 납품시키러 다녔죠. 한참 하다 보니까 한 2년 가까이 됐을 때 구조조정이라고 쫓겨나왔죠. 그 무렵 이민 통지가 와가 있을 때에요. 그래가 87년 10월에 이민 왔죠.

영남주물공장 근무 시절 허인희 씨

우여곡절 끝에 도착한 시애틀

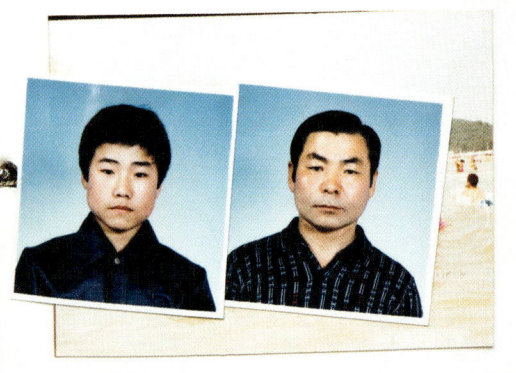

미국 이민 당시 촬영한 허인희씨 가족의 여권사진

시애틀 사는 첫째 여동생이 군인 가족으로 있으면서 우릴 초청했어요. 여동생은 1968년 정도 미국에 온 거 같아요. 가면 말도 잘 안 통하고, 뭘 할지 걱정 많이 했지만, 직장도 떨어져 버리고 해서 87년 10월 18일 날 오게 됐어요. 원래 김포공항에서 유나이티드 항공 타고 시애틀로 바로 가야 되는데 (항공사가) 데모를 했다고. 나는 여행도 안 해봐서 어찌할 줄 몰랐는데 다행히 직원들이 대한항공으로 알아봐 줬어. 근데 대한항공은 (시애틀) 바로 가는 게 없었어. 일본 거쳐서, 하와이 거쳐서, LA 거쳐서 시애틀 갔는데 그 과정에 엄청나게 고생을 많이 했어요.

어찌어찌해서 하와이 왔는데 세 시간 가까이 입국심사를 하고 LA로 실어주더라고요. 이만한 큰 가방 10개를 들고 내렸는데, 또 거기서 구멍을 못 찾아요. 가방은 크고, 아이들은 어리고, 영어는 모르고. 아무것도 몰라요. 그런데 대한항공 여직원 한 분이 오더만은 LA공항 짐 맡기 곳에 한국인이 있으니 거기 가서 짐 맡기고 항공사가 정해주는 호텔로 가라고 하더라고요. 근데 공항 나와서 (호텔로) 찾아갈 수가 없었어요. 택시도 제대로 못 잡고. 조금 있으니까 그분이 다부로'다시'의 경상도 방언. 나와, "아이고, 아직도 여기 계시네요." 그러더라고. 그분이 자기 차로 우리를 태워서 호텔에 데려다줬어요.

  이튿날 일어나서 식사하는데 생전 처음 보는 메뉴니까 오더Order, 주문를 할 줄 몰랐어. 우물쭈물하다가 에그 뭐 있길래 그거를 시켜서 먹고 LA공항에 다부로 왔다고요. LA공항에서도 탑승구를 못 찾아서 그 넓은 터미널에서 짐 들고 이쪽 갔다 저쪽 갔다 고생했어요. 말도 못 하고, 밥 시키는 것도 그렇고 고생 참 많이 했습니다.

일 하는 데는 말이 필요 없다

  저희 돈별로 안 가지고 왔잖아요. 그런데 취직이 안 되더라고요. 시애틀에 동생 아는 미국사람이 같이 사과 따러 가자고 그러더라고. 과일 장사. 그래서 돈 50달러 쥐고 둘이 출발했지. 근데 멕시코 사람들이 무지하게 많이 와서 일할 데가 없어요. 용케 포도 따는 곳을 찾아서 한 이틀 일을 했어요. 둘이 이틀 포도 따가지고 30불인가 40불 받은 거 같아요. 근데 한 5일 동안 댕기면서 돈 받은 거 전부 차 주유에 들어가고 집에 올 때는 빈손으로 왔어요. 그러니 도저히 안 되겠더라고요. 나보다 먼저 하와이에 이민 와있던 둘째 여동생이 여기 오면 호텔도 있고 취직하기가 수월 타 그래서 2달 만에 시애틀에서 여 하와이 왔어요.

  호텔에 (채용) 인터뷰 하러 갔는데 나는 영어 못하는데 되겠느냐 물으니까, "일 하는 데는 말이 필요 없다, 일만 하면 된다." 그래요. 바로 취직 돼서 세탁하는 일 했어요. 호텔에서 내려오는 이불이랑 타월이랑 세탁하고. 그런 건 제가 꼼꼼하게 하니까. 그런데 한 2년 하다가 손을 다쳤어요. 큰 세탁기에서 이불을 빼려고 잡아당기다가 힘줄이 늘어졌는가 그래. 3번 수술하고 1년 동안 치료만 하러 다니다 보니 일을 못 해요. 게다가 나중에 알고 보니 내가 호텔에 취직된 게 아니고 청소용역 업체였어. 그래서 보상금도 못 받고 호텔에서 나오게 됐어. 팔 다친 값으로 5300달러 주고 그걸로 끝났어요.

9·11 테러로 읽게 된 일자리

호텔에서 나오고 샌드위치 공장에서 또 한 4-5년 일했어요. 그때 월급도 얼마 안 돼서 집세 내고 간간히 그냥그냥 살았죠. 한번은 아들네 간다고 본토 왔는데 9·11 사건이 났어요. 그날 비행기 타고 돌아오는 날인데 미국 전체가 올스톱 되어버렸어. 그래서 10일 동안 (하와이) 못가고, 갔다 오니 30일이나 지나났어. (회사에서) 고만 도라 이거야. 그래서 쫓겨나왔어요. 그 이후로 직장 하나 못 구하고 친구 덕분에 바에서 청소하는 거 시작해서 10년 했어요. 청소하면서 돈을 좀 모았는데 이 아파트 주립 노인아파트 살려면 통장에 1000불 이상 있으면 안된다 해요. 그래서 아들들한테 다 노나줬지. 이제 맨날 먹고 자고 먹고 자고. 어짜다 골프 치러 한번 씩 가고 삽니다.

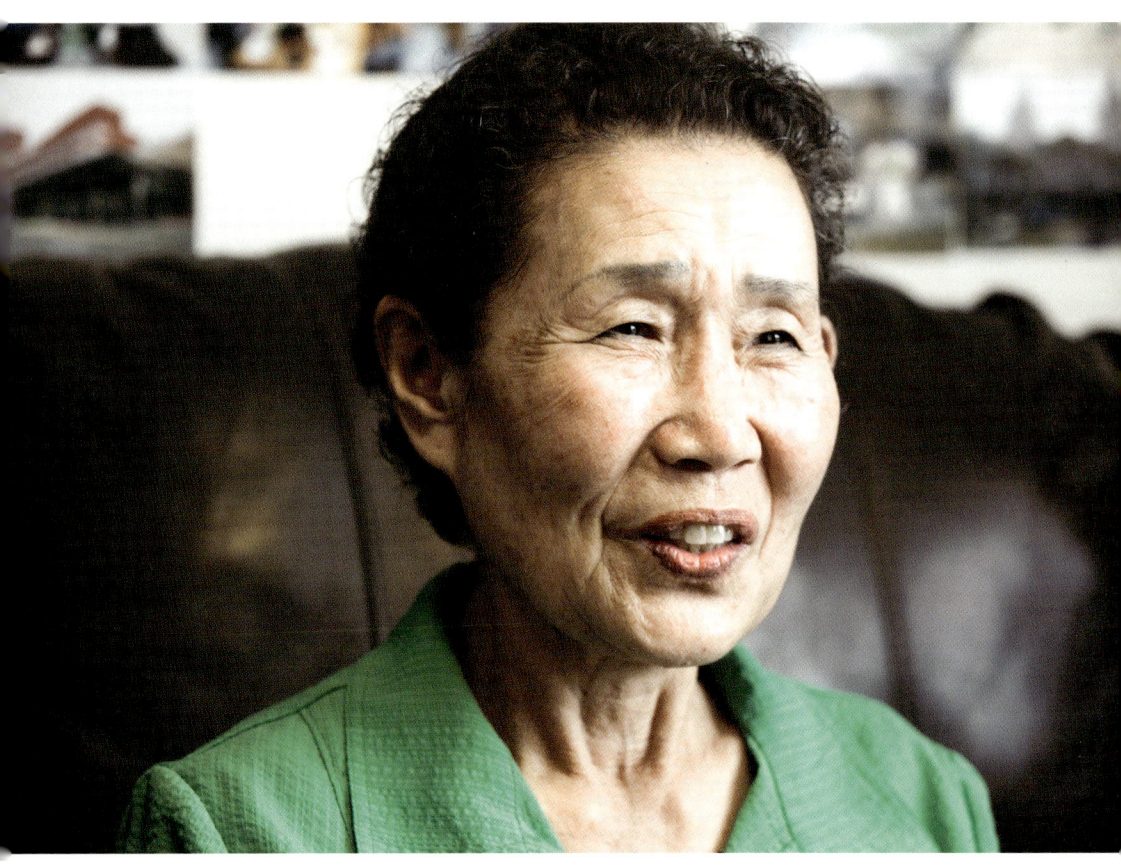

백복연 / 1939년생, 1세, 경북 김천시 성내동, 하와이 카팔라마

산만데이 김천에서 대구 직물공장으로

 저는 백복연입니다. 39년생. 고향은 김천 성내동 꼭대기 산만데이. 성내동 좀 높아요. 그때만 해도 못살았어요. 우리 부모가 딸만 넷이에요. 제가 셋째라예. 첫째 언니는 계속 김천에 계시고 둘째 언니는 만주 가서 소식이 없어요. 막내는 15살, 그 어렸을 때 가창으로 시집갔어요. 진짜 못 살았었어요.
 10살 때는 예, 김천에서 왔다 갔다 남의 집에 일하러 다녔어요. 너무 어리니까 먼 데로 안 보냅니다. 19살 때 동네 아줌마가 "이제 공장에 가면 어떻겠노?" 캐서 대구 비산동 달성공원 근처 베 짜는 공장에서 일했어요. 저는 대구에 19살에 와가꼬 그 길로 김천에 한 번도 안 갔으예. 부모님 돌아가신 것도 못 보고⋯. 내가 한이 맺힙니다.

허인희·백복연 부부의 결혼사진

땡땡하니 키는 작아도 마음이 괜찮던 남편

김천 그때 촌이잖아요. 대구 내려와서 내도록 공장에서 일만 했어요. 그러니 대구 있어도 길도 잘 모르고 맨날 직조공장 가정집에서 베 짜고. 요즘은 공장이지만 그 때는 전부 가정집에 베 공장이 많았어요. 가정에서 아들 학교 교복 많이 했구만요.

거 일하다가 내 친구가 이 사람 소개해줘서 25살에 이 사람 만나가 결혼했지. 1967년 4월 20일에 결혼했어요. 내 만날 때 빵모자 쓰고, 땡땡하니. 키도 내만 하니 작고. 근데 마음이 괜찮더라고. 옛날이 되놓으니까 잘 만나러 댕기지도 않았어요. 만나자마자 방 얻어 가지고 살림했어요. 집에 식구도 많고 시어머니도 따로 살아라 캐요. 대구 영남중 있는 태평로에 셋방 살다가 결혼식은 애 하나 낳고 했어요. 베 공장 관두고는 침산동에서 채소, 배추나 전구지 '부추'의 경상도 방언 잘라서 묶어가지고 차에 싣는 거 많이 했어요. 당시에 서울로 채소들이 많이 올라갔어요.

아이들과 백복언 씨.

젊은 시절 허인희 · 백복언 부부

라면으로 가득 찬 가방과 물난리

저는 미국 잘 몰라서 안 올라고 엄청 버팃으예. 이웃 사람들이요, "너 미국 가지 마래이, 미국 가마 검디들이 너를 차지하고 영감 못 만난다. 함부로 가지 마라." 이캅디다. 거 가면 한국 사람도 없고, 이웃 사람들이 가지 말라고 자꾸 그러는데 그래도 가족이 가는데 안갈 수가 있습니까. 뭐 오니까 개안테예. 첨에 시애틀 갔다가 여기 작은 시누가 있어서 왔어요.

처음 미국 올 때 잘 몰라가 고생했죠. 한 사람에 가방 두 개씩 된다고 해서 이민가방 이래 큰 거 10개를 만들어서 김포에 갔지. 사람들이 여게 오면 먹을 것도 없다 캐서 라면을 한 짐을 가져왔어요. 하와이 와서 입국 심사를 하는데 (가방 안에) 전부 라면이거든요. 심사관이 고마 펼쳤다가 덮어버려. 짐 보따리는 그래서 다 통과했어.

LA에서 하룻밤 잘 때 우스운 이야기가, 애들이 화장실에 들어갔다 나갔다, 들어갔다 나갔다 하는데 이상해서 보니까 방바닥에 전신에 물이야. 우리 아들은예, 한국에서 목욕하면 땅에 물이 이래 철철철철 내려가잖아요? 근데 미국에는 그게 아니야. 그날 물 퍼가지고 버린다고 난리였지. _{미국의 가정 화장실 바닥에는 배수구가 없다. 욕조에서 샤워할 때는 밖으로 물이 튀지 않게 조심해야 한다.}

니는 하와이에 아는 사람도 많다

저는 87년에 (미국)와서 두 달 놀고 계속 식당일 했어요. 호놀룰루에 인터네셔널 마켓 2층 K식당. 20년 가까이 한 번도 안 옮기고 계속 거기서 일했어요. 하루도 안 놀고요. 뭐 잘 하는 건 없지만 떡볶이, 김치볶음밥하고, 찌개하고 요리했어요.

저는 (하와이에) 모르는 사람이 없어요. (이민 온 지 얼마 안 된 사람들이) 거 식당 와서 며칠 일하고 나가고, 나가고 하거든. 그래서 길에 가다 보면 "하이고, 아줌마 어디 가세요? 아직도 거기 일하세요?" 그래요. 우리 영감이 "니는 하와이에 아는 사람도 많다." 그럽디다. 지금은 그 식당이 없어졌어요. 인터네셔럴 마켓이 다 뜯겼어요. 이제 나이가 팔십 다 돼가니까 논 지 10년 됩니다. 아침으로 맨날 운동하러 나갔다 들어왔다 합니다. 처음에 와가 말도 할 줄 모르고, 한국 사람 만나면 반갑고. 객지에서 만나면 친척보다 반가워요. 집에 와도 식당에 가도 한국 사람이라. 나는 영어라 카는 건 일절 몰라요. 여기 한국 사람 많아서 영어 좀 몰라도 됩디다.

호놀룰루가 내려다 보이는 곳에서. 백복연 씨

"천국 옆집 사람들의 안식처"

하와이한인회 / 박봉롱 회장, 지도현 사무총장

하와이 하면 '지상천국', '파라다이스'라는 이미지가 떠오른다. 연중 온화한 날씨와 파란 하늘 아래 쭉쭉 뻗은 높다란 야자수들, 그리고 에메랄드빛으로 일렁이는 바다를 보고 있자면 이처럼 아름다운 곳이 또 어디에 있을까 싶은 생각이 든다. 하지만 이곳 이민자들에게 하와이는 천국이라기보다 '천국의 옆집' 즈음 된다고 했다. 너무나 아름다운 곳이지만 내 고향 산천에는 비할 수 없기 때문이라고 했다. 그러고 보니 와이키키 주변으로는 전 세계에서 몰려든 관광객으로 활기를 띠지만 이곳 한인 분들은 어쩐지 '하와이스러움'과 좀 동떨어진 듯한 느낌이었다.

한인회를 통해 만난 어르신들 대부분은 영어를 잘 구사하지 못하셨고 하와이에서도 한인 커뮤니티 안에서만 생활하셨다. 자식들은 전부 본토로 공부하러, 일하러 나가고 하와이섬에는 어르신들만 남아있었다. 한국의 시골과 다를 바 없는 모습이었다. 하지만 한인회가 있기에 어르신들은 노래교실에 참석해 신나게 노래도 부르고, 친구도 사귀고 오순도순 그 나름의 행복한 삶을 살고 계셨다. 진정 하와이 한인회는 '천국 옆집 사람들의 안식처'였던 것이다.

'지상천국'으로 포장된 군사기지

하와이는 원래 폴리네시아인들이 살던 곳으로 1778년 영국인 제임스 쿡에 의해 발견되어 서구에 알려지기 시작했어요. 1800년대부터 미국과 유럽 선교사들이 들어왔고 미국과 유럽인 지주들에 의해 좌지우지되다가 미국 정부의 통제를 받게 되었고 결국 1898년 미국에 병합되었어요. 아시아 대륙과 아메리카 대륙 사이에 있어 지리적 요충지라는 점, 폴리네시아인들의 의사와 무관하게 미국에 병합된 역사가 어떻게 보면 우리나라와 비슷해요. 하와이 원주민들의 서러움과 춤추는 것도 우리 민족과 비슷하죠.

'하와이'하면 뭐가 생각납니까? 천국, 파라다이스 이런 생각을 먼저 하시죠? 그건 잘못된 생각입니다. 사실 하와이는 태평양, 동북아 방어를 맡고 있는 핵심 군사기지에요. 미국 태평양 안보의 심장이지요. 하와이는 수심이 깊어 자연적으로 항만이 조성되어 진주만으로 항공모함들이 들어올 수 있었어요. 이곳이 문제가 생기면 미 본토도 망가질 수 있어요. 역사적으로도 일본이 하와이를 공격해서 진주만 전쟁이 일어났잖아요. 하와이는 '지상천국'이라는 이미지로 포장된 태평양의 군사기지에요.

하와이 어머니들의 노래

하와이 한인회는 1980년에 출범해서 올해 23대예요. 47년째 이어오고 있습니다. 하와이에 한인 인구가 5만 5000명 정도 되는데 여기는 유동인구가 많아요. 한국에서 매일 관광객 1000명 정도가 들어옵니다. 하와이 한인들이 경제적으로 타민족에 비해 뒤떨어지지 않지만, 정치력에 있어 뒤진 적이 많습니다. 인구가 적기 때문이죠. 하와이 인구순으로 보면 일본계, 필리핀계, 중국계 기타 하와이인 순이고 한국은 대여섯 번째 정도 됩니다. 시민권 가진 인구가 3만 3천 명 정도 되요. 일본이 15만 명 정도인데 많이 적죠.

한인회에서는 하와이 한인들을 위해 민원서비스, 국경일 기념식, 한인 어르신 복지 프로그램 등을 운영하고 있습니다. 한인 커뮤니티 화합과 차세대 교육을 위해 문화센터를 건립도 추진하고 있지요.

그런데 사실 하와이는 한국의 시골과 같아요. 한국에서 자식들이 성장해서 서울로 대도시로 떠나는 것처럼 이곳 아이들도 본토에 있는 대학교에 진학하고 그곳에서 취직하기 때문에 하와이에는 나이든 부모들만 남게 되요. 그래서 하와이 어르신들을 위해 2015년에 어머니 노래교실을 시작했습니다. 그때는 30여 명 정도 오셨는데 지금은 100명 이상 오세요. 나오면 어머니들이 참 좋아하세요. 신나게 노래 부르면서 친구도 사귀시고 좋은 시간 보내다 가시는 거죠.

박봉룡 하와이한인회장

하와이의 한인들

1970년대부터 이민 온 한인들은 처음에 언어소통이 잘 안 되셔서 식당 웨이트리스부터 시작해 자영업에 많이 종사하셨습니다. 식당과 편의점, 와이키키 상가 상점들을 많이 하셨죠. 관광지다 보니 여행업과 택시 운수에도 많이 종사하고 계세요.

그리고 하와이 주요 산업이 사탕수수, 파인애플 등 농업이었던 만큼 농사지으시는 분도 많이 있으세요. 사탕수수는 이제 하시는 분이 없고 요즘은 커피를 많이 합니다. 또 4차 산업으로 나가면서 대체연료 산업도 여기서 많이 해요.

여기서 교육받은 우리 2세 3세들은 주류사회와 전문직에 많이 진출했습니다. 개인의 능력으로 할 수 있는 판검사, 변호사, 의사 등이 매우 많습니다. 하지만 정치권으로 나가는 건 일본계에 밀려 상당히 어려워요. 아쉽게도 우리 동포들이 정말 노력해서 성공했지만 1세들에게는 한계가 있는 것 같아요. 여기서 태어나지 않은 변호사들은 영어소통이 원어민처럼은 안 되는 실정이죠. 대부분이 한인들을 대상으로 이민법과 교통사고 등을 맡아보고 있어요.

순두부 같았던 하와이

예전에 하와이는 '순두부' 같았어요. 모든 사람들이 깨끗하고 순수했어요. 한국인이 별로 없으니까 힘든 사람들 보이면 식당에서 돈도 안 받고 밥도 먹여주고, 김치도 담아주고 했었어요. 예전에는 굉장히 인정도 많았고 어려울 때 서로 돕고 살았죠.

그런데 이제는 다들 힘들어서 그런지 그런 인정을 찾아보기 힘들어요. 이곳 경제가 요즘 굉장히 힘듭니다. 작년에 와이키키 인터내셔널 스토어가 문을 닫았어요. 그곳 2000개 상점 중 80%가 한국인이 하는 건데 전부 문을 닫았죠. 1년쯤 지나니까

지도현 하와이 한인회 사무총장

거기서 일자리를 잃은 분들이 전부 택시로 몰렸어요. 그래서 현재 하와이 한인 커뮤니티가 굉장히 힘듭니다. 요새는 우버가 생겨서 택시가 잘 안 돼요. 와이키키 보고 요즘에 택시 퍼레이드라고 합니다. 택시가 얼마나 많은지.

그리고 저희 노래 교실 어머니들도 파트타임으로 일하는 분들이 많아요. 미국은 사회보장제도가 잘 되어있으니 연세 드신 분들은 혜택 보셔서 잘 사시는데, 연금 받지 못하는 65세 이하 분들이 가장 힘들어요. 영어가 부족하니 직장 취업은 힘들지, 비즈니스도 다 죽었지. 그래서 다들 살기가 힘드니 한인 커뮤니티고, 한인회고 뭐고 관심을 안 두세요.

과거가 있어야 미래가 있다

 올해로 미주 한인 이민이 114년이 되었는데 하와이가 한인 이민사의 시작점인 곳이에요. 그런데 하와이 바닥에 공관 말고는 태극기 하나 걸려있지 않아요. 작년까지만 해도 독립문화원에 태극기가 걸려있었는데 독립문화원이 외국계에 매각되면서 이제 후세들에게 남겨줄 게 없습니다. 그래서 참 걱정입니다.

 하와이 한인들이 단결해서 문화센터도 짓고, 대한인 국민회 하와이 지방총회 건물이었던 독립문화원도 되찾고, 하와이 한인 이민사도 재조명해야죠. 초기 이민 사회는 도산 안창호를 중심으로 한 국민회와 이승만을 중심으로 한 동지회로 나누어져 있었어요. 오늘날 도산 안창호와 이승만, 국민회와 동지회는 그 업적이 잘 알려졌지만 박용만 장군에 대해서는 잘 알려지지 않았습니다. 박용만 장군은 항일무장 독립운동단체인 대조선국민군단을 조직해 하와이에서 군사훈련을 실시했어요. 앞으로 이렇게 잘 알려지지 않은 우리 이민사를 더 조사하고 알려야죠. 과거가 있어야 오늘이 있고 미래가 있죠. 과거사를 조명해 차세대들에게 가르치고 한인 커뮤니티의 미래를 준비해야 합니다.

 또한 한국에서도 하와이 이민자들이 조국이 힘들 때 도왔던 것을 잊지 않고 재외동포들이 힘들 때 도와주셨으면 좋겠습니다.

박봉룡 / 1975년생, 1세, 전북 군산시, 하와이 호놀룰루

큰 세상으로 가보자

저는 박봉룡입니다. 1975년 전북 군산에서 태어났습니다. 하와이에는 1976년에 왔습니다. 당시 우리나라가 엄청 어려울 때입니다. 1억 불 수출하면 상 받고 할 때였지요. 저는 오기 전에 수협에서 근무했어요. 충남 홍성 지로 계장으로 있었어요. 제 친구들은 다 원양어선장으로 나가 있고 저도 항해사 라이센스를 가지고 있었습니다. 친구들이 너는 해외 안 나갈 거냐고 하길래 '같이 한번 가보지 뭐'라고 생각하고 왔습니다.

제가 월남에도 갔다 왔었고, '좀 큰 세상 가봐야 할 거 아닌가.'라고 생각했어요. 친구들도 가니까 같이 가서 새로운 삶을 살아보자 싶어서 하와에 있던 유명 선박회사 선원으로 취업이민을 왔습니다. 당시 1달러에 4만 원 하던 때였죠. 한번 도전해 보자고 생각하고 100불 들고 들어왔어요.

처음에 하와이에 내리니까, '아, 하와이가 뭐가 이러냐?' 싶었어요. 그때만 해도 너무나 초라하니까. 김포공항하고 여기하고 진짜 옛날 시골 같았어. 지상천국이라 하니까 호놀룰루 공항이 엄청날 줄 알았는데 와보니 아니었어요. 그래서 처음엔 실망했습니다. 하하하. 밖에 나와보니까 야자수 나무가 있고 날씨도 따뜻하고 공기도 좋아서 뭔가 따뜻함을 느꼈어요.

4년 만에 만난 아버지와 딸

그때만 해도 일본사람들이 참치잡이를 다 주름잡고 있었어요. 제가 들어와서 동료들과 함께 수산업을 개척하기 시작했죠. 저는 와서 영주권을 3년 만에 받았어요. 늦게 받은 편이죠. 우리 꼬마가 11개월일 때 저 혼자 하와이로 왔는데, 애가 4살 될 때까지 아버지를 못 본 거에요. 그러니까 우리 꼬마가 아버지 얼굴을 상상하고 온 거예요. 집사람이랑 애랑 69년 1월에 하와이 도착해서 제가 공항에 나갔습니다. 내가 우리 꼬마를 안으니까 딱 뿌리치면서 "엄마, 아빠한테 가자." 그러는 거예요. 내가 하와이 햇살 아래서 일하면서 그을려서 새까마니까 지 아빠가 아니라는 거지. 애한테 뭐라고 할 수도 없고, 참.

그다음 날 아이를 데리고 알라모아나 비치에 가서 하루 종일 놀게 했어요. 그랬더니 애도 새까맣게 탔어요. 그때부터 애가 아무 말 안 하더라고요. 하하하. 그리고 제가 미국 온 지 10년 만에 시민권 받고 나서는 개인 사업을 시작했습니다. 피자집도 하고, 주류 판매업도 했었어요.

해병전우회에서 하와이 한인회로

제가 45살 때부터 동포사회 활동을 했어요. 주변에서 많이 도와주셔서 회장을 했지, 저는 별 실력도 없고 인덕만 있지 아무것도 없습니다. 1972년에 해병대 선배들이 해군과 함께 해병 전우회를 발족했는데 이것이 발전해서 한인회가 발족하게 되었어요. 저는 서른 살에 하와이 와서 10년 배 타고, 해병대 선배들이 해보라고 해서 직책을 맡다 보니 한인사회 일하는 것에 사명감이 좀 생겼습니다.

해병 전우회장을 할 때 해병대 세계대회를 하와이에서 열었어요. 한국 및 전 세계 해병 예비역들이 모여서 엄청 크게 했습니다. 그 이후로 한국자유총연맹 하와이 지부 등에서 일하다가 한인회장을 하게 되었어요. 앞으로도 우리 한인 차세대들 키우는 데 힘쓰고, 이곳 어르신들 모시면서 그렇게 살아야죠. 하하하.

　1965년, 동양인의 이민을 제한했던 미국 이민법이 개정된 후 수많은 청년들이 아메리칸 드림을 품고 미국에 발을 디뎠다. 당시 대다수의 한인들은 무작정 '아메리칸 드림'을 품고 미국에 건너왔기에 큰 자본이 들지 않으면서 언어 소통이 적은 노동집약적 산업에 주로 종사할 수밖에 없었다. 많은 한인들이 로스앤젤레스 올림픽 가를 중심으로 가발업, 주류 판매점, 봉제 공장, 세탁소, 한식당, 의류업, 식료품점을 운영하였고 올림픽 가를 중심으로 코리아타운이 형성되었다.

　1974년 11월 올림픽 가에는 모두 45개 업종 130개 한인 업소가 있었으며 투자액이 5백만 달러에 이르게 되었다. 또한, 미국으로의 한인 이민은 계속 증가해 코리아타운에 유입되는 한인이 꾸준히 증가했으며 그에 따라 상권도 계속 확장되어갔다. 74년에 130개였던 한인 업소는 불과 3년 뒤 77년에 800개로 폭증하였고 1980년대 들어서며 코리아타운 지역은 광역화되기 시작했다.

　코리아타운번영회와 남가주한인회를 중심으로 한 로스앤젤레스 한인들의 노력에 힘입어 1981년 로스앤젤레스시에서 정식으로 지금의 코리아타운 일대를 '코리아타운'이라 명명하고 개발을 지원하는 방안을 통과시켰다.

그러나 코리아타운이 날로 성장해 가는 동안 한편에선 흑인들과의 갈등이 싹트고 있었다. 코리아타운 남쪽은 흑인 빈민 지역인 사우스 로스앤젤레스 지역과 맞닿아 있는데, 흑인들 사이에서 한인 상인들이 영어와 미국관습을 배우려 하지 않고, 흑인 고객을 무시하며 무례하다는 불만이 쌓여갔다. 단일민족 사회에서 살아왔던 한인들은 자신들이 인종차별을 받으면서도 흑인을 비롯한 타민족에 대한 차별의식을 버리지 못한 것이다. 또한 흑인들은 자신들이 오랜 세월 인종차별에 맞서 싸워 이뤄낸 소수계 지위 향상에 동양인들이 무임승차해서 노력 없이 그 이익을 공유한다고 생각했다. 결국, 이러한 흑인들의 불만은 1992년 4월 29일 로스앤젤레스 폭동으로 폭발했다.

1991년 3월 과속운전을 한 흑인 운전사를 과도하게 폭행한 백인 교통경찰이 석방된 로드니 킹 사건을 기점으로 인종갈등이 폭발하였고, 급기야 로스앤젤레스 폭동으로 번졌다. 흥분한 흑인들은 흑인을 무시한다는 이유로 한국인들에게 무차별 구타와 난타를 가했고 코리아타운을 약탈하고 방화했다. 이 사건으로 인해 코리아타운의 90%가 파괴되었으며, 한인들은 맨땅에서 시작해 일궈온 상점과 재산을 모두 잃었다.

그럼에도 불구하고 한인들은 좌절하지 않고 '불난 자리에서 불꽃이 피듯' 다시 일어나 사업을 일구고 코리아타운을 번영시켜나갔다. 그러한 한인들의 노력에 힘입어 로스앤젤레스 코리아타운은 오늘날 세계최대 국외 한인사회로 성장할 수 있었다.

3장 '인심 좋고 일자리는 많고, 맹숭이 청년들은 의욕에 찾고'는 산타아나스가 이루어준 경북인들의 아메리칸 드림과 오늘날의 LA 코리아타운을 있게 한 한인 사업가들에 대한 이야기다.

"로스앤젤레스 한인의 자부심과 긍지"

김시면 · 김옥자 부부 / 1세, 캘리포니아 주 코로나

    부부가 이민 왔던 60년대 초반 무렵, LA에 한국음식점은 '고려정' 딱 한 곳이었다. 그러나 가난한 유학생이었던 부부는 감히 외식을 하러 갈 엄두를 내지 못했다. 한번은 아이를 가진 김옥자 씨를 위해 큰맘 먹고 고려정에 갔으나 비싼 가격에 질겁하고 나와 그 주변만 빙빙 돌다 온 적도 있었다.

    그 시절이 바로 엊그제 같건만, 어느새 부부는 성공한 사업가가 되어 고향에서 찾아온 이들을 한식당으로 초대해 따뜻한 밥 한 끼 챙겨 먹일 수 있는 여유로움을 가지게 되었다.

    부부는 60년대 중반 로스앤젤레스에서 가발사업을 시작해 70년대 백만장자의 반열에 올랐다. 한국에서 엿장수들이 파는 머리카락으로 만든 가발을 100만 달러치 수입해와 무역 할 정도였다. 김시면 씨는 한국과의 통상을 바탕으로 한미경제 교류에 앞장서는 재미 한인사회의 리더로 성장하였다.

60-70년대 한국경제 발전에 가발 수출이 큰 역할을 한 것은 잘 알려진 사실이나, 그 뒤에서 재미교포들이 큰 역할을 한 사실은 잘 알려지지 않았다. 1965년 말 미국의 대만산 가발 수입 금지와 재미 한인 가발업체들의 성장은 곧 한국의 대미 가발 수출로 이어졌다. 가발은 1970년대 수출품 단일 항목으로서는 의복류와 합판류 다음으로 3위를 차지하였고, 순수 외화 가득률로는 1위를 기록하였다. 1965년 한국의 가발 수출액은 1.4만 달러에 불과했으나 수출량은 매년 증가하여 1970년 9,357만 달러를 기록하였고 한국 수출총액의 9.3%를 차지하기에 이르렀다.

이렇듯 재미교포 사회의 성장은 한국과 재미교포 사회의 경제교류 증진과 한국 경제발전으로 이어졌다. 그렇기에 부부의 생애사는 곧 로스앤젤레스 한인 커뮤니티 경제사이며, 한국 경제발전사에도 잊혀선 안 될 소중한 자산이다.

김시면 / 1936년생, 1세, 경북 안동시 임동면 지례동, 캘리포니아 주 코로나

빨치산을 피해 대구로

저는 김시면입니다. 시간 시^時자, 물 넘칠 면^沔자를 씁니다. 1936년생이고 경북 안동시 임동면 지례동이 고향이에요. 6남매 장남입니다.

그 시절 생계가 막연했어요. 하루하루 사는 게 형편없지 뭐. 내가 5살 때 내 바로 밑에 동생이 홍진으로 떠났어. 약이 없으니 민간신앙에 의지했는데, "개꾸 귀신아 나가라!"고 말하면서 칼을 대문으로 던지는 거야. 칼자루 끝이 집 바깥을 향하면 (개꾸 귀신이) 나가는 줄 알았어. 그런 시절이었어.

해방 뒤에 안동에 빨치산이 많았어. 영양 일원산에 본거지가 있었는데 우리 고모부가 그 빨치산한테 총살당했어. 그래서 우리 가족이 대구로 나왔어요. 아버지는 전기기술자였는데, 전기일 한다 해가지고는 한 달에 한 번 정도 집에 오셨어.

대구공업고등학교 화학과

저는 1950년에 대구공업고등학교 화학과에 입학했어요. 그때는 중고등학교 엎쳐져 있어서 6년제였어. 이승만 대통령 때 한 사람이 한 가지 기술을 배워야 한다고 해서 전교생을 등록금 없이 입학시킬 때가 잠시 있었어. 등록금 낼 돈도 없었는데 딱 그때 거기 합격해서 다행이었지.

학교 다닐 때 시 대회 나가서 상도 타고, 학교 대표로 육상대회도 나가고 했죠. 돈이 없으니까 볼ball, 공을 사보지 못해서 그냥 뛰는 거야. 죽어라 뛰는 거지. 대구공업고 졸업하고 1956년에 성균관대 입학해서 서울로 갔어요.

대구공업고 재학 당시 '항아리'라는 시로
문예대회에 입상한 김시면 씨.

어린 시절부터 육상을 해 온 김시면 씨는
미국에서도 마라톤으로 건강관리를 하고 있다.
LA 마라톤 대회 참가 당시 김시면 씨.

오페라 가수 김옥자를 아느냐?

나는 대학 다닐 때부터 어떻게든지 유학 가야겠다고 생각했어요. 한국에서는 미래가 안 보이는 것 같았거든.

대학교 졸업하고 1959년에 군대에 갔어요. 이등병 때인데, 군대에 같이 있던 친구가 "김옥자를 아느냐? 서울음대 출신인데 오늘 저녁에 오페라 공연을 한다더라. 미녀인데 전부 퇴짜 맡았다더라."는 거예요. 명동에 있는 극장에서 오페라 공연을 보고 두리번두리번 거리면서 한참을 기다리는데 (친구가) 저 여자다 이거야. 무대 뒤로 쫓아가가지고 용기 있게 말을 걸었어. 내가 안동에서 왔다고 이야기하니까 자기도 안동 김 씨 라는 거예요. 그래서 나는 사실 의성 김 씨인데, 나도 안동 김 씨라고 했죠. 하하하. 그래가지고 친해지게 된 거에요.

젊은 시절 김시면, 김옥자 부부

당시 이 사람 오빠가 보건사회부 이민국장이었고 굉장히 계몽된 사람이었어요. 우리나라가 발전하려면 사람들이 외국으로 유학 가고 이민도 가야 한다며 자기 딸을 서독 간호사로 보냈죠. 그래서인지 우리 집사람도 미국 가고 싶어 했어요. 내가 제대했을 때 우리 집사람은 대구상업고등학교 음악선생으로 있었고 나는 서울에서 미국유학 갈 준비하다가 1961년, 24살 때 약혼식하고 제가 먼저 미국에 들어왔어요.

일사천리로 나온 패스포트

군 제대하고 외무부 유학시험에 합격했어요. 성균관대학교 동창생 아버지가 당시 장면 정권 내무부 장관 현석호 씨인데, 경북 예천 사람이야. 나 보고 (자기 아들이랑 같이) 미국 가겠냐고 묻더라고. 어떻게든 그 친구랑 같이 미국 가야겠다 생각하고 걔를 코치해서 미국갈 수 있도록 했어요. 덕분에 현석호 씨가 직접 미국 대사관에 와서 내 재정보증까지 해줬지. 그랬더니 일사천리로 패스포트가 나왔어요. 그게 1960년 4월이었어.

그런데 (돈이 없어서) 비행기 표를 못 구했어요. 친구는 내 형편을 모르고 계속 같이 가자는 거야. USC^서던 캘리포니아 대학교 입학 허가받고 비자를 받아놨는데, 비자가 11월 8일에 만료되니 나중에 가자고 했어요. 그런데 갑자기 5·16이 터진 거야. 반혁명 가족은 여행 금지령이 떨어졌어. 내 패스포트^passport, 여권 는 살았는데 친구 패스포트는 무효화 돼버렸어. 걔가 나 때문에 (미국을) 못 갔어요.

수업료는 비행기 표

 하루는 처남이 보건사회부 주최로 수원에서 고기잡이 대회가 있다고 티켓이랑 낚싯대를 주더니 갔다 오래. 나는 그냥 어르신들이 참여하겠거니 생각했는데 보니까 전부 돈 있는 사람들이야. 그중에 부모님 따라온 고등학생이 하나 있었어. 내가 돈이 없어서 미끼를 못 사 갔는데 그 친구 보니까 미끼가 많은 거야. 떡밥 좀 쓰자 하고 옆에서 같이 낚시를 했지. 그런데 며칠 후에 그 아이 부모가 나를 보자는 거야. 알고 보니 크라운제과 윤태현 회장 아들이었어.

 그 집에 가서 미국 간다고 패스포트도 보여드리고 했는데 그 집 아들이 자기도 미국 가고 싶다는 거야. 그래서 내가 미국 유학 갈 수 있도록 이 애를 가르칠 테니, 대신 내 비행기 표를 대 달라고 했어. 그때는 비행기가 팬암팬 아메리칸 월드 항공(Pan American World Airways)의 약칭. 1927년에 설립되어 1991년에 파산한 미국 항공사 밖에 없었어. 한국에서 일본 가면 일본서 하와이 가서, 하와이에서 시애틀 가서, 시애틀에서 로스앤젤레스로 가는 거야. 그러니까 로스앤젤레스 가는 게 비행기 네 번 타고 사흘 걸려. 비행기 표 값을 계산해서 알려드리니까 어머님이 선뜻 주겠다는 거야. 그래서 걔를 데리고 매일 같이 공부시키고 수속하는 거 도와줬어. 그래가 내 비자 만료 3일 전에 표 값을 받아서 미국 들어 올 수 있었어.

공항에서 만난 은인들

 비행기 표는 어찌어찌 구했는데, 김포공항까지 갈 교통비가 없어서 떠나는 당일까지 고생을 했어요. 우여곡절 끝에 1961년 11월 8일, 비자 만료되는 날 하와이 호놀룰루에 입국했어요.

일본에서 경유할 때 항공사에서 준비해 주는 호텔에서 하룻밤 자는데 내가 너무 긴장해서 몸에 두드러기가 났어. 난 일 전도 없이 왔으니까 약도 못 사고 있는데, 누가 "시면이 아니야?" 그러는 거야. 보니까 고등학교 때 수학 선생님이셨어. 같은 호텔에서 자고 다음 날 동남아로 가신다더라고. 내 얼굴을 보더니 "너 달러밖에 없구나?" 하시면서 여기 달러 안 받으니까 약 사 먹으라고 일본 돈 만 원짜리를 몇 장 쥐어주셨어요. 그거 들고 약국 가서 약 사고 집사람이랑 어머니한테 보낼 엽서를 샀죠.

그렇게 비행기를 갈아타고, 또 갈아타고 로스앤젤레스에 도착했어요. 공항에 내리니까 새벽인데 비행장에 아무도 없어. 내려서 벤치에 앉아 있는데 누가 혼자 걸어 다니는데 동양사람 같아. 어느 나라 사람인지 물으니까 "아임 코리언."이라는 거야. 그분이 LA총영사였어. 브라질 출장 갔다 오는 길이라 했지.

내가 유학생인 걸 알고는 한인 유학생 회장에게 바로 전화를 해서 날 안내하게 했어요. 그 친구가 공항에 나를 데리러 와서 우리 외가 먼 친척 조규창씨 집에 내려다 줬어요.

1전도 없이 시작한 유학생활

새벽 한 다섯 시쯤 그 집에 도착했는데 거기가 고시원 같은 방이야. 그래서 조규창씨가 그 근방 모텔에 나를 데려다줬어요. 모텔에 체크인하고 누워 자다가 배가 고파서 잠이 깼어. 오전 11시쯤이었는데 순간 머리에 떠오르는 게 가방에 있는 김두 첩. 그거를 먹고 나니까 눈이 뜨이는 거야.

(모텔에서) 나갈 때 돈이 없어서 가방을 맡기고 나왔어. 그리고는 몇 시간을 걸어서 조규창씨 사무실로 찾아갔어. 돈이 없다고 사정을 하니 근처에 있는 홍사단

에 살라는 거야. LA에 도산 안창호 선생이 조직한 단체인데 그곳 2층에 살았어. 방값은 한 달에 11불이었어. 거기 살면서 흥사단 건물에 페인트칠 하는 걸로 방값을 벌었지.

  서던 캘리포니아 대학교 대학원 수학과 들어가서는 밤에 짐 나르는 일을 했어요. 유니온 스테이션에서 기차에 실려 온 짐을 200미터 거리에 있는 트럭에다 옮겨 싣는 건데, 힘이 없으니까 배에 올려가지고 옮겼더니 집에 오면 배에 긁히고 멍든 자국이 가득해. 그래도 그 일이라도 하고 싶어서 등치 좋아 보이려고 어깨에다 뽕을 넣어갔어. 그래야 뽑히지, 안 뽑히면 헛걸음치고 돌아오는 거야.

  졸업하고는 유대인이 하는 수출입 회사에 들어갔어요. 저는 올 때부터 한국 돌아갈 생각이 없었어요. 워낙 가난하니까 돌아가서 뭐 하겠어요? 그런데 공부 마치고 개선장군처럼 한국 돌아가는 친구들 송별회하고 오는 날은 집에서 혼자 많이 울었죠.

시스 통상

가발 하기 전에 이것저것 많이 했죠. 농장에서 물건 떼 와서 야시장 가서 팔기도 하고, 한국에서 고철 들여와서 팔기도 하고. 근데 다 시원찮았어. 그다음에는 한약 장사를 했어. 우리 집 차고에 한약을 보관했는데 동네 사람들이 이상한 냄새가 난다는 거야. 하하하. 차에 한약을 싣고 다니면서 '한약'이라고 쓰여있는 가게는 다 갔어. 대부분 중국 노인들이 한약상을 했는데, 가보면 가게가 없어져있고 세상 떠났다하고. 그래서 실패했죠.

미국에서 사업을 하던 때 김시면 씨

그런데 집사람이 자꾸 가발을 하래요. 나는 사실 가발 할 생각을 못 했는데, 집사람이 가발을 배워 와서 1966년부터 시작하게 됐어. 이름은 시스통상. 처음에는 아내가 기계 두 대 갖다 놓고 본인 머리 잘라서 가져오면 원하는 스타일의 가발을 만들어주는 식이었지. 그게 굉장히 잘됐어.

내가 통상을 했잖아요? 돈을 좀 벌고는 한국에서 가발 수입해와서 팔았어요. 70년에 내가 한국에서 가발을 100만 달러 치 수입했어요.

(한국 수출경제에) 가발사업은 하나님의 축복이었어요. 엿장수들이 돌아다니면서 끊어온 사람들 머리카락 가지고 가발 만들어서 수출 많이 했지. 그때는 내가

1976년 김시면 씨 가족

한국 공항에 도착하면 가발 하는 사람들이 자기 쪽에 주문해달라고 막 들러붙어. 성남에 공장을 지었더니 전부 거기서 일하겠다고 난리야.

 미국 이민 온 지 10년 되던 1971년에 제가 김포공항 입구에 '조국에 드리는 탑'을 만들어 드렸어요. 박 대통령이 5만 불 어떻게 모았냐 하시더라고. 그때 우리나라 1인당 GNP가 75불 할 때니까.

 점점 가발 수요가 떨어지기 시작할 무렵부터는 의류염색업을 했어. 여기 한인들이 봉제 공장 많이 하고 의류 시장에 많이 진출하셨어요. 그거 할라만 염색도 해야 되잖아. 내가 자랄 때 대구에 염색공장이 많았는데 그걸 보고 커서 그런지 염색공장 생각이 나더라고. 86년에 여기서 원단 염색공장을 차렸어요. 여기 노동력이 풍부하니까 멕시코인들 180명 정도 고용해서 잘 했었어요.

로스앤젤레스 한인의 자부심과 긍지

내가 로스앤젤레스 왔을 때 교민이 500명이었는데 지금은 100만 명 가까이 돼요. 미국에 한인 200만 사는데 반이 여기 있어요. 중요한 게, 여기가 미주 독립운동의 요람지라는 거예요. 로스앤젤레스가 한인 사회 정신적 지주가 될 수 있는 곳이에요.

로스앤젤레스에 우리 이민 선조들의 정신이 깃들어 있고, 우리 미주 한인사의 유물들이 가득해요. 그런데 이곳에 한인역사 박물관이 없고, 미주 한인 이민사 유물들을 보관할 곳이 없다는 게 답답해.

이곳에 마땅한 수장고가 없어서 유물들을 한국에 보내기로 했다는데, 우리 독립운동 1세들이 피땀으로 만든 걸 우리가 유물로 보존해야지, 우리가 관리를 못 해서 보낸다는 건 창피스럽잖아. 우리 조상, 우리 선배들은 우리가 지켜줘야지. (여기에 수장고를) 짓자고 내가 싸우고 싸웠는데 안 되더라고. 결국 한국에 보내는 거로 결정했다고 알아요.

우리가 왜 여기 살고 있는가, 우리 선조들이 여기에 어떻게 왔는가를 설명하는 우리 미주 한인사 유물들이 없으면 로스앤젤레스 한인의 자부심과 긍지가 없어져요. 우리 조상들이 이곳에 이렇게 뿌리박고 살아왔다, 이곳에서 만든 우리의 역사가 있다, 이런 자부심이 있어야 백인들한테도 큰소리칠 수 있는 거야. 우리도 여기서 뿌리박고 살아온 미국 시민이라고 큰소리칠 수 있는 그게 긍지야.

앞으로도 여기서 로스앤젤레스 코리안 아메리칸이라는 긍지를 가지고 살아갈 거예요. 한국에 돌아가고 싶은 생각도 있지만 이제 객지 같은 고향이지. (여기 오래 살다보니) 문화가 달라서 이제 (한국에 있는) 친구들과도 대화가 잘 통하지 않고 생각이 다르니까.

김옥자 / 1936년생, 1세, 만주 장춘 출생, 캘리포니아 주 코로나

마지막 서울행 기차

저는 김옥자입니다. 우리 어머니 아버지가 만주로 이민 가셔서 나는 1936년 만주에서 오 남매 중 막내로 태어났어요. 우리는 8·15 광복, 그날 한국 온 거예요. 마지막 (서울행) 기차를 타고. 우리 언니는 (만주에서) 간호학교 다니던 중이라 (바로) 못 내려와서 나중에 남장하고 사촌오빠들이랑 걸어서 3·8선까지 와서 서울에 왔어요.

서울서 국민학교 마치고 우리 오빠가 영어를 가르치던 안동여고에 다녔어요. 안동에 있을 때 (6·25사변이 터졌는데) 피난 내려온 선생님들이 안동여중고 선생님이 되셨어요. 그중에 좋은 성악선생님이 계셨어요. 제가 그 선생님을 만나서 성악을 하게 됐고 서울대 음대 진학했어요.

새벽들판 낙동강 연습실

그 음악 선생님이 너무 좋았어요. 학교에서 배운 (곡을) 집에서 연습해야 하는데 집에 방도 없고, 피아노도 없고. 그래서 학교 가기 전에 새벽에 낙동강 들판에 가서 연습하는 거야. 그 선생님이 너무 좋으니까 내가 아침 이슬을 다 맞아가며 연습했어. 거기가 여름에는 괜찮은데 겨울에는 눈이 수북이 쌓이니까 맨날 내 발자국 남아서 쏙 들어간 그 자리에서 연습했다고.

그때 처녀가 낙동강 물귀신같이 (새벽에) 돌아다닌다고 야유하는 사람들도 많았어. 그런데 하도 열심히 매일 그 시간에 나와서 연습하니까, 나중에는 으레 몇 시에 (와서 연습하겠구나) 딱 안다고. 그래서 동네 사람들이 (내가 지나가면) "처녀 지나가는 시간이다. 퍼뜩 일어나라." 그러면서 애들을 깨웠다고. 하하하.

김옥자 씨의 오페라 공연 무대

그 동네가 남자 고등학교가 있는 곳이라서 연애편지도 많이 받았어요. 근데 다 거절하고 대학교 다닐 때 이 사람 만나서 결혼했다고. 내가 대학교 졸업반 공연할 때인데, 이등병 한 사람이 친구하고 무대 뒤로 나를 막 따라오는 거야. 경상도 말 하니까 (친근하더라고). 당시에 이 사람이 편지를 100통 채우겠대요. 봉투에 넘버 원, 넘버 투 이렇게 써서 시를 써서 보내곤 했어요. 내가 그 100통을 못 채우고 한 80통 받았을 때 답장 썼지.

빨간 빼딱구두 신고 찾아간 종암동

이 사람이 군대 갔을 때 내가 (집으로) 찾아갔어요. 빨간 빼딱구두 신고 갔는데 (주소 들고 찾아가 보니까) 종암동 산 위야. 일곱 식구가 무허가 주택의 방 하나를 빌려서 사는데, 이불 하나 덮고 바깥에서 밥 해 먹고. 아버지는 밖에 나가계시고 아이들 학교도 못 보내고.

창을 마분지로 막아놨는데, 마분지에 서리가 끼어 있는 거야. 그거 보고 기가 찼어. '아이고…. 내가 그만둬야겠다.' 그런데 아이들이 참 불쌍타는 마음이 생기더라고. 우리 집은 할머니 때부터 크리스천이에요. 그 가난한 걸 보고 이 집을 살려야겠다는 생각이 들었어. 그래서 미국 가서 첫 달부터 돈을 보냈어요. 내가 (남편한테) 적게 보내자, 이런 말 한 적이 없어요. 이 사람 동생들도 다 성공시켰지.

여보, 우리도 가발 합시다

우리 언니가 뉴욕에 계셔서 공부할 겸 미국 오려고 생각했더니 결과적으로 이 양반이 먼저 미국 왔어. 나는 남편 유학생으로 미국 오고 나서 여기 있는 지인에게 부탁해서 공연 비자 받아서 왔어요.

1962년 5월 3일에 미국 와서 5월 19일에 결혼식 했어요. 드레스고 뭐고 돈이 없으니까 한국에서 한복을 위아래 하얀 거로 맞춰왔어. 나한테는 축가 해줄 사람도 없고, 드레스 빌릴 데도 없었어요. 흰 치마저고리 입고 은반지 끼고 초라하게 했지만 하나도 슬퍼하지 않았어. 진짜배기 사랑 가지고 잘 살면 되니까.

저희가 장사를 많이 했어요. 한약도 하고 이것저것 했는데 잘 안됐어요. 그런데 내게서 아이디어가 나오더라고. 가발이 제 눈에 띄었어요. 한국인이 하는 가발가게가

있었는데 거기가 잘 됐어요. 한국에서 엿장수들이 파는 생머리를 수입해서 염색하고 가발을 만드는 건데, 마침 그 가게 부인이 아기를 낳아서 사람을 구한 거야. 내가 거기 일하면서 기술을 다 배워왔어요.

가발 어떻게 만드는지 배우고, 쓰레기통 보고 가발에 뭐가 붙어있는지도 다 보고 기계 넘버도 다 써왔어요. '나도 할 수 있겠다.' 자신이 있어서 우리 애들 데리고 기계를 보러 다녔어요. 그렇게 우리도 가발사업을 시작했죠.

기계 두 개 채워놓고 공장이라고 하는 거야. 첫 시작은 자기 머리카락 끊어오면 가발 만들어 주겠다고 한 거였어요. 손님들 스타일에 맞춘 가발을 만들어서 가장 친절한 집이 됐어요. 그렇게 소매로 번 돈으로 한국에서 가발 사가지고 와서 도매도 하고 수출도 했어요.

가발이 잘돼서 부자가 됐는데 애들을 돌봐야겠다 싶더라고요. 원래 일하면서 멕시칸 베이비시터를 썼는데 이제 내가 직접 돌보면서 애들 공부를 시켜야겠더라고. 그래서 나는 73년에 가발사업에서 손 떼고 일을 그만뒀어요. 집에서 전적으로 아이들 교육에 힘썼죠. 아이들 어릴 때부터 첼로, 바이올린 가르치고 공부도 봐주고. 아이들 학원 하나 안 다니고 다 좋은 대학 갔어요. 그리고 어릴 때부터 음악 가르쳐 놓아서 같이 트리오 연주도 많이 해요. 다들 잘 커 줘서 고맙죠.

"나한테 오면 기본 30년이야"

이용규 / 1936년생, 1세, 경북 문경시 가은읍, 캘리포니아주 플러턴

1972년. 패기 가득한 36세 청년은 아메리칸 드림에 부푼 가슴을 안고 로스앤젤레스에 도착했다. 맨몸으로 용기 하나만 챙겨온 청년은 살아남기 위해 과일가게에서도 일하고 주유소에서도 일했다. 그러던 어느 날 그의 머리에 아이디어 하나가 번뜩였다. 흑인들의 곱슬머리에 색만 입히면 근사한 파티용 가발이 될 것 같았다. 그는 그 길로 친구에게 800달러를 빌려 가발사업을 시작했다.

그의 생각은 적중했다. 그가 만든 가발들은 날개 돋친 듯 팔려나갔고 가발을 수입해 달라고 한국에서 연락이 올 정도였다. 빈손으로 무작정 미국에 왔던 청년은 어느새 수십 명의 직원을 거느린 백전노장이 되었다.

"여기는 하꼬방이에요, 하꼬방." 이용규 씨는 '웨스트 베이' 사옥에 위치한 자신의 집무실을 보여주며 하꼬방이라 표현했다. 보라색과 노란색 벽이 둘러싸고 있는 그의 공간은 사랑하는 가족들과 웨스트베이 식구들 그리고 30년 동안 후원해온 아이들의 사진이 내뿜는 따스한 기운으로 가득했다.

달달한 초콜릿부터 공구상자까지. 물건들로 빽빽이 찬 그의 방은 없는 게 없다고 했다. 그래서 사무실 사람들은 뭐가 없다 하면 그의 방을 찾는다.

스스럼없이 사장님께 공구를 빌리는 직원들이라니. 인종과 민족이 다르지만 30년씩 함께 일한 직원들은 어느새 그의 가족이 되었다. 30여 년간 직원들 점심 메뉴 선정에 고심하는 사장님과 "우리 사장님 인터뷰 잘해주세요.", "우리 사장님 좀 잘 찍어주세요."라고 부탁하는 직원들. 이 곳 직원들의 미소가 그의 넉넉한 인품을 말해주는 듯했다.

사쿠라노 하나가 사키마시타, 벚꽃이 활짝 피었습니다.

저는 이용규입니다. 전주 이씨고 1936년에 문경 가은면 중문리^{현 가은읍 중문리}에서 태어났어요. 우리 형제가 많아요. 6남매인데 저는 넷째예요. 나 학교 다닐 때는 일본 시대인데 운동장에 모여서 "사쿠라노 하나가 사키마시타, 벚꽃이 피었습니다." "비가 옵니다. 아메가 후루후루" 그 정도만 가르쳐주고 다 일했어요. 일본이 비행기 기름으로 쓴다고 소나무 송진 캐러 댕기고. 해방되고는 가족들이 다 같이 서울로 왔어요.

아버지는 조상 버리고 못 간다 해서 문경에 계시고, 큰 형님이 봉규라고, 그때 이미 서른이 넘으셨는데 서울에서 경찰하고 계셨어요. 둘째 형은 버스 운전사였고. 형님들이 경제적 살림을 한 거죠. 저는 그때 병들어 가지고 한 2~3년 굉장히 아파서 학교를 늦게 들어갔어요. 국민학교 2학년인가 들어갔다가 1년 공부하고, 내가 나이가 많으니까 학교에서 날 5학년으로 월반시키더라고. 그랬는데 1-2년 있다가 6·25가 났어요. 그때 부터야 뭐 개판이지.

왕십리에서 부산 아카사키 피란민 수용소로

우리는 왕십리에 살았는데 피난 못가고 거기 있었어요. 우리 큰 형님은 중부경찰서에 계셨는데 후퇴하다가 수원에서 인민군하고 부딪혀서 전사하셨어요. 그러니까 6·25나고 형님 돌아가셨지, 피난 못가고 살지, 경찰 가족이라고 인민군들이 우리 집 와서 괴롭히지. 동네 빨갱이들 와서 난리 치지. 아이고, 부역하라고 해서 잡혀 나가기도 하고. 한 석 달 우리가 그렇게 살았어요. 9·28 때 서울 수복됐다가 다음에 또 인민군이 내려왔을 때는 우리도 피난 갔어요.

문경으로 갈 수 있는 차도 없으니까 열차 타고 부산에 내려가서 아카사키 수용
소_{소부산 우암포 피란민 수용소} 들어가서 살았어요. 천막치고 살았죠. 전쟁 끝나고 서울로 돌아와서도 집이 다 타버려서 무슨 수용소 비슷한데 살았어요. 부산 수용소에 살 때 이북 사람이 많아서 나도 막 이북 말 하고 했는데, 서울 와서는 친구가 다 전라도 사람들이라 말이 짬뽕이야. 하하하. 그때 우리 먼 할아버지뻘 되시는 분이 총경으로 계셨는데, 그분이 종로에 집을 구해주셔서 거기서 학교 다녔어요.

의용군 할아버지 덕분에 입학한 한양공고

내가 또 아파서 중학교도 한 2년 다니다가 못가고 고등학교 시험을 쳤어요. 좋은 데 쳤다가 다 떨어지고, 한양공업 2차로 합격했는데 입학금을 못 내가지고 입학을 못 하는 거야. 그런데 우리 의병 할아버지 덕분에 순국선열 유가족으로 인정받아서 (독립유공자 수업료 면제 혜택받고) 학교 갔어요. 하하하.

학창시절 이용규씨

우리 증조할아버지가 문경에서 의병대장 하셨어요. 이 강_康자 연_秊자. 운강 이강연(1858~19089) 항일의병장으로 1908년 서대문형무소에서 순국. 1962년 대한민국 전국공로훈장에 추서되었다. 증조할아버지께서 전투 중에 일본 사람 총에 맞고 잡혀서 마포형무소_{서대문형무소}에서 사형당하셨어요. 문경 가면 나라에서 지어준 우리 증조할아버지 사당이 있는데 난 사진만 보고 가본 적이 없어. 박정희 대통령 있을 때 우리 형님한테 집도 한 채 내어주고, 나한테 숟가락도 보내오고 그랬어요.

덕분에 1957년 한양공업고등학교 졸업했죠. 54년에 졸업해야 하는데 3년 늦게 했을 거야. 나보다 나이 많은 사람도 있고, 딸이 둘인 사람도 있고 그랬어. 하하하. 옛날엔 그랬어요. 졸업할 때 한양공대 건축과 가기로 되어있었는데 먹고 살 게 없어서 못가고 바로 군대 갔어요.

먹고 살려고 군대도 가고 음악학원도 하고

논산훈련소 있을 때 나 영어도 별로 못하는데 군사고문단 합격해서 부단장 비서실에 있었어요. 요즘엔 카투사라고 하지? 원래 거기서 제대 못 하고 1년 6개월 하면 다른 부서 가야 되는데, 운이 좋아서 내가 거기 쭉 있다가 제대했어요. 근데 1960년에 제대하고 갈 데가 없어. 부단장이 제대하고 뭐 할 거냐 물었는데 갈 데도 없다니까 먹고 살라고 수송대 배차계에 취직시켜 줬어요. 부단장이 별 하나짜리인데, 내가 있는 동안 나를 좋게 봤나 봐.

내가 대학을 못 갔으니까 제대하고 국가고시를 다시 쳤어. 석 달 공부했는데 럭키로(운 좋게도) 합격했다고. 근데 밤에 수송대 배차계로 밤새도록 일하고, 낮에 학교 가고 하니까 내 딴에는 공부 좀 하는 놈으로 알았는데, 못 따라가겠더라고. 그래서 (대학교) 1년 다니고 고만뒀어요. 그러고 수송대 배차계도 2년 정도 하고 나왔어요. 수송대가 괜찮은데, 와이로(뇌물) 안 받아서 찍혀서 모가지 된 거예요. 휘발유 (빼돌려서) 팔고 돈 받고 할 수 있는데 내가 그런 거 안 좋아했어요. 그래서 고만두고 서울에서 별거 다 했어요.

제가 음악을 잘 한 건 아닌데 먹고살려고 이것저것 하다 보니 음악학원도 했어요. 손목인(〈목포의 눈물〉, 〈아빠의 청춘〉을 작곡한 것으로 유명하다. 씨도 나하고 비슷하게 돈이 없더

라고. 하하. 우리 친구들이 도와주고 해서 신세계 백화점 옆 동아빌딩 3층에 작게 학원을 했어요. 손목인 씨가 음악 한다고 하니까 학생들 많이 오더라고요. 그분이 학원장이고 나는 그냥 오너였지 오너. 하하. 한 2년 정도 했어요.

우리 학원에서 가수가 누가 나왔는지 아세요? '커피 한잔 시켜놓고'로 유명한 펄 시스터즈 배인숙, 배인순이 우리한테서 나왔어요. 동생은 중학교 1학년이고 언니는 중학교 3학년일 때 우리 학원 와서 시작했죠. 그리고 그때 손목인 씨의 '아빠의 청춘' 그게 좀 히트했고.

살 길 찾아 월남으로

그런데 나는 한국에서 아무리 열심히 일해도 살길이 없다고 생각했어요. 그래서 월남에 갔어요. 거기도 들어갈 때 시험 쳐야 되잖아요? 누가 책을 한 권 주면서 요 안에서 나온다고 했어. 근데 그게 전부 영어야. 시험 전날 그거 받아가지고 한 3시간 들여다보고 시험을 쳤는데 내가 럭키하게 합격했어요. 1969년 3월 1일에 한국 떠났죠. 월남으로 가면서 처음으로 비행기 한번 탔지. 하하하.

내가 일한 회사가 보급하는 회사인데 전쟁하다 망가진 차들, 탱크들 고치는 데에요. 한국 사람 70명, 베트남 사람 400명 되는 곳에서 일했는데 내가 거기서 또 아팠어요. 그래서 한국인 반장이 나를 통역관처럼 일 시켜줬어요. 내가 그때 영어 잘 못 하는데 읽기는 하잖아요. 잡 오더 job order, 지시사항 하는 거 전부 영어로 나오는데 그거 번역하는 사람이 없었어요. 그거나 번역해주고 통역도 하고 운전도 하면서 한 4년 있었어요. 보통 1~2년 하는데, 나는 4년 있다가 거기서 바로 미국 들어왔어요.

베트남에서 이용규씨.

파독 간호사 출신 여동생이 사는 LA

 그때는 다 미국 가야 산다고 생각했어요. (월남에 있던 동료들도) 다들 미국 가려 했었고. 우리 여동생이 63년에 독일 간호원으로 갔다가 여기 LA 와있어서 나도 미국 한번 가봐야겠다 했지. 72년에 미국 올라고 (월남에 있는) 미국 영사관 가서 비자 신청을 했어요. 그런데 너 미국 가면 미국에서 살 거 아니냐고 비자를 안 줘. 그래서 아니다, 나 미국에 안 살고 갔다만 온다고 했더니 한국에서 신원조회를 해봐야 한대. 신원조회가 2주 걸렸는데 뭐, 걸릴 게 없었던 모양이죠? 비자를 주더라고. 그래서 그거 가지고 미국 와서 그냥 여기 산 거예요. 하하.

 그때 비자를 한 1년쯤 받은 거 같아. 근데 좌우지간 목적이 미국 들어와서 사는 거니까 여동생한테 갔다가 한국을 안 나간 거지 그냥. 나는 성격상 어디에 얹혀있고 이런 걸 못해. 그래서 LA 여동생 집에 며칠 있다가 근처에 한 달에 35불 하는 아파트에 들어갔어요. 그때 일본 사람 밑에서 과일 장사도 하고, 미국인이 하는 가스 스테이션Gas station, 주유소 일도 좀 했고. 불체불법체류 비슷했는데, 그때는 뭐 조그만 비즈니스 하면 비자를 잘 줬어. 그래서 내가 먹고살기 위해서 가발을 했다고. 여기 와서 알게 된 친구한테 800불 외상 얻어서 가발 800불 치로 시작한 거예요.

어데가 살기 좋은가 볼 겸, 가발도 팔 겸 시작한 미 대륙 일주

 색깔 이렇게 화려한 거 할로윈미국 전역에서 매년 10월 31일 유령이나 괴물 분장을 하고 즐기는 축제 가발이에요. 이거를 미국에서 내가 맨 처음 했지. 미국사람들은 먹고 살기가 괜찮아서 그런가, 이런 거 보고도 별생각 안 해요. 그런데 내가 생각하기에 흑인들 머리 바글바글한 거 있잖아요, 거기다 컬러를 넣으면 저절로 할로윈 가발이 되겠다 싶었어요. 처음에 그렇게 해봤더니 그게 굉장히 잘 팔렸어요. 프리마켓free market, 벼룩시장이라고 운동장을 빌려서 토요일 일요일 장사하는 곳에서 하다가 작은 스토어가게를 차렸어요.

가게를 하다가, 어디가 살기 좋은가 보려고 가발도 좀 팔 겸 해서 미국 일주를 했어요. 내가 플로리다, 노스캐롤라이나, 사우스캐롤라이나, 켄터키, 오하이오, 뉴욕, 워싱턴 다 돌아다녔어요. 그런데 제일 살기 좋은 데가 샌프란시스코야. 거기는 차이니즈중국인도 많고 차이나타운도 있어서 나를 쳐다보지도 않아요. 노스캐롤라이나, 사우스캐롤라이나, 플로리다 같은 동부지역 갔을 때는 인종차별이 심해서 나를 원숭이처럼 쳐다봤어요. 맥도날드 집에 가면 애들이 날 막 만져보고 그랬다고. 허허.

그래서 내가 샌프란시스코 살아야겠다 하고 (LA에 있는) 가게는 직원에게 맡겨두고, 산호세 큰 프리마켓에 토요일 일요일만 하는 가게를 4개 오픈했어요. 제가 프리마켓 한 7~8년 하면서 가발은 많이 팔았는데 돈은 못 벌겠더라고. 그래도 경험은 많이 얻었어요.

워싱턴에서 날아온 용감한 아가씨

저는 73년, 산호세 있을 때 결혼했어요. 그때 나이가 벌써 삼십 대 중반이었는데 워싱턴에 있던 내 친구가 소개를 해줬어요. 우리 와이프는 워싱턴에 유학 온 분인데 미국 조그만 회사에서 일하고 있었어요. 내가 워싱턴에 갔어야 했는데 바빠서 가질 못하고 있었어. 그랬더니 아가씨가 용감하게 왔더라고. 워싱턴에서 산호세가 얼마나 먼데. 와서 하루 있다 나 보고 갔어요. 그런데 우리 어머님이 자꾸 결혼하라고 하시는 거야. 그래서 한번 보고 결혼한 거에요. 나는 그때 가발 하면서 비즈니스로 이미 영주권 땄어요. 그러니까 나한테 시집온 거지. 하하.

프리마켓에서 사업 하던 시절 이용규씨　　　　　　　　　　　　　　사업 초창기 LA에서 운영한 가게

이용규씨 부부

1983년 이용규씨

한국으로 부터의 콜

내가 스토어도 있고 프리마켓에서 좀 싸게 팔고 하니까 가발을 많이 팔았어요. 그때 한국에서도 나를 안 거 같아. 한국에 있는 공장에서 임포트import, 수입 좀 해보라고 나한테 연락이 왔어요. 근데 내가 돈이 없잖아요. 한국 가서 이야기해 보니까 대우에서 나한테 D/A Document against Acceptance, 외상수출어음 그러니까 외상을 15만 불 정도 줬어요. 그래서 내가 그걸로 기초를 잡았지.

그때는 가발이 한국 수출의 효시라서 가발 안 하는 회사 없었어요. 그래서 (대우에서 받은 거) 다 갚고 다음에 '보양산업'이라는 가발회사 회장님을 만났는데 나를 잘 봐줬어요. 그래서 거기서 D/A를 좀 많이 받았어요. 근데 그분이 D/A 줘서 돈 다 돌려받은 사람 나밖에 없데. 하하. 80년~82년에 D/A 받아서 사업하다가 83~84년 쯤 되가지고 내 돈으로 가발 사오고 했어요. 안정은 안 됐지만 좌우지간 이제 내가 뭘 하는 거야. 하하.

흑인 이웃들이 지켜준 가발회사

대우에서 D/A 받고 할 때 같이 일하던 친구가 내가 한국공장 갔다 오는 동안에 물건을 싹 다 빼가서 물 먹은 적이 있어요. 그게 내가 없으니까 당하는 거 아니야. 그래서 내가 프리마켓이나 쫓아다니고 할 게 아니라, 좀 앉아서 일해야겠다 싶어서 LA에 사무실을 얻었어요. 그때까지는 '패션웨이'라는 이름으로 하다가 회사 이름을 웨스트 베이West Bay라고 지었어요.

LA 폭동으로 전소된 상점들

LA 폭동 있던 92년까지 지지부진 장사를 했어요. 버몬트하고 맨체스터라는 거리ᴸᴬ코리아 타운에 위치함 코너에 건물 하나를 내가 사가지고 지하실에는 창고를 하고 1층은 리테일 스토어Retail store, 소매상점, 2층은 사무실을 했어요. 그런데 LA 폭동이 일어났잖아요. 그 동네가 다 탔어. 근데 우리 집은 손도 안 댔어요. 거기가 전부 흑인촌 이었는데 내가 흑인 이웃들이랑 관계가 괜찮았어요. 그래서 이웃들이 지켜줬어. 불 지르려고 하면 이웃집 할머니들이랑 옆에서 가게 하는 흑인이 여기는 좋은 놈이니까 그냥 두라고 했데. 그래가지고 나 살았어요. 내가 그때 흑인들 덕을 정말 많이 봤어요.

그런데 가만히 생각해보니까 거기 있다가는 언젠가는 당할 거 같아서 그 건물 정리하고 세리토스Cerritos, LA 카운티에 위치한 도시로 옮겨갔어요. 거기 만 몇천 평방피트짜리 창고를 해가지고 그때부터는 소매상점은 전혀 안 하고, 수입해서 홀세일Wholesale, 도매만 했어요. 거기서 한 10년쯤 하다가 이리로 이사 온 거예요. 여기 온 지 20년 됐어요.

가발공장 식구들은 나한테 오면 기본 30년

여기 직원이 한 50명 정도 있는데, 멕시칸이 한 10명, 흑인이 하나 있고, 미국사람인데 한국어 하는 직원도 있고. 내가 여기 점심을 한식으로 항상 주문해. 밥 먹는데 갖다 놓으면 뷔페마냥 담아 먹는 거야. 멕시칸들도 한식 좋아해요.

여기는 나가서 밥 먹을 데가 없어요. 미국은 법적으로 오전에 15분, 오후에 15분, 밥 먹는 시간 30분 주게 돼 있어요. 그런데 30분 가지고 밥 먹으러 나갔다 들어왔다 힘들어요. 내가 점심 주면 얼마 안 들어요. 1년에 5만 불이면 되는데 여기서 밥 주는 게 피차간에 좋을 것 같아서 주는 거죠. 나도 먹어야 하고 하하. 월화는 웨스트베이의 점심시간. 1998년.

한식, 수요일은 양식, 목요일은 한식, 금요일은 반반. 수요일은 멕시칸 아저씨들을 위해서 완전히 양식이에요. 햄버거 사 오던가 닭다리, 피자 사 오던가. 같이 살자는 이야기야. 굶고 일 못 하잖아. 그렇다고 우리만 먹으면 안 되는 거고, 그렇잖아? (외국인 직원들과 갈등이 없진 않지만) 내가 보기에는 말랑해 보여도, 그런 거 잘 다스려요. 직원들이 한국 사람한테 더 잘해주지 않나 이런 생각 할 수 있죠. 그런데 차별 안 한다 하지만 하죠. 나도 사람인데. 한국 사람들 날 위해서 30년씩 일했는데, 아파트에서 뒹굴고 그거 마음 아프잖아요. 그래서 집 마련한다 할 때 말은 꿔준다 하는데 몇 만 불 도와줬지. 멕시칸도 30년 넘은 친구는 집 살 때 내가 좀 해줬고.

웨스트베이의 점심시간. 2017년.

웨스트 베이 사무실 풍경.
마주치는 직원마다 우리에게 "우리 사장님 인터뷰 잘해주세요.",
"우리 사장님 잘 적어주세요."라고 부탁하며 사장님 챙기기에 바빴다.

애들은 내 마음대로 안되요

애들은 위로 아들 둘, 밑으로 딸 둘이에요. 어릴 때 성당 한글학교 보내고, 한글 선생 모셔서 다 가르쳤어. 그게 부모하고 소통할 때 도움이 돼요. 우리 애들은 다 한국인이에요. 김치 잘 먹고, 부모님 존중하고. 사실 (한인 1세, 2세를 떠나서) 같은 미국사람이라도 나는 나이가 여든이고 애들은 30대인데 (세대 차이가) 나죠. 미국에서는 애들 컨트롤이 안 돼요. 하하. 지가 내 나이 되면 나 이해할 거라고 생각해요.

큰놈은 여기서도 일을 좀 했는데, 음식 만드는 게 취미라서 지금 노스캐롤라이나에서 미국 식당 한다고. 둘째 놈은 컴퓨터 관련 일 하고 있고. 우리 큰 딸은 영국 금융계에서 7만 불 받고 있었는데 (아빠 일 도와달라고) 사정사정해서 데리고 와서 7만 불 안 주고 6만 불 줬었죠. 하하.

어떤 면으로 봐서는 우리 아들들이 자기 일 하겠다는 거 좋게 생각해요. 자기들 길 자기가 개척해 나가는 것, 그게 좋은 거지. 여기서 같이 일했으면 좋겠다 하는 건 내 욕심이겠죠. 그래도 내 딸 하나 붙들어 놓고 있잖아. 하하하.

우리 큰아들, 작은아들은 한국인하고 결혼했어요. 우리 큰 사위는 미국 일본 혼혈인데 요렇게 보면 동양놈이고 저렇게 보면 멕시칸 같기도 하고. 하하. 아주 착해요. 그래도 손자들은 다 동양계로 나왔어.

이용규씨 가족

나는 남 돕는 거 좋아해요

내가 72년도에 들어왔으니까 벌써 45년 되었잖아요. 그때만 해도 인종차별이 심해서 캘리포니아 벗어나면 우리는 완전히 원숭이였어요. 흑인보다도 차별을 많이 받았어. 그래서 한국 사람들이 더 뭉칠 수 있었는지 모르겠지만. 지금도 차별이 있긴 한데 인권신장이 많이 됐어요. LA는 '영 김' 하원의원도 계셨고, 한국 변호사들도 있고. (한인들이) 주류사회로 많이 진입하고 있죠.

한인회라던가 상공회의소 일도 해야죠. 근데 내가 그쪽은 별로 안 해요. 저는 로타리클럽이랑 우리 성당에 빈센시오 회장을 했어요. 내가 남 돕는 거 좋아해요. 여기 흑인 동네 중에 제일 가난한 캄톤^{Compton}이라고 있어요. 예전에 흑인 폭동 났

던 곳인데 거기에 신부님이 교장으로 계시는 가톨릭 학교가 있어요. 이번에 (그 학교 아이들이) 좋은 대학을 많이 갔는데 10명이 컴퓨터가 없데. 그래서 며칠 전에 내가 컴퓨터를 열 개 사서 증정하러 갔어요.

나는 복권이 하나 딱 맞아서 몇 백만 불 타면 양로원, 장애인 고아원 이런 거 하고 싶어요. 그런데 지금 내가 나이가 많아서 할 수 있을지 모르겠어. 같이 사는 거죠. 내가 한국에 초록우산 어린이 재단, 많이는 못 해도 어린이 10명, 1명 당 한 달에 50달러씩 30년 보냈어요. 나는 뭘 하나 시작하면 계속해요. 내가 죽을 때까지 하고, 내가 죽으면 우리 회사가 도네이션$^{Donation, 기부}$하도록 만들어 놓을 거야.

'남의 나라에 산다는 것'

안영대 / 1941년생, 1세, 경북 예천군 풍양면, 캘리포니아주 어바인

우리는 그를 만나기 위해 오렌지카운티 터스틴으로 이동했다. 가는 길에는 정원이 갖춰진 멋들어진 단독주택들이 끝없이 이어졌다. 그곳의 6월 날씨는 우리를 반갑게 맞아주는 듯 따스했고 잘 다듬어진 잔디들은 푸른빛 윤기를 내뿜고 있었다. LA 도심에서 느꼈던 북적임과 활기 대신 고요함과 여유로움이 물씬 느껴졌다. "6월에 도착하니까 파-란 잔디가 길마다 쫙 있는데, 이야…이게 미국이구나." 41년 전 6월 미국에 막 발 디딘 청년의 눈에 비친 광경도 이러했을 것이다.

안영대 씨는 1971년 6월 LA에 정착했다. 당시 이민 온 한인 대부분은 언어와 인종차별 때문에 취업에 어려움을 겪어 한인타운에서 자영업에 종사했다. 그는 이민 초기 주유소를 운영하다 피자집을 거쳐 89년부터 오렌지카운티 가든그로브에서 '뉴서울가든'을 운영하고 있다. '뉴서울가든'은 미국 최초의 '코리안 바비큐 뷔

페'였다. 미 전역에서 찾아온 손님들로 인산인해를 이뤄 경찰이 출동한 적도 있을 정도였다. 한인 비즈니스 업종 가운데 가장 부침이 심한 곳이 요식업인데 가든그로브 한인타운에서 그만한 세월을 한 자리에서 한 주인이 운영한 것은 그의 식당이 유일하다.

식당이 잘 된 덕분에 그는 잔디정원이 딸린 주택으로 이사도 하고 아이들 교육도 잘 시켰다. 생활이 안정되자 오렌지카운티 한인사회에 봉사도 열심히 했다. 한인회장, 상공회의소 회장, 민주평통 위원을 맡으며 솔선수범했다. 하지만 아무리 시민권을 가지고 오랜 세월 산들, 남의 나라에 산다는 게 마음 편치만은 않다. "남의 나라에 산다는 게, 참….시민권 100개를 가지고 있어도 조국은 한국이고." 한국에서 산 세월보다 미국에서 산 세월이 더 길지만, "설거지할 줄도 모른다"는 그는 여전히 경상도 남자다.

잘못 떠난 피난길

저는 안영대입니다. 여기서는 제임스 안 이죠. 1941년 경북 예천군 풍양면에서 태어났습니다. 내가 6남매 막내둥이에요. 4살 때 아버지 돌아가시고 대구로 와서 중구 봉산동에 살았습니다. 덕산국민학교, 지금은 대구초등학교인데 거기 다녔어요. 당시에 부모님이 봉산동에서 '풍천여관'을 하셨어요. 풍양, 예천 앞글자 따서 만든 것 같은데 경북대 사대 부속 초등학교가 바로 뒤에 있었다고.

국민학교 시절 참 곡절이 심했죠. 내가 1학년인가 2학년 때 6·25사변이 났거든요. 기억 속에 학교 휴교령이 내렸고, 도시는 폭격당하니까 시골로 가면 산다 캐서 예천으로 갔어요. 근데 이게 피난 잘못 간 거였어요. (예천이) 북쪽이잖아, 우리가 너무 무지하니까 거꾸로 올라갔지. 북에서 인민군이 쳐들어오니까 (예천)

간 지 3일 만에 소계 명령이 떨어져서 다시 피난을 갔어요. 계엄사령군이 피난을 시키니까 마음대로 갈 수도 없다고. 조금 가다 총격 있으면 강변 같은데 모여서 몇 백 명이 숙영하는 거예요. 상황이 급해져서 이동 명령 떨어지면 새벽에도 가는 거고. 그래서 대구까지 돌아오는 피난길이 1달 걸렸어요. 말도 못 하죠, 그 고생은.

그때 제일 백씨 큰형님은 하매 학도병으로 군대 갔어요. 11월에 대구역에서 군사 열차 탈 때 그게 마지막이었던 거지. 가서 압록강까지 올라간다 하더라고. 중공군이 개입하고 1·4 후퇴 때 내려오다가 포로가 돼서 행방불명되셨어요. 6·25 고생에 비하면 미국 고생은 아무것도 아니에요. 먹는 건 잘 먹잖아요. 없는 것 없고.

계속되는 혼란

53년에 휴전됐지만 맹 군인들이 활동했어요. 학교가 가교사에요. 원래 학교 건물은 미군 아니면 한국군이 점령하고. 내 기억 속에 사대부속 초등학교는 영국군들이 있었다고. 그때 먹을 게 있어요, 뭐가 있어요? 우리는 미군 원조물자 없었으면 못 먹고 살았어요. 구호물자로 가장 많이 온 게 밀가루야. 옷도 전부 원조받은 거. 시장은 전부 야매시장이고, 화폐 계획도 없고, 수제비가 지금은 별미잖아? 그때는 수제비, 보리밥 너무 싫었어요. 정말 가난했어요.

그래도 고등학교 시절 재미있었어요. 대건고등학교 다녔는데 아침에 효성여중고 여학생들과 함께 섞여서 등교했던 기억이 나요. 그때는 빵집 가다가 잡히면 정학 먹고 했어요. 제과점 그거 아무것도 아닌데, 빵 먹는 집인데 하하. 제가 영남대를 갔는데 60학번이에요. 내가 들어갔을 때 4·19가 난 거 같아. 2학년 때 5·16이 났고.

미국으로 간 '불란서 인형' 여자친구

캠퍼스 돌아다니다 우리 집사람이 내 눈에 딱 들어왔죠. 내가 3학년^{1962년} 때 1학년 들어왔는데 너무 이쁜 거야. 너무 예뻐서 내가 별명을 '불란서 인형'이라 했거든. 하하. 내가 추파수를 던졌죠. 그때부터 7년을 연애했어요.

나는 졸업하고 ROTC 갔어요. 화천 사방거리에 있는 최전방 GOP 부대. 거기가 6·25전에 이북 땅이었다고. 차타고 거기 들어갈 때 울고 그랬어. 다시 못 나올 거 같더라고. 트럭 한 50대가 2시간을 달달달달 들어가는데, 이제 세상하고 끝나는구나. 장교지만 무서웠어. 그런데 거게 면회를 왔더라고. 그때 교통편도 없는데 보통 여자들 겁나서 못 와요. 평범한 길이 아니라 그런 먼 길을 왔다는 게. 와- 보통이 아니구나. 그게 결혼을 결심한 결정적인 순간이지. 아이고, 참… 그래서 지금까지 올모스트^{Almost. 거의} 50년을 함께 한 거죠.

그런데 집사람 오빠가 공군사관학교 1기생인데, 1955년에 유학으로 (미국) 와 가지고 남아버렸다고. 자리 잡고 나서 가족들을 초청했지. 미국은 동경의 나라잖아요. 그 당시만 해도 미국하고 한국하고 엄청난 차이가 있었죠. 참…. 꿈에 생각하는 미국! 69년에 집사람 미국 간다고 하니 뭐 벙벙한데. 저 사람이 거서 안 나오면 내가 따라가지를 못 하잖아. 자기는 나올 수 있지만 나는 미국을 못 들어가잖아요. (부인이 미국 가고) 서로 편지가 왔다 갔다 했죠. 전화도 하고.

그런데 집사람이 영주권 받고는 나를 초청 한다는 거에요. 글쎄 드가는건가 안 드가는건가 ^{'들어가는 건가 안 들어가는 건가'의 경상도 방언}. 드가야 드가는거고. 그러다 결국 저 사람이 한국에 나왔어요. 결혼하러. 그런데 그 중간에 조사가 있었어요. 못 보니까 모르잖아요. 내가 어떤 거짓말을 했는지. 하하하. 내가 결혼해가 다른 사람하

고 살고 있으면 자기는 큰일 나잖아요. 자기 친구를 시켜가지고 싱글이 맞나? 결혼했나? 근황을 조사했더라고. 아무 이상 없으니까 내가 편지 했던 내용이 맞거든요. 그러니까 (한국에 결혼하러) 나왔지. 하하. 1970년 12월 24일 크리스마스 이브에 결혼했어요. 대구 동원 예식장에서.

미국법은 여자도 초청 가능해

집사람이 11월 말에 나와서 1달 만에 결혼하고 먼저 미국 들어갔지요. 나는 남아서 비자 신청하고 드간다 드간다 카는데, 그 당시는 내가 제도를 잘 몰랐어. 그때 제일 의심됐던 게, 여자가 남자를 데리고 갈 수 있는가. 내 법상으로 여자가 남자를 데리고 간다? 있을 수 없는 일이에요. 남자가 여자를 데리고 가잖아 시집갈 때. 근데 미국법은 여자나 남자나 똑같아. 누구라도 영주권 가지면 여자라도 남편 데리고 갈 수 있는 거야. 나는 이건 아닌데, 남자가 어떻게 (여자 호적으로) 들어가냐? 생각했어. 영사관에서 인터뷰하는데 그날 얼마나 쫄았는지. 경험이 없으니까 무슨 말을 할지 모르잖아요. 그래서 신경안정제 먹고 갔네? 하하. 영사가 가서 뭐 할 거냐 묻더라고. 가능하면 공부를 하겠다고 했죠. 그때 70년대 초에 미국 이민TO^{정원}도 많고 부부초청이니까 비자가 빨리 나왔어요. 3개월 만에 나오더라고요. 깜짝 놀랐어요.

당시는 여권도 잘 안 나왔다고. 그때는 주민등록증을 반납하고 여권을 받았어요. 여권을 가졌다는 건 외국을 나간다는 건데, 보통사람은 여권 못 가지잖아요. 여권만 가지고 있어도 '아, 이 사람 좀 세구나.' 그랬죠. 여권이 파워가 있었어요. 그때는 통금이 있었는데 뭐 좀 늦으면 "주민등록증 봅시다." 한다고. 여권 보여주면 그대로 패스해줬어요. "나 주민등록증이 없다, 반납하고 여권이랑 바꿨다." 하면 "아, 수고하십니다!" 그랬다고. 하하.

부엌에서 느낀 문화차이

비행기 표는 미국서 미리 보내줘서 비자 딱 떨어지고 바로 갔어요. 1971년 6월 3일. 내 잊어버리지도 않는다. 지금은 인천공항이 세계적인 공항 아닙니까? 그 당시 김포는 조그마한 간이역이야. 비행기에 탑승구 연결을 못 하는 거야. 그래서 전부 활주로까지 걸어가서 탔어. 게다가 내가 갈 때 김포에서 (로스앤젤레스) 막 바로 직행하는 게 없었다고. 동경 하네다 가서 다시 트렌스퍼 Transfer, 환승 하고 하와이 가서, 하와이에서 다시 또 가는데 거기서 내가 아주 혼이 났어요.

당시 미국을 동경하긴 했지만 잘 모르니까, 야…가서 살아갈 자신이 없는 거야. 뭘 해가 먹고 살겠어요? LA 와서 이제 (이민 생활이) 시작됐는데 모든 게 새로운 거죠. 언어, 식생활, 문화가 다 달라. 냉장고는 아주 특수한 사람들만 쓰던 건데 가니까 뭐 오븐이 있고 냉장고가 있고. 그거 작동을 못 하겠더라고. 이야~ 이게 전부 기계구나. 빨래하는 것도 전부 코인 런드리 Coin laundry, 동전 세탁소 로 해. 돈 넣으면 빨래 기계가 돌아가잖아요. 우리는 당시에 전부 손빨래했는데 거서부터 문화의 차이가 확 오더라고.

또 놀란 건 슈퍼마켓. 아~ 가니까 너무나 깨끗하고 조용하고. 이게 도서관인지, 음악도 나오고. 내가 클 때는 재래시장만 봤잖아요. 거서 놀래는 게 전부 한국에서는 보지 못한, 전부 미제 아닙니까. 메이드 인 USA. 슈퍼마켓에 없는 게 없잖아요. 또 6월에 도착하니까 파란 잔디가 길마다 쫙 있는데, "이야… 이게 미국이구나."

28년 째 한 자리에, '뉴서울가든'

맨 첨에 처남이랑 주유소를 했어요. 한 2~3년 하다가 아니다 싶어 피자샵을 했는데 당시에는 피자샵 하는 (한국 사람이) 없었어요. 경쟁도 별로 없고 잘 됐어요. 상당히 돈을 좀 만졌죠. 그걸 한 10년 했어요. 그때는 여유가 좀 있어서 돈 모아서 집을 샀죠. 자식도 있고 하니까 교육을 생각해서 학군 좋은 어바인으로 왔어요.

그리고 89년도부터 가든그로브에서 고기 뷔페 집 '뉴서울바비큐'를 시작했어요. 그 당시 코리안 바비큐를 무제한 먹을 수 있는 컨셉트의 식당은 전국에서 우리가 처음이었어요. 미국사람들이 볼 때 오더Order, 주문 안 하고 자기가 원하는 대로 갈비, 불고기 바비큐 무제한으로 가져와서 구워 먹는 게 굉장히 재미있잖아요? 실내지만 야외에서 바비큐 하는 기분으로 칙칙칙 굽고. 그러니까 인기가 말도 못 했어요. 뉴욕에서 오고 샌디에이고에서 오고 인산인해야. 손님들이 1시간, 2시간씩

줄을 서서 기다리는데, 사람들이 몰려가 서 있으니까 경찰들이 싸움 난 줄 알고 출동한 적도 있어. 하하. (그게 잘 돼서) 92년도에 터스틴에도 하나 오픈했어요. 이건 여담인데 제가 경상도 기질이 있어서 한번 뭐를 하면 그게 변동이 잘 없어요. 가든그로브에 있는 건 29년째, 터스틴에 있는 건 26년째 그 자리에서. 오픈해서 아직까지 한 번도 안 팔았어. 여기가 26년 전에 멋졌습니다. 이게 그때 디자인해서 고대로인 거예요. 여기가 명소였어. 리무진 타고 사람들이 왔다고. 근데 지금은 이게 너무 많이 생겼어. 돈 된다 하면 다 따라 하니까. 그때는 경쟁도 별로 없고 아이템도 괜찮으니까 갈비, 불고기 두 개가 주종이라고. 지금은 삼겹살, 오리 훈제, 장어 뭐 다 나와야 돼. 경쟁해야 되니까 품목을 늘여야 해요.

식당에 전시되어 있는 '뉴서울가든' 보도 자료들

한국에서 온 우리들, 미국에서 태어난 아이들

애들은 1남 1녀에요. 아들은 지금 한국에서 근무하고 있고 딸은 법대 나와서 오렌지카운티 검사됐어요. 아들은 한국 사람이랑 결혼했고 딸은 백인하고 결혼했어요. 옛날에는 국제결혼 카먼 이상하잖아요? 1세 부모들은 동족 결혼 하길 원하죠. 근데 그건 부모들의 희망 사항일 뿐이에요. 자녀들 마음 맞는 사람 만나서 해피하게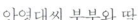 살면 되죠. 미국 사위나 한국 사위나 우리 딸한테 잘해주면 그게 제일 좋은 거 아니겠어요? 결혼이라는 게 개인적인 프라이버시^{Privacy, 사생활} 잖아요. 우리가 터치할 수 없어요. 우리 세대도 바뀌어야 해요.

안영대씨 부부와 딸

근데 바뀐다는 게 쉽지 않다고. (미국에서 태어난 자녀들과) 문화적인 차이가 있죠. 여 살면서 미국식, 미국식 카지만 나는 설거지 할 줄도 몰라요. 한국 남자들이 좀 가부장적이죠. 이건 단적인 건데, 우리 부부는 한국에서 다 커서 미국 왔잖아요. 남자가 부엌 들어가서 설거지하면 집안에 큰일 나는 거예요. 아들이 결혼하고 초창기에 우리 집에 왔는데 며느리는 쉬고 있고 아들이 설거지하고 빨래 개고 있으니까 화가 나더라고. 난리가 한번 났죠. 며느리는 중고등학교 대학교 다 여기서 나와서 미국식이에요. 근데 나도 이 사람도 한국식이야. 나이가 있고, 그렇게 살아왔잖아요. 처음에 이해를 못 했는데 이제는 그저 저들끼리 잘 살면 최고라고 생각해요.

앞날이 밝은 한인 커뮤니티

2004년부터 2006년까지 (오렌지카운티) 18대 한인회장을 했어요. 한인회 일이라는 게 범위가 넓어요. 주로 영사업무 도와주죠. LA 한국총영사관까지 가기 힘들잖아요. 영사가 일주일에 한 번씩 (한인회로) 파견 나온다고. 그리고 이민 오는 사람 안내도 해주고. 처음 오면 뭐 전기가 고장 났다, (어디로 전화해야 할지) 모르잖아요? 모르면 무조건 한인회에 전화하는 거예요. 지역 봉사 활동도 하고 불우이웃 돕기도 하고 법률 상담도 하고. 무엇이든 봉사해요. 한인회는 봉사단체거든요.

요즘은 한국에서 이민 오는 사람들이 많이 줄어서 한인회가 (앞으로 규모 면에서) 조금 축소될 거 같아요. 그래서 이제 (한인회 활동 방향을) 바꾸잖아요. 한인들의 미국 주류사회 진출을 돕고 우리 뿌리 교육에 중점을 두는 거죠. 우리 한인들이 영 김, 전 캘리포니아주 하원의원 같은 한국계 정치인들을 물심양면으로 도와요. 후원도 하고 선거 때 투표도 하고. 우리 2세들이 그걸 보면서 (한국계로서) 자부심을 가질 수 있죠. 차세대들을 위해서 투자도 많이 해요. 우리 뿌리를 키우고 얼을 알

릴 수 있는 프로그램도 운영하고 장학제도도 운영해요. 정치인들과 연결도 많이 해주고. 그 혜택을 보고 젊은이들이 성공해서 또다시 한인 차세대를 위해 장학금을 내주는 선순환이 자리 잡으면 좋겠어요.

지금 1.5세 2세들이 40대예요. 애들이 올라오는 게 대단합니다. 앞으로 대통령이 나올지도 몰라요. 이건 그냥 하는 소리가 아니에요. 미국 정계, 재계에 많이 진출해 있어요. 그 친구들이 앞으로 10년 15년쯤 뒤 상당한 힘을 발휘할 거예요. 한국과 (미국의) 교류에도 힘 쓸 거고. 오렌지카운티에 (한국계) 주 의원은 이미 많고, 앞으로 상당수가 계속해서 주류사회에 들어갈 거예요.

우리 이민 왔을 때 (한국계) 국회의원이 어디 있어요? 시의원 하나 없었는데요. 한인 커뮤니티 3~4세 청소년들이 이런 선배들을 보고 자라나는 거죠. 나는 정말로 기대하고 있어요. (미국 한인 커뮤니티의) 미래는 밝아요.

남의 나라에 산다는 것

　시민권 받고 10년 만에 한국 가니까 한국이 많이 변했더라고. 한국이 괜찮은 거 같아요. 한국 나가 살아야지 싶은 마음도 있어요. 아들도 한국에 있고 연금은 여기서 다 나오니까. 사업 정리만 하면 많이 왔다 갔다 하면서 살래. 6개월은 미국, 6개월은 한국. 하하하. 남의 나라에 산다는 게, 참…. 시민권 100개를 가지고 있어도 조국은 한국이고.

　풍요로움 속에 살면 고생을 모르고 재미가 없어요. 한국에서 고생 많이 했지만 어떨 때는 그립더라고. 가난했기 때문에 자장면도 맛있었고 학창시절도 그립고. 한국 가면 내가 가장 가고 싶은 곳이 7사단 화천 삼한거리. 거기 근무할 때 희비곡절이 많았어. 하하. 그래도 현재 자녀들 전부 건강하게 잘살고 있으니까 살아온 걸 돌아볼 때 그래도 괜찮다, 속으로 그래 생각하고 있어요.

"불 난 자리에 불꽃이 핀다"

이돈 / 1954년생, 1세, 경북 경주시 월성군 강동면, 캘리포니아주 LA

미국 교포사회에는 이런 말이 있다고 한다. '공항에 마중 나오는 사람이 누구냐에 따라 운명이 결정된다.' 그를 맞으러 공항에 나온 동서는 봉제 공장을 하고 있었다. 그것이 운명이었을까. '열사의 나라' 사우디의 건설현장에서 땀 흘리던 건축학도는 '천사의 도시' LA에서 패션사업가로 변신했다. 현재 그는 LA 다운타운 한인 의류 상권 중 가장 핵심인 샌페드로패션마트 협회장을 5년째 맡고 있다.

그가 이민 온 1980년대 LA 한인들 대부분은 봉제업, 세탁소, 식료품 가게 등의 업종에 종사하고 있었다. 부부도 한인들이 많이 자리 잡고 있던 LA 남부 지역에 자그마한 봉제 공장을 차렸다. 당시 봉제 공장을 운영하던 한인교포들은 유대인 패션업체에서 하청을 받아 의류를 제조했다. 일거리를 받지 못하면 망하는 거나 다름없으니 항상 업주 눈치를 보는 게 일이었다. '재주는 곰이 넘고 돈은 왕 서방

이 가져간다.'는 구조였다. 이래선 미래가 없다고 생각했다. 그래서 그는 자체 브랜드 액티브 USA$^{Active\ USC}$를 만들고, 제대로 된 의류패션사업에 뛰어들었다.

액티브는 하루가 다르게 승승장구해갔다. 그러나 힘들게 마련한 의류공장은 1992년 LA 폭동으로 인해 전소되었다. 모든 것이 끝난 것만 같았다. 하지만 그는 '불 난 자리에 불꽃이 핀다.'는 말을 신념으로 삼고 그동안 쌓아온 신뢰를 바탕으로 다시 사업을 일으켰다. 그는 '불꽃'처럼 재기에 성공해 액티브를 이전보다 더 큰 패션업체로 키워냈다. 그는 한인 커뮤니티의 아픔과 위기극복의 산증인으로, 한인 2세들에게 '패션 실리콘밸리'를 물려주기 위해 자바지역에서 오늘도 바쁜 하루를 보내고 있다.

액티브 쇼룸에서 이 돈 부부.

영남 3대 반촌의 만남

저는 이 돈입니다. 1954년 1월생입니다. 환갑, 진갑 다 지났죠. 고향은 경북 경주시 강동면 양동리. 183번지가 저희 본가 있는 대성헌이죠. 우리 외가가 신동 웃갓이라고 석담 종가에요. 광주 이씨 종가 중에서도 제일 큰집. 엄마가 종갓집의 장녀였죠. 우리 외할아버지 입장에서는 경상북도 최고의 집에 시집보냈다는 자부심이 있는데, 실지로 살림 사는 거 보고 맏딸이 너무 안 된 거에요. 그래가지고 외할아버지가 할아버지에게 부탁해서 신혼살림을 우리 신동 웃갓에서 많이 했다더라고. 저는 초등학교 가기 전까지 외갓집에서 컸어요. 외할아버지의 지극한 사랑을 받고 컸지요. 국민학교 때 우리 모친 치맛바람이 좀 드셌어요. 엄마가 기성회 회장도 하셨고. 애를 좀 강하게 키워야 되는데 오냐오냐해서 제가 강하지가 못해요.

어머니의 'You can do it'

부모님께서 일찍 대구로 나오셨어요. 저는 칠성 국민학교 나왔습니다. 제가 4남매 장남이죠. 어른이 침산동 제일모직에 계셨는데 가장 기억나는 거는 제일모직 목욕탕 시설이 좋았어요. 쪼그마할 때 씻기 싫어하잖아요. 어른 따라가가지고 씻고 했죠.

우리 어른이 제가 중학교 때 삼성을 나오고 사업을 하셨는데 실패하셨어요. 그래서 집안 형편이 곤궁했죠. 그러면 '내가 좋은 대학 가서 공부 열심히 해서, 좋은데 취직해서 성공하겠다.' 이렇게 생각하는 게 정상인데, 성공하겠다는 생각은 있는데 공부하겠다는 생각은 없었다고. 공부 안 하고 어떻게 성공하겠다고 마음먹었는지 모르겠습니다마는, 하여튼 저는 어릴 때부터 사업을 하고 싶었어요.

대륜중, 대륜고 나왔는데 공부는 못했고, 친구 좋아했죠. 이상하게 공부가 하기 싫더라고. 그런데도 할아버지가 돌아가시면서 우리 엄마 손을 잡고 "우리 집안의 미래는 혁이^{이돈 씨의 아명}가 잘돼야 한다. 혁이가 잘돼야 우리 집안을 일으켜 세운다." 그러셨어요. 삼촌들이 "쟈가 저래 공부 안 하면 되나, 집안의 기둥인데." 그랬어도 엄마는 "조금만 있어보이소, 쟤는 나중에 틀림없이 잘될 겁니다." 그러셨죠.

엄마는 항상 "너는 할 수 있다."고 하셨어요. 어릴 때는 제가 몰랐는데, 지금 나름대로 중소기업을 경영하면서 생각해보면 엄마의 "You can do it."이 정말 큰 힘이 되었다 싶어요. 어떻게 그걸 다 참고, 내 친구들 집에 와도 항상 웃으면서 따신 밥해서 먹이고 하실 수 있었는지…. 엄마의 헌신이 특별했다고 나는 생각해요.

보약같은 사우디아라비아 생활

(영남대학교 건축과 73학번인데) 대학교가도 공부에는 별 취미가 없었어요. 근데 대학교 가면 얼마나 좋습니까? 술도 마음대로 마실 수 있고. 제가 애주가에요. 음주가무 중에서 음주는 잘하고 가무는 못 하는 사람이라요. 하하. 학점도 딱 (졸업 가능한) 160학점 맞춰서 졸업하고 군대에 갔어요.

1979년에 제대하고 나와서 서울 종로에 있는 건축설계사무소에 있다가 경력사원으로 삼환기업에 입사했지요. 그 당시가 사우디아라비아 건설 붐 피크일 때였어요. 1982년에 사우디로 갔죠. 그때 인자 국제선 비행기는 처음 타봤죠. 김포공항에서 출발해서 태국 방콕을 경유해서 사우디아라비아 다란 공항에 내렸다고. 거기서 12시간 차를 타고 사막을 달려서 알바틴 KKMC^{수도 리야드 북쪽에 위치. 이라크 국경과 인접하고 있다. 삼환기업의 약 80억 불 규모 군사도시 조성사업.} 현장에 가니까 말이 현장이지 허허벌판이에요.

현장 정 중앙에 우리 현장이라고 깃발 꽂고, 컨테이너로 된 숙소가 있었어요. 그 공사가 미국이 사우디 정부의 공사를 따가지고 삼환기업에 하청 줬는거죠. 그러니까 숙소라든지 식사제공은 사우디 정부가 주는 게 아니라 미국이 주는 거라서 컨테이너라도 숙소가 너무 좋더라고요. 드가보니까 침대 큰 거 하나, 화장실, 에어컨 있고, 식당가니까 이야~ 이거 엄청나게 좋더라고. 운전할 줄 아는 사람들은 차도 주고.

그런데도 사우디 생활이 정말 힘들었어요. 선발대로 와서 잘 적응도 못 하고, 혼도 많이 나고 위에서 "저거를 보내야겠다." 할 정도였는데, 현장소장이던 손정무 이사님께 많이 배웠어요. 질서정연한 업무처리, 부하직원을 다루는 카리스마, 사람에 대한 신뢰. 경상도 말로는 화낼 때는 내고 풀 땐 푼다고 하죠? 잘못하면 워커 발로 조인트 그대로 까이는 거예요. 그래도 크리스마스 때 되면 본사에서 몰래 보내준 조니 워커도 한잔 더 따라주시고 했어요. 그분 덕분에 제가 우수사원으로 뽑혀서 당시에 제일 좋은 선물인 캐논 카메라도 받았어요. 지금 생각해보니 내가 나름대로 자리 잡고 사는데 그분의 가르침이 참 도움이 되었어요. 사우디가 참 보약 같은 생활이었어요.

하회와 양동의 결혼, 그리고 미국

사우디에서 25개월 근무하고 한국에 갔죠. 당시 풍조가 국내파 해외파 딱 정해놓고 해외파는 계속 나가야 되거든요. 근데 나는 장손이라 안 된다, 장가를 가야 된다 했죠. 그래서 코오롱 건설로 옮겨갔어요. 중매로 해서 미국 시민권자하고 선보고 1984년 9월에 결혼했습니다.

이 돈씨 부부

　우리 집사람도 하회 류씨에요. 하회랑 양동은 결혼을 많이 합니다. 우리 어른 고모도 하회 서울댁에 시집가셨었어요. 그래서 그 마을 이라 카면 앞뒤도 안 보고 결혼하는 거예요. 그때는 미국 안 간다는 조건으로 결혼했죠. 근데 우리 처가 식구들 반은 한국에 있고 반은 미국에 있다 보니 (미국에) 오게 되었고, 5년만 있다가 돌아간다는 게 여태까지 살게 되었어요. 집안 어르신들께서 반대하셨는데 엄마가 적극적으로 지원했죠. "세사는 내가 다 할 테니 아무 걱정 마이소, 젊을 때 나가서 국제적인 감각을 키우고 더 성장하는 게 맞지 한국 좁은 데서 뭘 하겠습니까"라고 하셨어요.

공항에 마중 나온 사람의 안내에 따라 운명이 달라진다

여기 (교포사회에는) 이런 말이 있어요. '공항에 나오는 사람의 안내에 따라 운명이 달라진다.' 봉제 공장 하는 사람이 데리러 오면 봉제 공장 할 확률이 높고, 식당 하는 사람이 공항에 픽업 오면 식당 할 확률이 높고. 저는 봉제업 계통 하는 사람이 왔어요. 우리 둘째 동서가 당시 LA 한인회장이었어요. 이 분이 봉제 공장을 어마어마하게 크게 하더라고요. 주로 청바지, 청재킷을 했는데 옆에서 보니까 대단하더라고요.

제가 처음에는 건축을 했죠. 동서가 건물 설계변경을 하나 부탁하더라고. T자도 어디서 사는지 몰라서 물어물어 삼각자랑 사서 (설계 작업해서) 변경 허가를 받아줬어요. 근데 가만히 보니까 야, 이거 봉제 공장이라도 한번 해보고 싶다. 근데 봉제 공장 뭐 압니까. 그래서 캄톤 스와밋에 취직을 했어요.

그때 스와밋 Swap Meet 붐이 불었어요. 건물 임대 해가지고 쪼개는 거예요. 동대문 시장 같이 쪼개면 한 칸이 100스퀘어 피트에요 약 2.8평. 거게 옷, 운동화, 잡화 갖다 놓고 파는 거예요. 그때 제일 컸던 게 캄톤 스와밋인데 거기 주 고객층이 다 흑인이죠. 내가 거게서 한 달 반 있다가 잘렸어요. 첫째, 적응을 잘 못하고. 둘째, 나는 당신 같이 대학 나오고 그린카드 영주권 가지고 정식으로 (체류하고) 있는 사람을 원하는 게 아니다. 불체자를 원한다. 그러더라고. 그래가 나왔는데, 우리 동서가 도와달라고 해서 동서네 봉제 공장에 좀 더 있으면서 일 도와줬죠.

사업도 사업이지만 아이가 중요하지

우리 마누라가 배가 부른데 8개월 때 비행기를 탔어요. 애 낳고 가면 될낀데 자기가 시민권자니까 그래도 알버트^{큰아들}를 본 시티즌 시키고 싶다더라고. 지금 말하면 이기 바로 원정출산인데. 미국은 누구라도 미국에서 태어나면 시민권 주는 나라니까. 집사람은 85년 6월에 왔고, 저는 큰애 돌잔치 할 때 86년 8월에 왔어요.

당시는 한국 사람들 와가지고 봉제 공장, 세탁소, 식당에 많이 취직했어요. MBA 공부하러 온 배운 사람들 부인들도 놀먼 뭐하겠노, 잘살고 못 살고 다 봉제 공장에 일하거나 집에서 애 봐줬어요. (저랑 부인이 봉제 공장 일할 때) 신문을 보니

장남 알버트의 어린시절

장녀 에리카의 어린시절

까 남편은 대우실업에서 USC MBA^{남가주대학 최고경영자과정}하러 보내줘서 공부하러 왔고 부인이 애를 보겠다고 (광고가) 나왔더라고.

 그래서 아이를 맡겼는데 한 1주일 정도 되니까 집에 오면 애가 울고 밥을 못 먹어. 보니까 애가 입안이 다 곪아서 아구창이라. 애가 너무 불쌍해가 안 되겠더라고. 그래서 내가 집사람한테 "당신이 봉급을 1불이라도 더 받으니까 봉제공장을 나가고, 나는 애를 보겠다." 했어요. 그러고 제가 이민국 가서 우리 장인 장모를 초청해놓고 오실 때까지 내가 집에서 애들 봤어요.

봉제공장 '신디 패션'

 우리 집사람 영어 이름이 '신디'에요. 그래서 '신디 패션'이었죠. 봉제 공장을 2년 정도 했을 거야. 저는 청바지하고 우리 동서가 하던 아이템을 좀 받아서 했죠. 야~ 참…. 봉제하면 새벽 5시 반에 나와야 해요. 보일러를 뜨뜻하게 데워놔야 다림질을 하고 봉제를 하니까요. 그런데 (하청받아서) 옷 만들어주니까 유대인들 횡포가 심하더라고. 옷 이란 게 트집 잡기 시작하니까 밑도 끝도 없는 거예요.

 그리고 봉제 공장이라 카는 건 지금도 그렇고 30년 40년 전에도 부부가 하는 거예요. 우리 부인이 9남매 막내딸로 귀하게 컸는데 우리 에리카^{첫째 딸} 낳기 7시간 전까지 일을 했죠. 새벽 1시쯤 우리 딸이 태어났다고. 저는 (딸 태어나는 것 보고 병원에서) 새벽에 출근해서 또 보일러 켜고.

 그런데 가만 생각해보니까, 이래 살 거 같으면 내가 뭐 때문에 왔노? 싶더라고. 가족들도 고생이고, 하청받아서 똑 바른말 하면 일감 안 주고, 비싸다 더 달라 하면 기분 나빠서 안주고. 이거이래서 되겠나 싶다라고. 내 브랜드가 없는데,

내가 아무리 일 잘해도, 저 사람이 (하청) 안 줘버리면 어떡하냐고요. 이건 미래가 없더라고요. 하청업체로서 계속 새로운 출구를 찾는다는 게, (봉제의) 구조적 한계가 완벽하게 드러나더라고요. 그래서 이제 내 브랜드로 한다. 하루아침에 그게 쉽겠습니까마는 강행해버렸죠. 우리 마누라가 애 낳고 병원에 3~4주 있다가 공장 왔을 때는 상황이 완전히 바뀌었죠. 하청은 하나도 안 받고. 브랜드 네임은 액티브Active.

왼쪽부터 장남 알버트, 이돈 씨 부부, 장녀 에리카

독자적인 브랜드, USA Active.

1988년부터 내 브랜드, USA Active를 시작했습니다. USA 액티브 베이직, USA 액티브 콜렉션을 정식 브랜드로 등록했어요. 우리 마누라가 반대를 많이 했습니다. 집안 반대에도 자기가 오자 해서 미국 왔는데 만약에 실패하면 어떡하나, 봉재는 (하청받은 거) 아침부터 열심히 하면 실패는 없다고 생각한 거예요. 내 소신은 (봉재가) 실패는 없지만 골병들어 죽는다는 거고.

봉제할 때는 다른 데서 패브릭 재단해가지고 오면 실로 박아주는 것만 했는데 이제는 기획, 생산, 봉제, 관리, 마케팅, 판매 과정을 거치는 거예요. 청바지 하나 만드는 게 쉽겠어요? 주로 쉽게 만드는 게 레깅스. 고무줄 넣고 만드는 쫄바지, 그걸 하니까 장사가 잘 돼요.

거게서 시작해서 다품종으로 들어갔어요. 그때 상점이 있는 것도 아니고, 저 구석에서 했는데 도와주는 사람도 많고 해서 장사가 잘 되었어요. 희한하더라고요, 어떻게 그렇게 장사가 잘되는지. 다운타운 자바 업계에서 옷 장사 한번 안 해 본 사람이 나름대로 성공할 수 있었던 건 신용이라고 생각해요. 가장 중요한 게 결제 방법을 잘 해주는 거예요. 물건 들어오면 바로 돈 주고, 물건 안 팔린다고 트집 잡고 하지 않았거든요. 그래서 1990년 10월에 100만 불 주고 LA남쪽 지역에 있는 건물을 샀습니다.

LA폭동으로 전소 된 공장

1992년 4월 29일 (LA에서) 미국 역사상 최악의 흑인 폭동이 일어나서 사람이 몇십 명 죽고 그랬어요. 제가 가장 큰 피해자였는데 우리 건물이 전소해버렸죠. 하루 종일 밖에서 일하면 제일 보고 싶은 게 애들이잖아요. 그래서 (사장실에) 애들 사진 다 붙여놓고 애들 돌잔치 때 받은 금반지도 놔뒀는데 불이 나버려서 우리 애들은 돌잔치 사진도 없다고요. 그 자리가 볼펜 한 자루도 안 남기고 다 전소해버렸어요.

그 자리가 너무 보기 싫어서 6개월 동안 불탄 자리에 안 갔어요. 일주일 동안 술이라 하는 술은 엄청 마셨죠. 집사람이 그래도 재기를 해야 하지 않나 하는 거예요. 불탄 자리에 볼펜 하나 남김없이 다 탔는데, 도대체 뭘 어떻게 재기를 하냔 말이에요. (패브릭) 다 탄 거는 이미 돈 다 줬고, (옷 판매해서) 돈 받을 거는 많은데 관행이 있으니까 (잔금 받기까지) 두 달, 세 달이 남아있었어요.

당시만 해도 손님 대부분이 한국 사람들이였는데 "젊은 부부가 새벽같이 나와서 열심히 했는데 다 태웠다, 하루라도 빨리 잔금 주는 게 저 사람 도와주는 거다." 그래서 외상값도 오고, 그 전에 신용 쌓은 덕에 유대인들이 (무담보로) 물건도 주고 해서 재기를 시작했죠.

불 난 자리에 불꽃이 핀다

당시 아버지 부시 대통령이 한인타운 방문해서 (재건을) 적극적으로 돕겠다며 큰 피해를 입은 사람들에게 50만 불을 25년 장기 저리로 빌려주겠다고 했어요. 텍스 크레딧 Tax credit, 납세 증명서, 신용평가 심사를 통과해서 장기 저리로 (자금을) 빌렸고 재기를 한 거죠. (불 난 자리에) 건물을 다시 짓기 시작했어요. 그런데 (건물

금융을 배워보자

제조업의 미래는 한계가 있다는 생각이 들기 시작했어요. 우예 됐던지 사람이 만들어야 되는 거 아닌가, 국내든 해외든. 내가 봤을 때 IT가 좋은데 내가 IT는 모르고, 금융이 개안타, 미국 선진 금융 기법을 배우자 했어요.

그래서 내가 1999년에 새한 은행 이사로 들어갔고 은행은 어떻게 경영하는가 보게 되었죠. 새한 은행이 승승장구해서 제 지분이 엄청난 부를 창출하게 됐어요. 모든 다운타운에 있는 사람들이 어떻게 저렇게 성공적인 투자를 했느냐 했어요. 그런데 2008년 리먼 브라더스 사태가 일어나니까 모기지 버블이 다 터지는 거예요. 미국 경기가 완전히 침체되고, 1주일에 은행이 다섯 개도 망하고 여섯 개도 망하고. 수십 개가 망하는 소위 은행파산의 시대가 온 거예요. 그때 한인계 은행이 12개 정도 있었는데 새한 은행이 세 번째 파산 대상이 돼버렸어요.

제가 이 은행을 살리려고 액티브에 출근도 못 하고 정말 부단하게 노력했어요. 은행이 안 망하려면 증좌를 해서 은행의 부실 융자를 주주들이 다 갚아주면 되는 거예요. 새한 은행은 이사들이 4500만불 증좌를 해라는데 한국 돈으로 500억을 제가 혼자 모을 수 없잖아요? 교포들이 돈이 있는 것도 아니고, 그때 한국으로 눈을 돌리게 되었어요. MB정권 때 한국 가서 주호영 (특임)장관 발령받은 지 얼마 안 돼서 책상 설치도 올케 안 됐던데, "1990년대에 IMF 일어났을 때 교포들이 정말 많이 도왔다, 대한민국 정부는 교포들한테 마음의 빚이 있어야 한다. 대한민국 정부에서 돈 많은 사람들이 투자할 수 있도록 해달라."고 했어요.

결국에는 저를 비롯한 이사들이 4500만 불 증좌를 해냈어요. 피 말리는 시간들이였죠. 새한 은행 케이스가 모범적인 케이스가 되었어요. 중소은행이 주주들의 힘으로 돈을 모아서 은행을 살렸다. 커뮤니티 뱅크 금융사에 작은 획을 그었다는 좋은 평가를 많이 받았죠. 그 뒤로 어찌됐건 은행이 파산 위기 까지 가는 걸 못 막았으니 은행이사 9명은 그 자리에서 물러났어요. 지금도 제가 태평양은행 이사로 있긴 하지만 '한 우물 만 파라'는 말이 백번 맞다 생각해요.

2세들에게 물려 줄 '패션 실리콘밸리'

여기 일대가 전부 한국 사람들이 하는 패션의 동대문 시장 같은데 에요. '샌 페드로 홀세일마트'라고 큰 건물이 하나 있어요. 거기 250개 패션의류업체가 입주해 있어요. 그 건물이 다운타운 자바 한인 경제의 젖줄입니다. 15년 정도 전부터 다운타운 자바가 뜨기 시작해서 모든 (한인타운-) 부의 창출이 이쪽으로 집중되었어요. 그런데 지금은 여기가 극심한 불경기를 겪고 있습니다.

멕시코 마약 밀매상들이 여게서 돈세탁한다고 해서 3년 전에2014년 FBI하고 국토안전부 천 명이 여길 새벽에 급습했습니다. 여기를 완전 폐허로 만들어버렸어요. 멕시칸들이 마약을 팔면 돈이 생기는데, 요즘 금융이 얼마나 투

액티브 쇼룸 리모델링 과정

현재 액티브 쇼룸의 모습

명합니까? 감시받으니까 송금은 못 하고 여기서 산 물건을 멕시코로 보내는 거예요. 거기서 팔면 자연스럽게 돈 세탁이 되니까. 그 타깃이 옷인 거에요. 멕시코에서도 옷은 입으니까. (여기 사업자들은) 마약이 인볼브(involve, 연루된)줄도 모르고 마약상들한테 옷을 판 거죠. 결과적으로 그 후에 중남미 손님이 많이 끊겼어요.

이제 우리 1세들이 2세들에게 물려줘야 하는데, '패션 실리콘밸리'를 만들려면 뭔가 달라야 한다고 생각해요. 내용도 달라야 하지만 거리도 바뀌어야 한다. 도시를 대표하는 건 건축물인데, 건축물에 변화를 줘야 한다는 게 제 소신이었어요. 그래서 제가 건축과 출신이기도 하고, 성격상 다른 사람이 지은 선물에는 못 들어가기도 해서 액티브 쇼룸 만들 때도 다 부수고 리모델링했는데 이게 올해 LA 비즈니스 저널에서 재개발 디자인 건물 금상을 받은 거야. (시상식) 갔는데 "골드(금상) 액티브!" 하는데 참 그때 기분 좋았어요.

천마인, 미주영남대총연합동창회

2002년에 영남대학교 미주 총연합동창회가 창립되었어요. 제가 초대회장으로서 타 학교 못지않은 동창회를 만들자 싶었어요. 맨날 모이가 골프치고 밥 먹고 교가 부르고 한다고 다가 아니잖아. 뭔가 보람 있는 거 장학사업 같은 걸 하자. 모교 후배들을 이 넓은데 데리고 와서 글로벌화 시켜야하지 않겠나 하는 게 제 소신이었어요.

총연합동창회에 장학위원회가 있습니다. 미국에서 공부하는 우리 후배 중에 석사, 박사, 집안이 어려운 학생들 주는 거예요. 후배들이 감사하다는 그 마음에 전해지더라고. 그러니까 더 할 수 있으면 더 하고 싶다는 마음이 들더라고요.

그리고 인턴프로그램을 시작해서 1기가 12명이 왔었습니다. 3년 동안 후원해서 40명 이상이 (LA에 있는 한국기업들에서) 인턴 실습하고 돌아갔죠. 8년 전부

터는 모교 학생들을 (우리 회사) 인턴사원으로도 받고 있어요. 우리 회사에는 상경계열, 디자인계열 학생들이 옵니다. 패션산업 전 과정을 배우는 거죠. 기획부터 생산, 판매까지.

　애들이 "액티브에서 일하면서 많이 배우고 봉급 받은 거로 뉴욕 패션쇼도 가보고 좋았다.", "이 광활한 대륙을 돌아다니면서 미국을 알게 되었다는 게 감사하다." 이런 말이 많더라고요. 야들이 한국 가서 취직이 잘 되요. 아침에 전화 와서 "저 취직됐어요!" 하는 게 제일 기분 좋아요. 하하.

"사표 수리도 전에 와버린 미국"

이재권 · 이성호(황정호) 부부 / 1세, 캘리포니아주 골만

LA 한인타운에서 출발해 미국 서부영화를 떠올리게 하는 사막지대를 한 시간여 달린 끝에 우리는 부부가 운영하는 피라미드 레이크 RV 리조트에 도착했다. 그런데 너무 서두른 탓인지 우리는 약속시간보다 1시간이나 일찍 도착하고 말았다.
 오전 9시. 이재권 씨는 수영장 청소 마무리 중이었다. 우리를 발견한 그는 미처 준비를 마치기 전이라 당황한 듯 멋쩍은 인사를 건넨다.
"아이고, 일찍 오셨네. 여기 일일이 풀 뜯어줘야 되고 안방처럼 관리해야 되요. 우리 샘에서 물 끌어 올려서 정수해서 탱크에 채워 넣어야 되고."

이성호 씨는 남편에게 "내가 이렇게 찾아오는 사람들은 일찍 온다. 혹시 늦을까 봐 서둘러 온다고 했지!"라며 뚝딱뚝딱 커피와 과일을 내어 오셨다. 향긋한 커피 내음과 함께 부부의 생애 이야기가 시작되었다.

대구가 고향인 부부는 1973년 LA에 정착했다. 남편인 이재권 씨는 이민 오기 전 대통령 표창을 두 번이나 받은 잘나가는 상공부 공무원이었다. 부모님께서 아들만큼은 자신들처럼 고생하지 말고 권세 잡으라고 이름을 '재(在)권(權)'이라 지으셨다는데, 그 덕분인지 정말 권세 좀 부리다가 오셨단다. 하지만 좀 뻣뻣했던지라 한국사회에서 권세 잡고 살기 위해 해야 하는 일들이 너무 싫었다. 결국, 그는 마음 편히 살아보고 싶어 사표를 던지고 미국행 비행기에 몸을 실었다.

아내 이성호 씨는 그런 남편을 따라 미국에 왔다. 친정 식구들도 미국에 있었기에 큰 걱정 없이 왔건만 그녀의 이민 생활은 생각만큼 녹록치 않았다. 언어와 문화, 모든 것이 다른 타지에서 충격적인 문화 차이를 느꼈다. 그녀는 영어로 풀어 놓지 못한 속 이야기들을 시로 써 내려갔다. 그렇게, 그녀는 한국을 떠남으로써 문인이 되었다.

부부는 지나온 시간을 회상하며 "우리 참 열심히 살았다."고 했다. 한인타운에서 이재권 씨는 부동산투자회사를 이성호 씨는 한인식당과 어린이 용품점을 운영했다. 한편으로는 한인의 자긍심을 잃지 않고 한인사회 일원으로 성실히 봉사했다. 이재권 씨는 민주평통 자문위원, 경북도민회 부회장으로 고향을 위해 일했으며 이성호씨는 민족시인문학선양회 회장으로 해외동포문학을 육성하고 알리는데 앞장섰다.

이재권 / 1936년생, 1세, 대구광역시 서구 비산동, 캘리포니아주 골만

원서 받아준다고 해서 간 대륜중학교

이름은 이재권. 있을 재(在)자, 권세 권(權) 자에요. 1936년 4월 비산동에서 7남매 중 둘째로 태어났어요. 달성공원 서쪽에 옛 시립병원 뒤에 집이 있었는데 허허벌판이었죠. 어린 시절 기억나는 게, 달밤에 동네 애들이랑 놀면서 장난을 한번 쳤어요. 집마다 문패가 달려 있잖아요? 동네 문패들을 이집 저집 바꿔 달아놨더니 다음날 동네 어른들이 난리가 난거지 누가 한 거냐고. 하하하. 그게 잊히질 않아요.

저는 달성공원 바로 뒤에 있던 서부초등학교 다녔어요. 그리고 1949년에 대륜중학교를 갔어요. 집은 (대구) 서쪽인데 학교가 동쪽이에요. 왜 그렇게 됐냐면, 사실 집에 여유가 없어서 눈치만 보다가 중학교 원서를 안 냈어요. 그랬더니 선생님이 부르시더라고, 왜 원서 안 내느냐고. 원서 내본들 공부할 형편이 안 된다고 말씀드렸더니 "그러면 너 뭐 할래?" 물으셨어. "공장에 가서 일하겠습니다." 했더니 선생님이 너 공장에 일 시키려고 공부시킨 줄 아냐며 당장 빨리 가서 원서 갖고 오래요.

학창시절 이재권씨. 둘째 줄 왼쪽에서 세 번째.

선생님께서 전화를 여기저기 했어요. 계성은 어제부로 (원서 접수) 마감했고 경북중학교도 마감했대. 그런데 대륜에서 접수 마감했지만 원서 받아 주겠다고 한 거예요. 선생님께서 당장 대륜 가서 원서 받고 아버지 도장 찍어 오래. 내가 생전 그 먼 데를 가봤나. 친구 서너 명이랑 놀기 삼아 방천^{동인동 신작로 끝의 신천을 방천이라 불렀다.} 건너서 갔어요.

그래가 원서 받아서 쓰고, 아버지 도장 찍고 그 다음 날 원서 접수했어요. 대륜 이름도 몰랐는데 거기만 원서 받아준다고 해서 간 거예요. 하하하. 가서 열심히 공부했죠. 그렇게 중고등학교 6년을 대륜에서 다녔어요.

미국보다 더 먼 서울

52년에 대륜고등학교 진학하고, 1955년에 서울대 법대 입학했어요. 그래도 서울 갔으니 가정교사 일 하면서 대학 마칠 수 있었어요. 고등학교 다닐 때는 등록금을 제때 못 내서 시험을 제대로 못 봤어요. 그래서 우등상 한 번 못 받은 게 참 아쉬워. 그래도 대입 모의고사 보면 항상 5등 안에 들었어.

대학교 간다고 서울 갈 때, 대구에서 야간열차 준급행을 탔어요. 정 운행시간이 11시간인데 대구에서 서울까지 17시간 걸렸어. 그때 기차 타니까 부산에서 올라온 학생들로 꽉 차서 앉을 자리가 없는 거야. 가방 둘 곳도 없어. 그래서 가방 들고 서서 17시간 갔어. 그게 참 잊히지 않는다고.

한국에서 미국 올 때 너무 멀다, 피곤하다 하는데, '야~ 그래도 세상이 변했다. 대구에서 서울 가는 데 17시간 걸렸는데, 한국에서 미국 오는데 11시간이라니.' 세상 좋아졌지.

상공부 공무원 생활

졸업할 때 사법시험을 한 번 봤는데 안됐어요. 그런데 졸업할 때 민주당 정권이 들어와서 공무원을 4천 명 정도 채용한대요. 졸업하고 공부할 형편도 안 되고 해서 시험 쳤는데 합격했어요. 1961년 상공부로 발령이 났죠. 처음에 중소기업과 들어가서 일했는데 굉장히 바빴어요. 들어갈 때는 일단 일하면서 밤으로 공부해가지고 사법시험 볼라 했는데 막상 들어가니까 힘들더라고. 그래서 2년 있다가 상공부에서 사무관 승진 시험을 봤어요.

내가 67년에 상공부 수입과 계장으로 갔는데, 수입과가 제일 인기 있는 과였어요. 돈 생기는 과니까. 그 당시 수입 95%가 상공부 결제를 받아야 했어요. 나라에 달러가 없으니까 전부 컨트롤하는 거지. 정말 필요한 거만 허가하는 거야. 당시에 수입과는 업무에 익숙해지고, 업자들이랑 친해지면 사고 생긴다고 1년 이상 안 됐어요. 그런데 제가 수입과에서 3년을 일했어요.

상공부 공무원이던 64년,
이재권씨는 고려대학교 경영대학원을 수료했다.
동기생들과 함께 간 야유회.
이재권씨가 왼쪽 첫 번째 앉아있다.

두려울 것 없던 중앙정보부 남산 수사본부

 수입과 있을 때 큰 사건들이 많았어요. 당시에 경부고속도로 공사할 때인데, 공사하려면 중장비, 건설장비가 필요했어요. 내가 계장 때 현대자동차 조립품 수입 허가를 결제했어요. 한국에서 장비 생산이 안 되니까 외국에서 수입하잖아요? 현대자동차가 조립시설은 준비되어있으니까 덤프트럭 파트[파트, 부품]를 수입해서 조립하겠다고 했어요. 법적으로 문제가 없으니 결제해서 완벽히 허가가 났어요. 그런데 이 사람들이 큰 장난을 친 거야.

 어느 토요일 아침에 출근하니까 문 앞에 젊은 친구들이 딱 서 있어. 현대차 수입 허가 당신이 해줬냐고. 중앙정보부에서 남산 수사본부로 같이 가자는 거야. 거 한번 가면 사람 다 죽어 나오는데 거든. 과장님한테 갔다 오겠습니다 하니까 같

상공부 시절 이재권씨. 왼쪽 첫 번째.

이 가자고 하셔서 과장님이랑 같이 남산을 갔어요. 지프차 타고 (남산 수사본부로) 가는데 나는 마음이 편안했어요. 뭐 얻어먹은 것도 없고, 잘못된 거도 없고.

알고 보니까 현대자동차에서 덤프트럭을 400대 들여왔어. 당시 한국에 달러가 굉장히 부족했어요. 국민소득이 80불 100불 이럴 때니까. 전체 수출액이 1억 불 정도일 때니 덤프트럭 400대면 엄청난 돈이거든요. 아침부터 밤까지 조사하는데 처음부터 끝까지 내 입장은 일관되게 "잘못된 거 없다."였어. 법적으로 안 되는 걸 허가해 줬다든지, 돈을 받았다든지 그런 기억이 없어.

마지막에 중앙정보부에서 이 사건과 관련해서 누가 책임질 거냐. 나는 내가 책임진다고 했어. 그런데 과장이 명언을 했어요. "야 이 사람아, 과 내에서 일어난 일에 대해서는 과장인 내가 책임진다고. 왜 자네가 책임지나. 걱정하지마" 그러더라고. 수출입 허가받으려면 서류가 굉장히 많아요. 서류가 하루에 100통 이상 들어오니까 내가 검토해서 문제 있으면 보고하고, 그때 과장이 판단하는 거지. 그러니 솔직히 과장이 서류를 다 봤냐고. 내가 책임진다 했어요. 그런데 과장님이 책임을 지고 나가셨죠.

신청서류 속 돈 봉투

그 후에 저도 수출진흥과로 옮겨갔어요. 그런데 내가 (수출진흥과) 오고 6개월 만에 (수입과에) 사고가 났어요. 신문에 상공부 누구 구속됐다고 크게 난 거야. 보니까 내가 수입과 있을 때 세 번 반려시킨 서류를 돈 받고 통과시켜준 거예요.

내가 그 서류 반려할 때 보니까 안에 봉투가 들었어요. 꺼내보니까 중앙정보부 무슨 국장 아무개라고 쓰여 있고 안에 명함이랑 수표가 들어 있는 거야. 그런 거는 가지고 있으면 골치 아파요. 즉각 반려시켜버렸다고.

그러고 나서 한 3일 있었는데 그 서류를 접수한 업자가 들어온 거예요. "아~ 상공부 수입과 일 잘되네요." 그러면서 이걸 자기가 신청했는데 수입품 판매금액을 (중앙정보부) 수사비용으로 쓰려고 하니 상공부는 협조하래. 내가 수사비용으로 쓰던 뭘 하건 서류는 갖춰 달라, 보충서류를 써서 다시 내라고 했어. (서류를 제대로 다 갖춰오면) 허가 내준다 이 말이야.

그런데 자기들이 서류는 가짜로 못 만들어 내는 거야. 한 열흘 있다가 또 접수돼서 보니까 같은 서류야. 보충서류 하나도 없어. 근데 봉투는 더 두꺼워졌어. 직원 불러서 돈 봉투 돌려주고 돈 돌려받았다는 사인 받아오라고 하고 서류는 반려했지. 그 업자가 "야, 이 사무관! 너 털어서 먼지 안 나?" 그러더라고. 그 후에 내가 과 옮기고 바뀐 담당자가 그걸 통과시켜 준거야.

수출진흥과 있다가 1970년 유통경제관실로 발령받았어요. 요즘은 지방자치단체에서 시장 허가 주고 하는데 그때는 상공부에서 다 했어요. 백화점, 유통업체, 수산물시장 등. 거기서도 3년 일했지.

공무원 생활하면서 중앙정보부 5번 불려가고 검찰 조사도 받고, 외사과도 불려가 봤어. 하지만 나는 한 번도 책임질 일 한 적이 없어요. 국장이 말하길 수사관들이 "수사관 생활 10여 년 하면서 저런 놈은 처음 봤다. 당신 참 좋은 직원 됐다." 그랬대요. 그다음에 과장 승진돼서 새로 생긴 공업단지관리청 진흥국 지도과장으로 갔어요. 거기서 서기관으로 일하다가 사표 쓰고 나왔죠. 61년도에 들어갔으니까 73년까지 12년 동안 공직 생활했네요. 대통령 표창도 타보고 공무원이 좋은 추억이었지.

제 36833 호

표창장

상 공 부

행정사무관 이 재 현

귀하는 일본국에서 개최된 만국박람회 참가 업무를 성공리에 수행함으로써 국위 선양에 기여한 공이 크므로 이에 표창함

1970년 12월 12일

대통령 박 정 희

이충을 표창부에 기입함

총무처장관 서 일 교

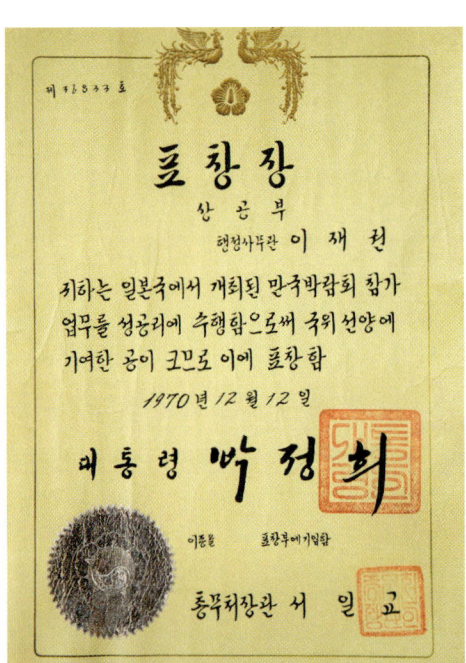

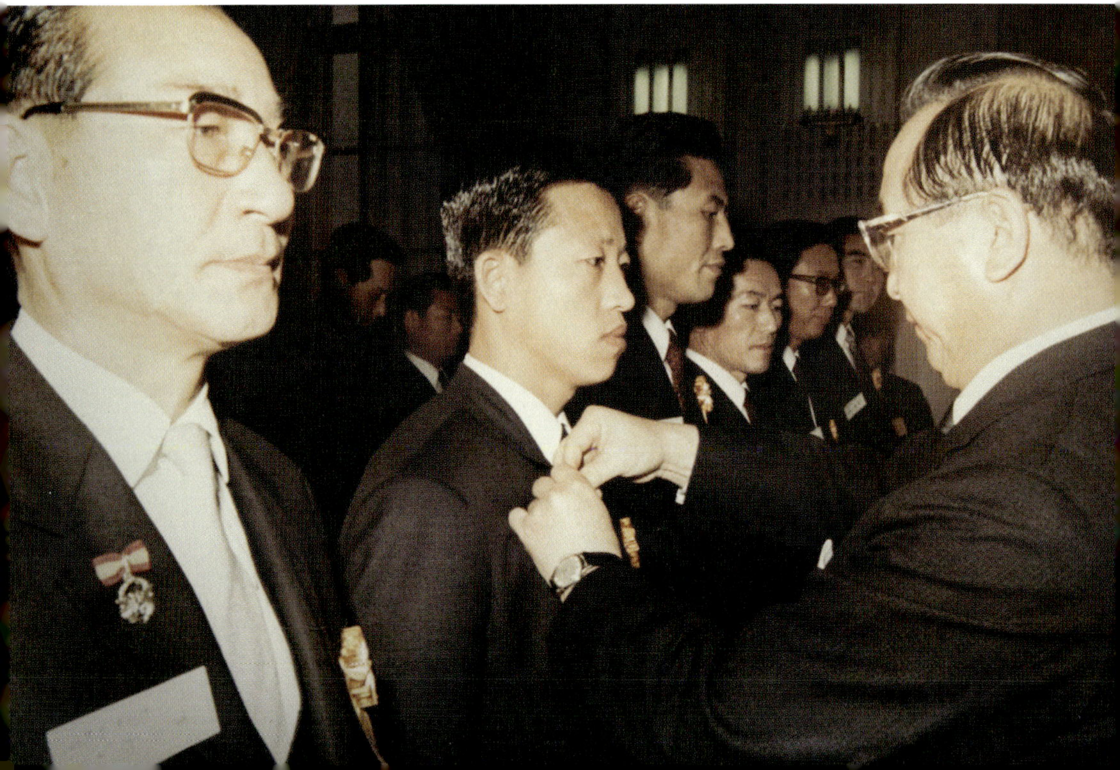

사표 수리도 전에 와버린 미국

1973년에 미국 들어왔어요. 제가 과장까지 했는데, 그 위로 가려면 윗사람 눈치도 봐야 되고, 청탁도 들어줘야 되고. 기독교인인데 참 마음이 불편했어. 그런데 그게 도저히 비위에 안 맞아서 못하겠단 말이야. 위로 올라가려면 그런 거 안 하고 못 견디거든요. 하도 더러워서 사표 쓰고 나왔어요. 그런데 사표 낸 게 반려가 됩디다. 그래서 또 사표를 냈는데 수리하는 데 6개월이 걸렸어요.

교회 교인들과 함께. 이재권씨가 성경책을 들고 있다.

사표 내고 바로 여권 신청했어요. 그런데 동대문경찰서 형사라는 사람한테 전화가 왔더라고. 당시는 여권 만들 때 신원조회 하니까 그러려니 했지. 근데 그 사람이 서류에 '서기관'이라고 되어있는데 '서기'를 '서기관'으로 잘못 쓴 거 아니냐 묻더라고. 내가 서기관, 과장이라 하니까 왜 사표 내고 이민 가는지 이해가 안 된댔어. 하하하. 그 당시에 경찰서장, 군수가 서기관이었거든요.

여권 받고 미국 대사관에 비자도 신청했지. 신청한 지 4일 만에 나왔어요. 그런데 미국 올 준비는 다 됐는데 사표 수리가 안 돼. 그냥 미국 와버렸어요. 미국 와서도 신문 볼 때 인사 동정란을 제일 먼저 봤어요. 사표 수리되었는지. 한 2달 있으니까 사표 수리됐다고 떴어요.

이재권 이성호 부부

한복 입고 비행기 탄 아내

처가 식구들이 1년 먼저 미국에 왔죠. 장인 장모님 다 와 계셔서 초청장 부탁드리고 우리도 미국 왔어요. 우리가 아들이 셋인데 막내 임신했을 때 미국 왔어요. 배가 불룩해서 비행기 안 태워줄까 봐 아내가 한복 입고 비행기 탔죠.

아내와는 중소기업과 있던 시절에 선을 봤어요. 어른들이 대구에 아가씨가 하나 있다고 계속 선보라 그래요. 대구 수창동 삼촌 집에서 보기로 날 잡았으니 오라는 거야. (그래서 대구 내려가서) 만나고 인사하고, 우리끼리 차 한 잔 마시고 왔어요. 그런데 집에서 (약혼) 날짜 잡았다고 대구 내려오래. 전날까지도 가야 할지 말아야 할지 생각 많이 했어요. 솔직히 어떤 여자인지도 잘 모르고. 그분 아버지는 잘 알았어요. 대구 봉덕교회 목사님이었는데, 여름에 제가 참석한 수련회 청소년 담당 목사님이었어요. 그분 참 괜찮다고 생각했는데 그분 딸이라니까 '교육 잘 시켰

겠지. 그럼 오케이, (결혼)하자.' 그래서 1963년에 결혼했어요. 중간에 한 번도 연애 안 하고 데이트 안 했어요. 약혼하고 인 거 같은데 같이 식사하고 극장에 가자 그래요. 그때 '콰이강의 다리'를 봤는데 내가 잠들었어. 하하하. 집사람이 속으로 '이런 남자 믿고 살겠나.' 했을 거야. 아직도 가끔 그 이야기해요. "아니, 무슨 남자가 말이야"라면서. 하하하.

  그런데 알고 보니 집사람 어릴 때 본 적이 있었어. 내가 고3이었고 집사람은 중학교 1학년이었던 거 같아요. 다섯 살 차이거든. (수련회에) 자기 아버지 따라온 거지. 어릴 때부터 이뻤어요. 고등학생, 대학생들이 이쁘다고 머리 만지고 하니까 박박 성질을 내더라고. "왜 때려!, 왜 때려!" 성깔이 아주, 하하하. 그때는 나와 관계될 거라 전혀 생각 못 했지.

큰 봉투는 합격, 작은 봉투는 불합격

미국 와가지고 가만 보니까 부동산이 괜찮겠다는 생각이 들었어요. 여기 부동산 시험이 두 가지인데, 세일즈맨이랑 브로커 두 가지가 있어요. 둘 다 부동산 매매와 중개를 할 수 있는 자격증인데, 브로커 자격증이 있으면 자신 소유의 부동산 회사 설립이 가능하다고. 그런데 세일즈맨은 부동산 회사에서 브로커의 감독을 받으면서 일해야 되요. 시험 문제를 보니까 전부 법적인 문제야. 그래서 그거 공부해서 시험을 쳤지. 세일즈맨 시험 합격하고 2년 있다가 브로커 시험도 합격했어.

재밌는 게 뭐냐면, 그 전에 처제랑 집사람이랑 둘이 한인식당을 했어요. 식당이 윌셔 거리에 있었는데 그 옆 빌딩 부동산 다니는 단골손님이 있었어요. 그 사람한테 내가 (부동산 자격증) 시험 신청했다 하니까 너 되겠냐는 거야. 말도 못하면서 어떻게 시험 보겠나 생각한 거 같아. 내가 "Depend on." 하기 나름이지 이라고 했

어. 시간 내에 시험지 읽고 답안지 써내면 합격이라고. 영어 읽는 속도가 느리니까 몇 개 못 읽었느냐에 따라 떨어질 수 있고, 시간 내 다 읽으면 붙는다 이거야.

그러니까 하는 말이, 일주일 있으면 결과가 오는데 "큰 봉투면 합격, 작은 봉투면 불합격."이래. 합격이면 라이센스 신청서류가 들어있어서 큰 봉투가 온다는 거야. 한 일주일 있으니까 큰 봉투가 왔어. 하하하.

그 사람이 놀라는 거야. 어릴 때 이민 온 이탈리아 사람인데 자기도 두 번 떨어지고 세 번째에 됐데요. "너 말도 못 하는데 어떻게 붙었어?"그러기에 내가 그랬어요. "한국 사람들 말 못 한다고 룩 다운(Look down. 무시하지) 말란 말이야. 한국에서 다 대학 졸업하고 사회 좋은 자리에 있다 왔어. 한국 사람들이 말은 좀 못해도 읽는 거는 잘하니까 시간 내에 읽으면 합격한단 말이야." 그러고 2년 있다 브로커 시험 쳐서 붙었어요. 그 이후로 미국에서 계속 부동산 했어요.

피라미드 레이크 RV 리조트

부동산 하면서 동포사회에 부모와 자녀들이 함께 시간 보낼 수 있는 장소가 필요하다고 생각했어요. 동포들이 늘 한다는 이야기가 자녀교육, 자녀교육. 돈 벌러 왔다는 소리 안 하고 자녀교육 핑계 대잖아요. 자녀교육의 첫째는 함께 시간을 보내는 거, 놀아주는 건데 동포들이 먹고사는데 바빠서 자녀들하고 여유 있게 시간을 못 보내요. 그러니까 (부모 자식 간에) 대화가 안 되는 거예요.

그래서 부동산 하면서 이런 시설이 있는지 많이 보러 댕겼어요. 인터넷에서 이걸 봤죠. 이런 시설이 많이 있는 것도 아니고, 나올 때 사야 해요. 무리해서라도 이걸 사야겠다 싶으면서도 고민이 되더라고. 그런데 마침 아들이 집에 왔었다고. "아빠 하고 싶은 부동산 나왔는데 한번 볼래?"해서 같이 여길 왔어요. 아들이 보고 나서

첫마디가 "아빠 이거 좋아 안 좋아?" "아, 좋기야 좋지." 그랬더니, 아들이 "아빠, 걱정 마요. 아빠 좋으면 그냥 진행하세요." 그래서 이 리조트를 샀어요. 예순 다섯 살쯤 로스앤젤레스에서 부동산 사무실 하던 거 리타이어Retire, 은퇴하고 2004년부터 이 리조트를 지금까지 하고 있어요.

아들의 진심 가득한 한국어 편지

큰아들은 변호사에요. 컬럼비아 로스쿨 마치고 로펌에 있었어요. 투자회사 이사로 스카우트 돼서 일본에서 일하다가 지금은 홍콩에서 자기 개인 사업하고 있어요. 며느리는 중국계인데 내가 결혼을 굉장히 반대했었어요. 한국 사람 아니면 안 된다고. 저거끼리 대학교 다니다 만났는데, 아들이 생전 안 쓰던 편지를 한국어로 썼더라고. 자기들이 어떻게 만나게 되었는지 구구절절 썼는데 편지 마지막에 "아빠가 이 편지를 받고도 노No, 반대 하면 내가 이 결혼 안 하겠습니다, 대답해주세요." 그거 받고는 내가 노 소리 못하겠어. 하하하. 내가 졌어요.

저는 한인사회가 조만간 미국 사회에 동화된다고 봐요. 외국 사람과 결혼하는 2세가 많거든요. 그다음 3세, 4세는 (다민족 간 결혼이) 더 많아질 거예요. 그중에서 순수한 한국인 정체성을 지키고 있는 사람은 굉장히 줄어들 거에요.

그리고 '한국계'로 한인사회가 넓어지는 것도 좋지 않다고 봐요. 미국에 살면서 미국 사회 속에서 자기 자리를 지켜나가야지 '한국'이라는 테두리 안에서 살기는 힘들다고 보거든요.

지금 와서 돌이켜 보면 한국 돌아가고 싶은 생각이 반은 있고 반은 없어요. 한국 가면 참 마음이 편해요. 내가 다니던 교회 가보니까 우리 엄마 기억하는 사람, 우리 누나 기억하는 사람들 있고 참 좋았어요. 그런 의미에서는 나이가 드니까 한국 가서 살면 좋겠다 싶지만, 한편으로 상처를 받지 뭐. 내가 바른 소리 하면 저게 미국에서 와서 그런다 할 거라고. 하하. 상처받는 거죠. 그냥 미국에서 살아가는 게 편하겠다고 생각해요. 그래도 미국이라는 나라는 노력만큼 보상이 있는 나라, 법이 지켜지는 나라, 세계평화를 위해 애쓰는 나라니까요.

이성호 / 1941년생, 1세, 대구광역시 중구 삼덕동, 캘리포니아주 골만

삼덕동의 큰 집

원래 황성호인데 미국에서는 남편 성을 따라서 이성호에요. 1941년생입니다. 우리 아버지는 원래 마산 사람이지. 마산에 길선주 목사님(1869~1935)장로교회 목사이자 교육가로 민족대표 33인의 한 사람 계시던 교회에 우리 아버지가 다녔어요. 그런데 우리 아버지가 일본군 피해댕기다가 경주 입실에서 엄마를 만났어요. 나는 경주에서 태어나서 해방되고 삼덕동 와서 살았어요.

삼덕동 집이 너무 좋았어. 그때는 우리 아버지가 목사 되기 전이라 비즈니스 해서 참 잘 살았어요. 그 집이 일본식 큰 집인데 예전에 높은 사람이 살았다 하더라고. 2군 사령부 건너편에 있었고, 도청 관사가 그 앞에 있었어요. 좋은 동네였어요.

우리가 어렸을 때 부산 동광동에도 빌딩이 있었어. 그때는 한 3-4층 되면 큰 거라고 했거든. 어렸을 때 거기서도 살았는데, 안경 렌즈 공장을 했어요.

그런데 우리 외할아버지가 목사기 때문에 엄마 아버지 결혼할 때 아버지도 꼭 목사 되겠다 약속을 하고 결혼했데요. 그래서 우리 7남매 중 넷째까지 낳고 아버지가 서울로 신학 하러 갔어. 렌즈 공장 있으니까 우리 학비 돈 걱정 없었어요. 근데 직원이 돈을 다 떼먹고 도망간 거야. 그래서 고생 좀 했지.

우리 아버지는 목사 되고 나서 학생들 지도 했어요. CCC Campus Crusade for Christ, 한국대학생선교회 크리스찬 학생들 데리고 지도하면서 여름에 캠핑도 하고. 나는 그래서 어릴 때부터 캠핑을 따라 다녔어.

서울 법대 남자에게 휙까닥

저는 신명여중고 나왔어요. 근데 요새 남녀 공학 됐다며? 아… 공학 되었다는 소리 듣고 너무 놀랐어요. 대학은 대구대학교 다녔어요.

대구에서 서울대 남자 만나기 힘들잖아요. 아이고, 서울대 법대생이 하나 나타나서 다 내버리고 휙가닥 했어요. 가보니까 남자가 눈이 반짝반짝하고 똑똑해요. 서울법대 졸업했으니까 똑똑하겠지. 그리고 (상공부 다니니까) 직장도 최고잖아요. 나는 다섯 개 맞으면 결혼한다 했어요. 공부 잘하고, 예수 믿고, 차남이고, 직장 좋고, 군대 갔다 오고. 이야기해 보니까 딱 맞아요. 봐요, (남편이) 예수 잘 믿죠, 우리 아버지가 그 교회 목사님한테 물어보니까 너무 착하고 예수 잘 믿는다고 했어. 그리고 학교 좋은데 나왔지, 직장 좋아, 군대 갔다 왔어, 차남. 딱 맞잖아. 그래서 그냥 결혼했지. 우리 아버지 어머니가 (사위를) 너무 좋아해요.

이재권 이성호 부부 결혼사진

어린 시절 사진 속 남편

시댁에서 나를 어떻게 알았냐면, 내가 교회에서 아이들한테 음악 가르치고 있었어요. 대구 서문교회에서 어린이 합창대회가 있었는데 내가 우리 교회 애들 데리고 나가서 상을 받아왔어. 서문교회 장로님이셨던 우리 시숙부님이 거서 나를 봤데요. 봉덕교회 황 목사님 집 셋째 딸이구나 하고. 그래서 선을 보게 됐어요.

그런데 약혼하고 어느 날 집에서 사진을 보고 있는데 우리 아버지가 "이거 재권이 아니냐!" 그러시는 거야. 내가 중학생 때 아버지 따라 수련회 가서 찍은 단체 사진인데, 우리 아버지 바로 앞에 이 사람이 있는 거야. 와… 소름이 끼치더라고. 알고 보니 어릴 때 우리 아버지하고 나하고 남편하고 같이 본 적이 있더라고. 약혼하고 알았어요. 그때 내가 중학생이어서 대학생들한테 끼지도 못했는데 아버지 따라 갔다가 귀여움 많이 받았지.

같이 영화를 처음부터 끝까지 본 적이 없어

데이트요? 하하하. 신랑은 서울에 있고 나는 대구에 있었잖아요. 처음 영화 보러 갔는데 '콰이강의 다리'라는 영화가 있었어. 아마 만경관에 간 거 같아요. 그런데 이 남자가 졸더라고. 아이고, 참. 영화관에 와서 어떻게 자나 했는데, '서울서 대구 올라면 오래 걸리니까 피곤하겠지.' 생각했어요.

그런데 이 사람은 지금까지도 영화 보면 자요. 아, 진짜. 단 한 번을 영화 처음부터 끝까지 본 적이 없어요. 드라마도 처음부터 끝까지 본 적이 없어요. 한 시간도 안 되는데 중간에 졸아.

한복 입고 탄 비행기

미국에는 우리 아버지가 먼저 오셨어요. 남편이 위로 올라가면 사내정치 해야 되는데 그런 거 싫다고 (미국) 가자는 거야. 나는 남편 사표 낸 것도 몰랐어. 우리 아버지 없었으면 모르겠는데, 미국 가면 우리 아버지 있으니까 뭐, 비자 나오면 가고, 안 나오면 못 가는 거다 싶었지.

우리 가족들 통해서 초청장 받고 비자가 나와서 결국 미국 왔어요. 그때는 칼KAL, 대한항공이 없었어요. LA로 바로 오는 항공편도 없어서 노스웨스트항공 타고 하와이 와서 이민국 통과하고 이쪽으로 왔어요. 그때 막내를 가졌을 때라 한복 입고 왔어요. 애 뱄을 때는 한복이 도로 낫다고. 그때는 우리 한복 많이 입었어요, 60-70년도니까.

미국 와서 한 5년 동안은 내가 미쳤었나 싶었어요. 로스앤젤레스 사람들은 우리더러 "안 와야 될 사람이 왔다."하고, 서울서는 "가지 말아야 할 사람이 갔다." 그랬어요. '한국에서 좋은 자리 있으면서 한몫 할 수 있는데, 여기 와서 왜 저러고 있나.'라고들 생각한 거죠. 한번 생각해보세요, 우리가 한국에서는 상류지만 여기서는 밑바닥이잖아요. 영어도 못 하지, 장사 하지.

근데 저희는 욕심 없어요. 지금 생각하니까 믿음으로 산거에요. 이 집에서 저 집으로 이사 가는 것도 보통 일이 아닌데, 태평양 건너는 게 보통 일이겠어요. 그냥 '하나님께서 인도하셨겠지.'라고 생각하면 제일 편해.

2세 교육을 위한 한국어 유아교육과

　제가 73년에 로스앤젤레스 와보니까 교회마다 이민자들이 막 들어오기 시작했어요. 그런데 아이들 유치원에 보내면 흑인 선생님들이 많았어요. (외국인을 본 적 없던) 애들이 놀라잖아요. 말도 안 통하고. 그래서 이거 안 되겠다. 우리 한인들이 유치원 교사 양성 클래스를 로스앤젤레스 시티에서 시작했어요. 그게 발전해서 로스앤젤레스 시티 컬리지 한국어 이중언어 유아교육과가 되었죠. 유치원 선생님이 되고자 하는 한인들을 위해 LA대학 교육국과 주 정부가 특별히 마련해준 클래스에요. 거기서 우리가 저녁마다 공부했어요. 클래스를 마치면 유치원 교사 자격을 받을 수 있었죠.

　그런데 유치원에 가니까 우리 아이들에게 영어도 잘 안 맞고 해서 우리가 유치원을 열 수 있는 원장 자격이 필요하겠더라고요. 그래서 내가 반장일 때 LA시티컬리지 총장님을 모시고 저녁 대접하면서 한인들이 유치원장 자격을 얻을 수 있는 클래스를 오픈해달라고 부탁했어요. 그래서 시티컬리지 한국어 이중언어 교육과에서 15학점을 이수하고 2~4년 정도의 실무경험을 쌓으면 유치원을 운영할 수 있는 자격을 얻게 됐죠.

　지금은 여기에 한인가정상담소도 있고 여러 단체가 있지만 70년대에는 그런 게 없었어요. 당시 필리핀계가 운영하는 여성보호소가 있어서 가봤더니 세상에, 아파트 10개 중 8개는 신랑한테 맞고 애들 데리고 쫓겨나온 한인 여성들이 사는 거예요. 제가 그 쉼터를 도와주면서 아이들 그네도 만들어주고, 매달 아이들 생일파티도 해주고. 그랬더니 LA시티에서 감사장을 주더라고. 일 많이 했어요. 우리 참 여기서 부지런히 열심히 살았어요.

한국을 떠남으로써 문인이 된 사람

내가 조국을 떠남으로써 문인이 된 사람이에요. 충격적인 문화 차이를 겪으면서 할 말이 너무 많은 거야. 그래서 제가 시를 많이 썼죠. 여기 올드타이머들은 내 모르면 간첩이야.

내가 어린이 상점 할 때 인형을 많이 갖다 놨는데 어떤 흑인 아이가 흑인 인형을 찾는 거예요. 나는 그때 장사하면서 흑인 인형이 있는지도 몰랐어요. 흑인 인형이라니. 충격이었죠. 아이한테 너무 미안해서 흑인 인형 없다고 할 수가 없는 거예요. "갖다 놓았는데 다 팔렸네? 다음에 갖다 놓을게, 미안하구나."라고 거짓말을 했어요. '내가 흑인을 다 무시한 거구나.' 라는 생각이 들었어요. 그래서 다음에 흑인 인형을 사서 들여놨죠. 별로 못 팔았지만. 하하하. 그런 게 다 글이 되더라고요.

내 고향 남쪽 바다, 말리부 비치

미국 가서 처음에는 웨스트 로스엔젤레스, UCLA 가까운데 살았어요. 한국타운에서 장사하게 되면서 한국타운으로 나왔어요. 사업이 자리 잡고 나중에 말리부 비치에서 살았죠. 지금은 골만에서 이 리조트 하면서 여기 살죠. 여기 너무 오래 살아서 이제는 다시 한국 돌아가고 싶은 마음 없어요.

미국 온 지 17년 되었을 때인가 한국에 갔는데 그 더운 여름에 엄청 고생했어요. 내가 남대문에서 쇼핑하고 짐이 많아서 택시를 탔어. 택시 타고 가면서 플라스틱 백_{Plastic bag, 비닐봉지} 안에 내가 산 물건이 다 있나 볼라고 뒤적거렸는데 기사 양반이 시끄럽다고 막 뭐라 하는 거야. 근데 그게 되게 서럽더라고.

그때 라디오에서 '내 고향 남쪽 바다'가 나왔어. 그걸 듣는데 막 눈물이 나면서 마산 남쪽 바다가 아니라 말리부 비치 생각이 나더라고. '아, 내 고향은 여기가 아니다. 내 고향, 내 집 말리부 비치.' 한국에서 내가 길도 모르고, 한국 사람들과 생각하는 것도 다르고. 이제는 고향 바다 하면 말리부 비치가 생각나요.

'한국계 미국인'이 될 것인가, '미국에 사는 한국인'이 될 것인가

정신화 / 1960년생, 1세, 경남 거창군, 캘리포니아 주 LA

　세계 최대 규모의 코리아타운이 자리한 LA에는 다양한 세대의 한인들이 저마다 다양한 삶의 결을 가지고 살아가고 있다. 그러나 이들은 한국보다 미국에서 살아온 세월이 더 길건, 시민권을 취득했건 하지 않았건 상관없이 같은 고민거리를 안고 있다. 바로 "한국계 미국인이 될 것인가, 미국에 사는 한국인이 될 것인가."라는 정체성의 문제다.
　미국 서부지역에서 우리가 만난 1세 대부분은 본국 지향적이었다. 그들은 한인 사회 내의 직종별, 관심사별 한인 단체에서 활동하며 미국 이슈보다는 한국, 한인 사회 관련 이슈에 더 관심이 많았다. 그런 점에서 1세들은 '한국계 미국인'이라기보다, '미국에 사는 한국인'이었다.
　미국에서 3~40년을 산 1세들도 그러할 진데, 2008년 미국에 정착한 정신화 씨는 더더욱 한반도 이슈에 관심이 많았다. 한국에서 민주화운동과 노동운동에 참여했던 그는 미국에서 통일 운동에 동참하게 되었다. 미국 시민권자인 한인들이 북한을 방문했다는 뉴스를 종종 접할 수 있는데 그는 한국이었다면 국가보안법에 가로막혀서 하지 못할 북한 교류 활동들을 미국에서 접하게 되었다.

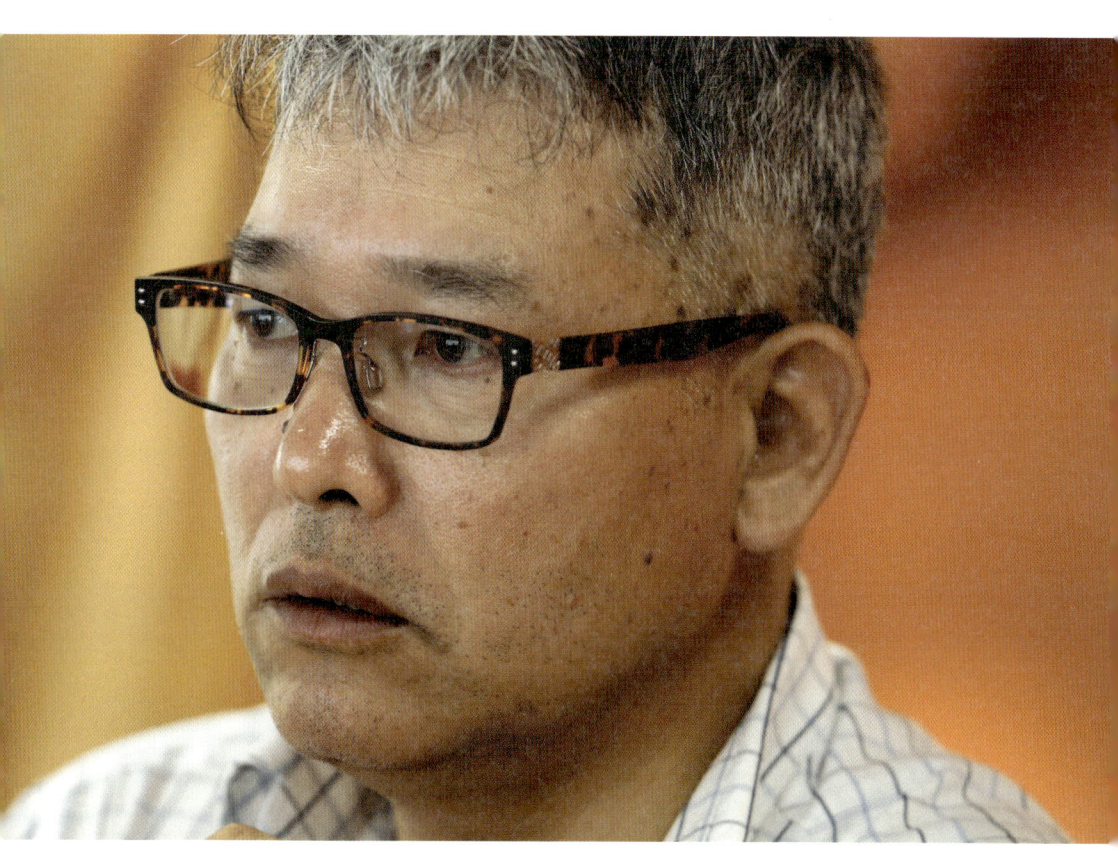

당신의 산타아나스는 무엇입니까

그는 인터뷰 말미에 자신을 포함한 이민 1세들을 일컬어 '영원한 외국인'이라 말했다. 1세들이 맞닥뜨린 언어장벽과 문화 차이의 벽은 너무나 높고 견고했기 때문이다. "언어장벽, 영어 소통문제가 가장 커요. 이민 1세들은 어쩔 수 없는 거 같아요. 여기서 태어난 2세들은 다른데, 1세들은 영원히 외국인이죠."

그럼에도 그는 고국을 떠나 타지에서, 외국인이 되어서야 해방감을 느낄 수 있었다. 대학 시절, 북한 사회주의가 궁금해 단파 라디오를 듣다가 국가보안법 위반 사상범으로 낙인찍힌 그는 한국에서 뭘 제대로 할 수가 없었다. 그런 그에게 미국은 진정한 '자유의 나라'였던 것이다.

지리산 토벌대 출신 경찰 아버지와 학생운동 하는 아들

저는 정신화입니다. 1960년생이고 본적은 경남 거창군 거창읍 대평리에요. 자라기는 마리면에서 자랐어요. 아버지가 경찰이셔서 근무지 따라 이사를 많이 다녔어요. 거창 대성고 다닐 때 성악이 취미였는데 아버님이 성악 전공하는 걸 반대하셨어요. 어릴 때부터 목사 되길 원하셔서 제 고집 죽이고 그냥 연세대 신학교에 들어갔죠.

그때가 박정희 대통령 말기인데, 연대 들어가서 선배들이랑 같이 학생운동에 가담했어요. 어릴 때 생각하던 것처럼 순수하고 좋은 사회가 아니라는 생각이 들었어요. 신학 서적도 많이 봤지만, 리영희 선생의 '전환 시대의 논리' 같은 책도 많이 봤죠. 그러면서 사회를 바꿀 수 있다, 바꿔야 한다는 사회과학적 진보의식과 기독교 소명의식이 결합되어 사회 개혁적 세계관을 가지게 된 것 같아요.

사실 아버지가 6·25 참전 용사 출신이고, 지리산 공비 토벌대로 근무했어요. 그런데 아들이 학생운동 하다가 감옥 들어가서 마음고생 많이 하셨죠.

"내란선동사건"에 휘말리다

제가 81년에 남민전^{남조선민족해방전선준비위원회. 1976년 2월 '반유신 민주화와 반제 민족해방 운동'을 목표로 조직된 비밀단체} 관련 사건으로 검거되었어요. 흔히들 '서울의 봄'이라고 하죠. 80년 5월 13일 대학생들이 전두환 물러가라면서 신촌 로타리로 진입했어요. 15일에 서울역까지 진출했다가 저녁에 귀가했죠. 그런데 5·17 비상계엄이 확대되고 시위도 소강상태일 때 미군방송 듣던 선배들이 "광주에서 일이 났다, 사람들이 죽었다."는 이야기를 했어요. 그걸 듣고 제 친구는 광주로 내려가고 몇몇은 도망가고 저는 망설이고 있는데 집에서 전화가 왔어요. 삼촌이 돌아가셨대요. 그래서 거창으로 내려갔죠. 고향에서 삼촌 장례 지내고 23일쯤 '광주사태'라면서 처음 신문에 발표가 됐어요. 사촌들끼리 모여 있다가 신문은 못 믿겠다 싶어서 삼촌 집에 있던 단파 라디오로 북한방송을 틀었어요. 조선중앙, 평양방송에서는 광주인민봉기로 몇백 명이 죽었다는 거예요. 한국 신문 보도와 전혀 달라서 충격을 받았죠. 그 계기로 북한 방송을 듣게 됐어요. 평양방송에서 하던 김일성 방송대학 강의를 들었죠.

81년 3월, 겨울방학 끝나고 서울로 올라갈 때 김일성 방송대학 강의 녹취 테이프를 몇 개 가져갔어요. 그런데 학내 서클 하다가 안기부에 검거됐을 때 그게 빌미가 돼서 일이 커졌어요. 국가보안법 위반으로 구속돼서 남산본부에서 한 달 동안 조사받고 서울구치소로 수감되었어요. 같이 데모한 선배 중에 장신환 선배가 남민전 산하 민주구국학생연맹에 가입돼 있어서 나도 남민전으로 끌려 들어간 거야. 근데 나는 진짜 남민전 가입 안 했거든요.

그때는 부림사건^{5·18 민주화운동 이후 신군부에 의한 대표적 용공조작사건}처럼 뭐만 하면 북한에서 지령 받았다고 엮었어요. 우리는 '연세대생 내란음모사건'이라 몰아가더라고.

남민전 지령을 받아서 학생 운동을 했다는 둥. 당시 선배들 1심 선고 죄목이 내란 선동 이였어요. 저에 대해서는 '주체사상에 심취한 신학생', '자생적 공산주의자'라고 신문에 나왔더라고요. 간첩으로는 몰 수는 없었나 봐요.

서울 구치소에서 1년 동안 미결수로 있다가, 2심 끝나니까 아버지가 이제 돈이 없데요. 그래서 상고 포기하고 광주로 이감됐죠. '광주교도소 특별사범'이라고 국가보안법 위반한 사상범만 수용하는 곳에 있었어요. 특별사범들 명찰은 빨간색이에요. 일반 교도수들이 우리만 보면 '선생님' 그랬어요. 그러다가 뒤돌아서면 빨갱이들이라 그러고. 하하하.

아들 살리려 빨개진 아버지

5년 선고받았는데 2년 8개월 복역하고 83년 12월에 특사로 풀려났죠. 나중에 사면 복권되었어요. 그때 나와 보니까 아버지가 열렬한 김대중 팬이 되어 있더라고요. 아버지가 정무과 형사로 있으면서 3·15 부정선거^{1960년 이승만의 자유당 정부가 재집권을 위해 저지른 부정선거. 4·19혁명을 야기함} 때 투표함 바꿔치기하던 하수인이었는데, 그런 사람이 아들이 국보법 위반으로 감옥 가니까 아들 살리려고 평민당 선거관리 위원하고 있더라고요. 당시 경상도에서 김대중 팬이면 빨갱이인데. 하하하.

아버지께서 제가 복학했다가 다시 감옥 갈까 봐 같이 살자고 하시더라고요. 그래서 거창에서 사과 과수원하고 양봉하면서 농민운동을 했죠. 당시 거창에 가톨릭 농민회가 있었어요. 그래서 우리가 기독교 농민회도 만들자고 해서 기독교 농민회도 창립했어요. 몇 년 후 종교적 색을 버리고 거창군 농민회로 통합했어요. 그리고 1990년, 각 지역 농민회들이 모여서 만든 전국 농민회총연맹 결성에도 참여했죠. 84년부터 94년까지 10년 동안 농민운동을 했어요.

사상은 진보적, 생활은 보수적

그런데 제가 농민운동 하느라 수입이 거의 없으니 집사람이 정말 힘들었나 보더라고요. 결과적으로 이혼하게 됐어요. 83년에 고향 와서 1년 뒤 84년에 거창 대성고 은사의 막내동생과 결혼했어요. 전처가 거창병원 경리과장으로 있으면서 버는 거로 애들 키우고 다 했죠. 집사람은 제가 좋은 대학 다녔으니까, 나중에 출세할 거라는 기대감이 있었던 거 같아요. 그런데 십몇 년을 살아도 그런 기색이 전혀 없으니까 실망감이 컸나 봐요. 어느 날 갑자기 이혼하자 그러더라고요. 저는 정말 깜짝 놀랐어요. 결혼생활 13년 하고 97년에 이혼했죠.

당시 제가 신학과 출신이고, 학생운동도 하고 사상은 진보적이었는데 생활 태도는 보수적이었어요. 결혼하면 끝까지 사는 거지, 이혼은 생각도 못 해봤지. 학생운동 3년, 감옥 3년, 농민운동 10년. 아, 정말 허망하다… 친구들 보기도 창피하고 동네 어르신들 보기도 민망스럽고. 그래서 98년 초 서울로 아예 이사 갔죠.

노동운동하는 버스운전사

서울에서는 시내버스 운전하면서 노동운동을 했어요. '서부운수'라고 서대문에 있는 회사였어요. 예전에 거창에서 겨울에 농사일 없으면 할 일이 없으니까 대형 면허를 따놨어요. 서울에서 감옥 갔다 온 이력 때문에 취직도 안 되고, 다른 기술도 없고. 남자가 망하면 마지막에 하는 게 운전이라잖아요. 제가 134번 버스 운전했어요. 북가좌동에서 신촌, 서대문, 광화문, 종로, 청량리, 이문동까지.

당시 버스노조 주 이슈가 노조 민주화, 임금인상, 정년연장, 근골격계 질환 산재처리 등이었어요. 저 같은 경우는 거기에 준법운행을 더했죠. 서부운수가 특히 배차 간

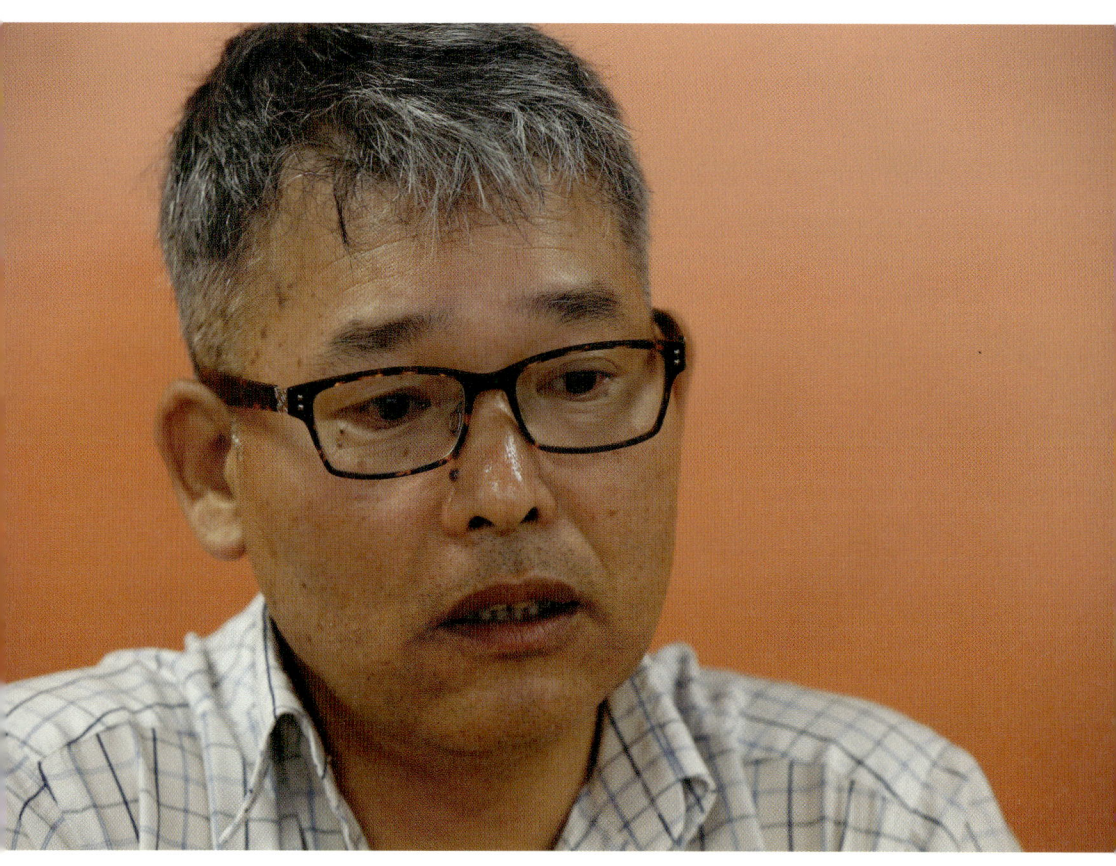

격이라든지 근로조건이 안 좋았어요. 계속 돌리는 거예요. 그러면 돈이 더 들어오니까. 그러다 보니 사고율도 서울 시내버스 평균보다 높았어요.

저는 그래서 준법운행 투쟁했어요. 근로기준법에 나온 대로 배차 간격 지키고 휴식시간 15분 쉬고, 식사시간 30분 지켰어요. 운행할 때는 교통신호 지키고 속도지키고. 그러면 하루에 노선당 육십 대가 세 바퀴 돌 걸, 서른 대가 세 바퀴 돌고, 나머지 서른 대는 두 바퀴 밖에 안도니까 수익금이 줄죠. 회사에서 미치는 거예요. 꼬투리를 잡아야 자르는데 준법운행 하니까 자르지도 못하고. 그 외에도 버스 기사들 모아서 민주노총 민주 버스에서 활동했어요.

공비 토벌대 출신 아버지와 중공군 출신 장인어른

미국은 2008년에 왔어요. 10년쯤 되었네요. 지금 집사람 따라서 온 거죠. 저는 전혀 미국 올 생각이 없었거든요. 집사람은 길림이 고향이고 중국 동포 3세에요. 2000년에 교회에서 만났어요. 집사람이 그때 세브란스 임상실험실에 있었죠.

처음엔 서로 대화가 안 됐어요. 집사람이 한족 학교만 다녔기 때문에 우리말을 못해서 처음에 영어로 대화했죠. 집사람이 우리말 배워서 지금은 우리말로 이야기해요. 저는 중국어 배우다가 포기하고. 하하하. 집사람은 길림 의대 졸업하고 하얼빈 의대 박사과정 하면서 경북대 의대랑 자매결연 되어있어서 교환교수로 한국 들어왔대요. 그 후 서울 의대에서 박사 학위 하나 더 받았어요.

저는 당시 자포자기 상태였어요. 허함과 상실감…. 제가 학생운동 하면서 사회주의를 동경하기도 했고, 중국 사회주의에서 자란 집사람을 통해서 사회주의를 느껴볼 수 있지 않을까 싶은 마음도 있었죠. 당시 40대 초반이었는데 40대지만 청춘의 열정을 가지고 살아보자 했던 거 같아요.

돌아가신 장인어른은 항미원조6·25 전쟁 때 미국을 반대하고 북한을 지원하던 중국의 외교 정책 지원군 출신이에요. 6·25 전쟁 때 우리 아버지는 남쪽에서 공비 토벌대 했고, 장인어른은 중국에서 북쪽에 내려온 중공군이었고. 두 분이 한번 만나라 하니까 서로 안 만나려 하더라고요. 하하하.

서울에서 만난 조선족 아내와 함께하는 LA 살이

그러다가 2005년 말에 집사람이 먼저 미국에 왔죠. 저보다 3년 먼저 달라스에 왔어요. 한국에 있을 때 조선족에 대한 차별, 무시를 많이 느낀 거 같아요. 한국이 답답하다더라고요. 고급인력인데 견디기 힘들었던 것 같아요. 한국이 싫다대요. 지금은 LA 어린이 병원에 실험실에 있어요. 리서치 스페셜리스트, 연구 닥터에요. 저는 2008년에 입국해서 정식으로 결혼했어요.

집사람 따라가려고 비자 신청을 했는데 비자가 4개월 만에 나왔어요. 신청서 쓸 때 여행사 직원들은 감옥 갔다 온 거 쓸 필요 없다고 했지만 저는 나중에 미국 가서 부인이랑 살 때 문제가 생길까 봐 감옥 간 적 있다고 체크했죠. 비자 인터뷰에 갔더니 영사가 눈이 동그래지더라고. 하하하. 민주화운동 명예회복 서류랑 판결문 다 영어로 번역해서 제출했어요. 그랬더니 한국정부에서 잘못을 시인하고 명예회복 시켜주고 보조금까지 지급 했으니 별문제 없을 거라 했어요. 그런데 비자 나오기까지 4개월이나 걸리더라고. 여러 가지 조사를 다 한 거 같아요. 비자 내주면서 미안하다고 전화가 왔더라고요. 그렇게 2008년 6월에 미국 왔어요. 이제 이민 9년밖에 안 되죠.

처음 몇 년은 제가 정식으로 일 할 수 있는 워크 펄밋Work permit. 취업 허가증이 없으니까 일을 안 하고 있었죠. H1 비자나 영주권이 있어야 워크 펄밋이 생겨요. 그래서 한 6년 동안 쉬었죠. 2년 반 전에 영주권 받고 그때부터 일을 했어요. 데이비드 류 LA 시의원 선거운동도 하고, 3~4개월 키와 KIWA, 한인타운노동상담소 스탭으로 한 3개월 있었고.

미국 와서 7년 동안 LA 한인타운 아파트에 살았어요. 2년 전에 영주권 받고 집 사려니까 아파트 가격이 확 올라서 LA 한인타운에는 도저히 살 수가 없더라고. 한인타운 남쪽에 큰집이 싸게 나왔길래 그걸 사서 이사했어요. 동네에 전부 흑인들이에요.

이민 1세는 영원한 외국인

저는 사실 LA에서 버스노조 하고 싶었어요. LA시에서 운영하는 LA메트로버스가 있는데, 거기 들어가려면 영어면접을 봐야 해요. 듣기, 읽기, 쓰기. 그것도 힘들고 한국에서 버스 운전한 경력도 인정 안 해줘서 지금 유니언뱅크 출퇴근 셔틀버스 한지 1년 2개월 됐어요. 그런데 대형버스는 허리에 부담이 돼서 이번 달부터 셔틀버스는 파트타임으로 오전만 하고 오후는 우버해요.

어려운 점이, 일은 하고 싶은데 일할 자격도 안 되고 여건도 안 된다는 거예요. 셔틀버스 타는 직원들 보면 백인, 라티노, 흑인 다 섞여 있어요. 영어로 이야기해야 하는데 제가 가끔 못 알아들어요. 언어장벽, 영어 소통문제가 가장 커요. 이민 1세들은 어쩔 수 없는 거 같아요. 여기서 태어난 2세들은 다른데, 1세들은 영원히 외국인이죠.

그래도 미국 오니까 해방감을 느껴요. 국가보안법 때문에 피해 안 겪어 본 사람은 몰라요. 여기 와서 북한 책들도 보고 궁금했던 것, 의문스러웠던 것들 마음껏 알아봤죠. 미국엔 국가보안법이 없으니까.

한국계 미국인이 될 것인가, 미국에 사는 한국인이 될 것인가

　미국 와서도 계속 민주화, 노동운동에 관여하면서 통일 운동에 처음 발 디디게 되었어요. 미국에 해방 전후사를 겪은 사람들, 북한을 국가로 인정하는 사람들이 많아요. 미국 이민 1세들 중에 고향이 북쪽이거나 이산가족인 사람이 많았어요. 6·25 때 월남했다가 한국에 적응을 못 해서 미국에 오신 분들도 계시고 남쪽 출신인데 박정희 시대 때 억압을 피해서 온 분들도 있고. 그런 분들과 함께 '동포연합'에서 활동했어요.

　재미동포 전국 연합회, 약칭 동포연합이라고 하죠. 일본의 조총련하고 비슷하다고 보면 됩니다. 북한과 교류가 있어서 한국에서 친북 단체라고 이야기해요. 동포연합의 주 사업은 이산가족 찾기 사업이었어요. 예전에는 북한에 이산가족 상봉하러 한 번에 100명씩 가고 했다더라고요.

　그러다가 미국에서 90년대 논쟁이 된 게 동포운동의 진로가 무엇이냐는 거였어요. 우리는 '코리언 아메리칸(한국계 미국인)'인가, '코리언 인 아메리카(Korean in America)', 그러니까 '미국에 사는 한국인' 인가. 동포 대부분이 미국 시민권을 획득하고 미국에서 살아가고 있는데 미국이라는 국가를 위한, 미국 사회를 위한 운동을 할 것인가, 아니면 한국을 위한 운동을 할 것인가에 대한 논쟁이 있었어요.

　하지만 한인 단체들 자체가 1세 중심의 모임이에요. 제가 여기선 젊은 세대에 속하니까요. 결국, 우리 1세들은 이곳의 한인 커뮤니티 속에서 코리안 인 아메리카로 살아가요. 그리고 북쪽이 고향이거나 이산가족 이였던 분들은 이제 거의 돌아가셔서 동포연합의 주요 이슈는 이산가족 문제에서 '북한 바로 알기'로 바뀌었어요.

하지만 2세들은 달라요. 미국이 자기 고향이고 자기 나라고. 한국어보다 영어가 편하고 사고방식도 달라요. 그런 사람들은 코리언 아메리칸으로서 미국에서 미국 사회의 변화를 위해 운동하는 거죠.

4장

지나온 길,
그리고 가야할 길

세계 최대 한인타운이 미 서부 지역에 있지만, 사실상 한인은 미국 3억 인구 중 1%를 차지하는 미국 사회 소수민족 중의 소수민족이다. 그러나 미주 한인들은 차별과 수적열세를 딛고 미국 사회의 진정한 일원으로 성장해 왔다.

초기 한인 이민자들의 경우 일제 치하의 고국에서 생존을 위해 이민을 택한 것이었다. 그렇기에 초기 이민자들 모두가 독립운동가였고, 미주 한인사회는 독립운동을 통해 결집했다. 공동의 목적과 열망이 있었기에 초기 이민자들은 미국에서 인종차별을 당하고 언어와 문화의 장벽에 부딪혀도 한인 커뮤니티로 뭉쳐 함께 어려움을 이겨낼 수 있었다. 그러나 한인 이민자들은 견고한 법적, 제도적 차별에서 벗어나기까지 힘겨운 시간을 견뎌내야만 했다.

미국에 이주한 한인들은 1952년 맥캐런-월터 이민법McCarran-Walter Immigration Act이 통과된 이후에야 비로소 미국 시민권을 획득할 수 있게 되었다. 맥캐런-월터 이민법이 통과되기 이전에는 초기 사탕수수 농장 이민자들과 그들의 가족을 제외한 모든 아시아인에게 시민권이 부여되지 않았다. 또한, 시민권을 보유하고 있다 하더라도 아시아인은 미국의 11개 주에서 토지를 구입하거나 소유하거나 임대할 수 없었고, 26개 주에서는 노후 연금을 받을 수 없었으며, 뉴욕에서는 지정된 27개의 직업을 가질 수 없었다. 1950년까지만 해도 미국의 15개 주에서 백인과 타 인종의 결혼이 금지되어 있었다.

이러한 비백인계 소수민족을 대상으로 한 차별적 제도는 1960-70년대 미국 민권운동의 시대를 거치며 점차 없어져 갔다. 그리고 그 가운데는 자신들이 겪은 차별을 자신의 아이들이 겪지 않게 하겠다는 초기 이민 2세들의 노력이 있었다. 경북 출신 사진 신부의 자손인 알프레드 호연 송은 1962년 아시아인 최초 캘리포니아 주 하원의원에 당선되었고 아시아인 차별 금지법 등을 제정해 소수민족의 권익 신장에 기여했다. 미주 한인들은 생존을 위한 정착의 과정을 지나 미국 다인종 사회에서 자신의 자리를 확보하고 깊게 뿌리 내리기 위한 움직임을 시작한 것이다.

코리안 아메리칸들은 100여 년의 시간 동안 미국 사회에서 정치력이 법에 우선한다는 것을 깨달았다. 특히 1992년 로스앤젤레스 4·29폭동을 통해 소수계로 살아가는 이민자들에게 정치력이 얼마나 중요한 것인가를 뼈저리게 깨달았다. 코리아타운이 불타오르고 흑인들이 약탈과 폭력을 일삼는데 경찰 인력들은 백인 부유층 지역으로 폭동이 확산되는 것을 막기에 급급했다. 피해자가 거리에 나뒹구는데 가해자도 처벌도 없는 기이한 현상이 벌어졌다. 엄청난 피해를 당하고도 자신들을 대변할 정치력이 없어 배상과 보상도 제대로 받지 못한 한인들은 한인 커뮤니티의 현실을 진지하게 돌아보기 시작했다.

4·29 폭동 현장을 목격한 한인 1.5세 2세들이 한인 사회에 관심을 가지게 되고 비영리단체 전문가로 성장하기 시작한 것이다. 이러한 배경에서 한인의 정치력 신장을 위한 유권자 운동이 시작되었으며 소수인종 연대와 이민노동자들의 권익을 대변하는 '한인타운노동연대'와 같은 단체들이 생겨나기 시작했다. 오늘날 로스앤젤레스 한인회를 비롯한 많은 코리아타운 내 단체들은 지역 내 다문화 공생을 통한 코리아타운 발전과 한인들의 미국 주류사회 진출 및 다민족 연대를 위해 일하고 있다.

4장 '지나온 길, 그리고 가야 할 길'은 미주 한인 이민 100년의 역사와 앞으로 다가올 다음 100년에 대한 이야기이다.

"코리언 아메리칸의 뿌리, 대한인 국민회"

대한인국민회기념재단 / 권영신 이사장, 민병용 학술위원장

　미주 한인 이민사가 114년에 달하는 만큼 미국 내에는 한인 이민사 및 독립운동사와 관련된 유적들이 많다. 우리는 그중에서도 미주 한인 사적 1호로 불리는 대한인국민회 기념관을 찾았다. 로스앤젤레스 코리아타운 내 1368 W. 제퍼슨가에 위치한 대한인국민회 기념관은 1938년부터 대한인국민회 북미총회본부로 쓰이던 건물로, 1992년 LA시에 의해 역사기념물 548호로 지정되었다.
　기념관 안으로 들어섰을 때, 대한인국민회 현판이 우리를 지그시 내려다보고 있었다. 나는 역사적 현장에 와 있다는 벅참과 함께 이역만리 타지에서 고국을 위해 피땀 흘려 노력한 내 선조들의 노고에 숙연함을 느껴 한동안 현판과 태극기에서 눈을 뗄 수 없었다. 1938년부터 그 자리를 지켜온 현판은 독립이라는 숙원을 이뤄내고 오늘날까지 자신의 자리를 지키며 초기 이민자들의 정신을 기리고 있었다.
　1909년 조국 독립운동을 목적으로 창립된 대한인국민회는 해외 한인 단체의 대표로서 북미지방 총회와 하와이지방 총회, 멕시코, 만주, 러시아 등 5개 지방 총

회와 더불어 116개의 지방회를 두고 있는 무형의 국외 임시정부였다. 상해임시정부 수립 이후부터는 독립기금을 모아 임정을 재정적으로 지원하며 독립운동을 이어나갔다.

 더욱이 대한인국민회는 활발한 미국 내 정치외교 활동으로 인하여 미 정부가 한국 이슈를 협의하는 주체로 인정받기에 이르렀다. 일제강점기 당시 일본 영사관에서 미주 한인들의 관할권을 주장했지만 1914년 미 정부는 대한인국민회를 미주 한인들의 대표단체로 인정하여 정식 관허장을 발급하였다. 그로 인해 오늘날 미주 한인회들은 그 정신적 뿌리를 대한인국민회에 두고 있으며 현재 대한인국민회 기념관은 '살아있는 역사교육의 현장'으로서 미주 한인 역사를 알리는 데 힘쓰고 있다.

나라 잃은 미주 한인들의 임시정부

대한인국민회는 미주 한인 이민 역사상 가장 자랑스럽고, 가장 대표적이고, 최고인 한인 단체입니다. 미주 한인 단체의 대표로 미주 독립운동에 가장 큰 역할을 한 곳입니다. 그 전에 미주 독립운동 단체로 1902년 도산 안창호 선생이 만드신 공립협회와 을사늑약을 계기로 1907년 하와이에서 결성된 합성협회가 있었어요. 1908년 3월, 샌프란시스코에서 일어난 장인환 · 전명운 의사의 친일 외교관 스티븐스 암살 의거를 계기로 미주 한인들 사이에서 미주 독립운동 대표단체를 만들자는 움직임이 생겼고, 그 결과 1909년 2월 공립협회와 합성협회가 합쳐져서 대한인국민회가 탄생했습니다.

대한인국민회는 1919년 3·1운동 후 상해 임정이 만들어지기 전까지 해외 임시정부 역할을 했고, 상해임시정부가 만들어진 후에는 임정을 재정적으로 지원했습니다. 미국 정부도 대한인국민회를 미주의 모든 한인을 대표하는 최고의 단체로서, 미국 정부의 공식적인 대화 채널이 될 수 있는 단체로 인정했어요. 당시 하와이와 미국 본토, 멕시코에 있던 한인들은 대한인국민회가 한인을 대표하는 기관, 정부라고 생각했기 때문에 대한인국민회에 세금을 냈죠.

　1930년대는 본토로 이주한 초기 이민자들이 중가주를 거쳐 남가주로 많이 이주했어요. 1920-30년대에 로스앤젤레스 한인사회가 계속 성장해나가니까 샌프란시스코에 있던 대한인국민회 북미 총본부를 1938년 4월 17일 로스앤젤레스에 위치한 현재 이 건물로 이주했습니다. 1941년부터 1942년까지 미국에 있는 모든 독립운동가들이 참여한 '재미한족연합위원회'를 구성해 바로 이 자리에 모여서 우리가 빨리 나라를 찾자, 나라를 찾은 다음에는 어떤 나라를 만들 것인가 협의했습니다.

미주 독립운동사의 중심지

　국민회는 다양한 운동 방향을 가지고 있었습니다. 1942년에 재미한족연합회 대표들이 상해 임시정부 허가를 받고 바로 이 자리에서 미국 내 한인 군대를 만들어요. 맹호군, 타이거 유닛이라고 캘리포니아주에 한인들로 조직된 한인국방경위대를 만들었어요. 한편 재미한족연합회에 참석한 동지회 이승만 박사는 "어떻게 군대로 나라를 찾느냐? 어떻게 우리가 사람을 죽여서 독립하는가? 미국을 움직이고 국제연합을 움직여서 외교를 통하는 길만이 나라를 찾는 길이다."고 주장했죠.

　정말 불행하게도 당시 독립운동단체들 사이에 심한 갈등이 있었어요. 국민회는 도산 안창호 선생이 주축이었고, 동지회는 이승만 박사가 주축이었는데 각 단체에

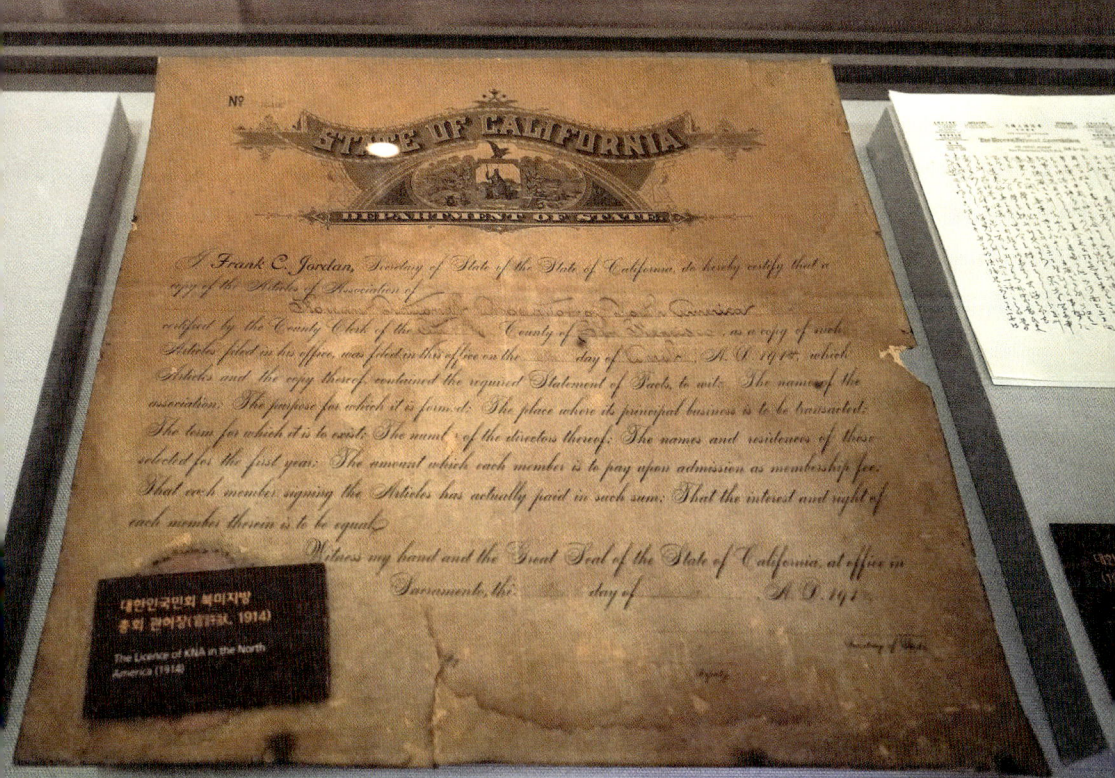

대한인국민회 북미지방총회 관허장, 1914년

일본정부에서 미주 한인들의 관할권을 주장했지만
미 정부는 대한인 국민회를 미주한인들의 대표 단체로 인정했다.

속한 사람들이 서로 보면 인사도 안 했어요. 과거를 되돌아보면, 독립운동이 큰 역사를 만들었지만 지도자들이 협력과 통합된 모습을 보이지 못했죠. 그래서 이곳을 찾은 학생들에게 "미주 독립운동은 안타깝게도 대한인국민회와 동지회라는 계파로 갈렸습니다. 이제 더는 한국에 계파정치가 있어선 안 됩니다."라고 말해요.

2차대전 때 캘리포니아주에서 조직된 한인국방경위대 맹호부대 사열식 모습. 앞줄 오른쪽 일곱 번째가 재미한족연합위원회 국방과장이며 참위 계급의 송헌주(1942년 4월 26일)

배달 사고 한번 없었던 비밀스러운 활동

국민회가 한 것 중 최고의 활동은 (독립) 자금을 모으는 거였어요. 미국에서 국민회가 임시정부에 해당하는 기관이었기 때문에 한인들이 국민회에 (세금과 같은 형태로) 매년 의무금을 냈어요. 그렇게 모금된 자금이 3만600달러, 약 5억 원에 달합니다. 그 돈으로 구미위원부 및 상해 임시정부를 지원한 거죠.

백범 김구 선생이 상해임정의 의열활동을 위해 돈이 필요하다고 친필로 미국에 편지를 보냈어요. 그래서 이토 히로부미를 저격한 안중근 의사 변호 비용도 여기서 다 대고, 이봉창 의사가 일본으로 의거하러 갈 때, 윤봉길 의사가 폭탄을 던질 때 들어간 비용을 다 미국에서 보낸 것으로 충당했어요. 대한인 국민회가 상해 임시정부를 돕지 않았으면 1945년 해방될 때까지 임시정부가 어떻게 살아남았겠습니까.

대한인국민회가 모금한 독립자금은 철두철미하게 비밀리에 독립단체로 전달되었습니다. 배달 사고 한번 없었어요. 그만큼 조직이 아주 비밀리에 활동을 잘 했다는 거죠.

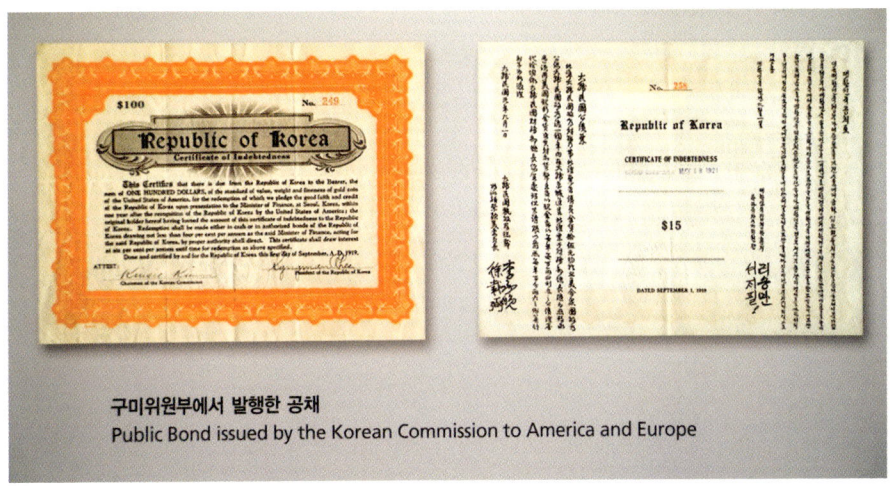

구미위원부에서 발행한 공채
Public Bond issued by the Korean Commission to America and Europe

미주 한인들이 이어온 명맥과 정신

조국이 독립을 맞고, 1970년대부터 여기서 독립운동하신 분들이 한 분 한 분 돌아가시기 시작했어요. 1960년대에 독립운동 지도자들이 모여 "우리가 이제 떠날 때가 되었으니, 독립운동 정신과 유업을 후대에 남겨주자."라고 합의했죠. 그래서 1978년에 바로 옆에 위치한 나성한인연합장로교회에 건물 유지 및 관리를 위임하고 팔았습니다. 국민회 임원들이 교인이고, 교인들이 대한인국민회 회원이었거든요.

그 후 2003년 1월 13일, 미주 한인 이민 100주년을 맞아 이 건물을 복원하고 기념관을 조성하기로 했어요. 복원 과정에서 한국독립기념관의 도움을 받아서 이렇게 전시실을 조성하고 역사교육의 현장으로 만들었죠. 2003년부터 '대한인 국민회 기념재단'을 발족하고 이곳의 새로운 명칭을 '대한인 국민회 기념관'으로 명명

해서 오늘날까지 저희가 이곳을 관리하고 봉사하는 일을 맡고 있습니다. 현재 10분의 이사님들께서 자원봉사하고 계십니다. 건물 관리는 나성한인연합장로교가 맡아주고, 대한민국 정부 국가보훈처가 이곳을 독립유적지로 지정하여 유지 보수를 도와주고 있습니다.

 이곳이 다시금 주목받게 된 것은 이 단체가 지금까지 현존하고 있으며, 미주 한인 독립운동사 자료들이 잘 보관되어 있기 때문이에요. 이곳에 당시 한인들이 사용한 여권을 비롯해서 국민회원 명부, 독립금 납부 영수증 및 납부자 명단 등 160여 점의 미주 독립 운동사 자료들이 전시되어 있어요. 이 자료들이 없었다면 여긴 껍데기에요.

3·1절이나 광복절 행사는 누구나 해요. 하지만 실제로 알맹이 있는 걸 하려면 중요한 게 콘텐츠잖아요. 이 자료들을 소중하게 보존하고 미주 한인 이민사를 알리는 게 저희 소명이죠.

2003년에 이곳 복원공사를 하다가 다락방에서 약 만여 점의 귀중한 유물들이 추가로 발견되었어요. 이민 초기 한글 교과서, 3·1운동 전후 대한인국민회 공문서 및 상해 임시정부 재정지원 내용 문서, 장인환 전명운 의사의 스티븐스 저격사건에 따른 변호사 비용 모금 내용 등 초기 미국 이민사와 독립 운동사를 연구하는데 유용한 자료로 평가받고 있습니다. 100년이 넘은 자료들이라 전문가들이 복원할 수 있도록 한국독립기념관 또는 USC대학에 위탁 보존하는 방법을 최종 조율 중에 있습니다. 한국에도 없는 자료들이 이곳에서 발견되었기 때문에 이 자료들이 있어야만 한국 독립운동사의 퍼즐이 맞춰져요.

신한민보를 발행했던 식자기

살아있는 미주 한인 역사 체험관

대한인국민회 기념재단은 LA 한인단체들과 연합해서 3·1절 기념행사를 하는 등 여러 활동을 하고 있습니다. 미주 독립운동 관련 세미나 개최뿐만 아니라, 미주 독립운동 현장 탐방 프로그램도 주최했죠. 그리고 오늘도 보셨다시피 수많은 학생들과 일반인들의 방문이 꾸준히 이어지고 있어요. 미리 연락을 주시면 이사들이 나와서 전시 해설을 하고 있습니다.

우리에게 주어진 분명한 사명은 미주 한인 1.5세, 2세에게 이민 역사와 독립운동 역사를 가르치고, 어린 친구들에게는 코리안-아메리칸의 정체성을 심어주는 살아있는 역사교육의 현장을 지켜나가는 것입니다. 오늘 오전에도 LA 한인타운에 있는 초등학교 학생들이 방문해서 역사를 설명하는데 한 학생이 질문을 하더라고요. "도산 안창호 선생님도 저 배를 타고 왔어요?"라고. 하하하.

이곳을 방문하는 많은 분들께서 정말 우리들이 알아야 할 것들을 알게 해줘서 감사하다고 말씀하세요. 그러니 저희가 소홀히 할 수가 없죠. 사명감을 가지고 대한인국민회가 지켜온 정신과 얼

을 한국에 있는 분들과 이곳 미주 한인들에게 알리는 게 저희의 할 일 이에요.

한국에 계신 분들께도 미주 독립운동사와 이민사가 잊혀서는 안 됩니다. 우리나라가 처음부터 잘 먹고 잘 살았던 게 아니라, 다 우리 선조들이 하와이 사탕수수밭에 와서 힘들게 일하시며 10의 3조를 내면서 독립운동자금을 내신 거예요. 귀중한 독립유공자요. 애국자인 그분들이 있었기에 지금의 대한민국이, 그리고 미주 한인들이 존재할 수 있다고 이야기하고 싶습니다.

미주 한인사회의 어제와 오늘

미주 한인 이민 역사가 이제 114주년이 되었습니다. 일반적으로는 미주 한인 이민사를 3기로 구분합니다. 1903년에서 1945년까지를 첫 번째 이민 물결이라고 합니다. 사탕수수 농장 노동자와 사진신부들이 주를 이루죠. 1948년부터 1965년 까지를 두 번째 이민 물결이라고 구분하며 국제결혼 이민자, 유학생, 전쟁고아들이 포함됩니다. 그리고 1965년 미국 이민법 개정을 기점으로 현재까지를 3기로 구분합니다.

1기 이민은 독립운동에 공헌하였고 2기 이민은 미국 유학 후 현지에 남아 한인사회를 구성하기도 하고, 한국에 돌아가서 각 분야에서 역량을 발휘하여 발전을 이끌기도 했습니다. 그리고 (동양인의 미국 이민을 제한하던) 이민법이 1965년 개정됨에 따라 1960년대 후반부터 오기 시작한 이민자들이 합쳐져 현재 미주 한인이 2백만을 넘어서고 있습니다. 벌써 3기 이민자의 자손이 4대에 이르고 있어요.

미주 한인 이민의 제일 큰 변화는 미국으로의 한인 이민이 점차 줄어들고 있다는 것입니다. 과거에는 아메리칸 드림을 품은 이민자들이 많이 왔는데 지금은 한국이 잘사는 나라가 되어서 이민이 줄어들고 있습니다.

또한 (이곳에서 태어난) 2세들은 주류사회와 깊숙이 동화되고 있어요. 곧 코리아 타운을 일군 1세대가 저물고 여기서 태어난 영어권 2,3세가 한인사회의 미래를 책임지게 되는데, 이들은 한국인이지만 80퍼센트가 미국적인 사고방식을 가지고 있어요. 이제는 한국인들만의 문화를 고수할 것이 아니라, 이제 미국의 다민족과 어우러지면서 우리 문화와 역사를 잘 지켜가야 해요.

그럴 때 문제가 되는 게 '코리안 아메리칸'의 정체성이죠. "당신은 코리안 입니까?"라고 물었을 때 "나는 아메리칸 입니다."라고 대답하는데, 코리안 아메리칸의 정체성을 어떻게 정립할 것인가 문제죠. (2세만 되어도) 한국어 사용이 점점 줄어들고, 코리언 아메리칸 3세로 가면 95%가 (미국 사회에) 동화돼요. 그렇기 때문에 앞으로 새 이민이 더 오지 않는 한 소수민족으로서 한국 문화와 정체성을 잘 유지하고 살 수 있을지 모르겠습니다. 다민족과 어우러지면서도 우리의 정체성을 잘 유지하는 게 한국 정부의 문제고, 차세대 교육의 문제고, 이곳 부모들의 문제가 아닌가 생각해요.

미주 한인 이민 100년을 넘어 200년을 향해

한인회가 우리의 후신이고, 대한인국민회가 바로 미국 한인의 뿌리에요. 과거를 소중히 하지 않으면 미래가 없잖아요. 그런데 LA에 일본 커뮤니티 박물관, 중국 커뮤니티 박물관, 남미 히스패닉계도 박물관이 있는 상황에서 우리가 아쉽게도 아직 한인 커뮤니티 박물관을 못 세우고 있어요. 1900년대 이민 오신 초기 이민자들과 그분들의 2세들이 이제 거의 세상을 뜨셔서 자료를 많이 못 모았어요. 그게 참 아쉽습니다.

2003년 미주 한인 이민 100주년 때 미국 전 지역에서 기념행사를 했어요. 그리고 워싱턴에서 100주년 기념 자료를 모아서 앞으로 200주년을 위해 보관하자고 했죠. 더 나아가서 광복 이후에 오신 분들도 연세가 많으셔서 세상을 떠나시는데, 2113년까지 이곳 한인 이민자들의 삶의 기록을 모아 또 다른 100년을 준비해야죠.

 우리가 해야 해요. 바로 그 역사가 미국에 살고 있는 소수민족의 역사고, 그래야 우리가 미국의 주인이 되죠. 기념관을 가지고 있으면서 자료를 수집하고, 차세대들을 교육해 역사의식을 깨우치는 것이 또 다른 100년을 맞기까지 우리의 과제인 것 같습니다.

민병용 / 1942년생, 1세, 서울특별시, 캘리포니아 주 LA

한국일보 LA특파원

저는 민병용입니다. 대한인국민회 학술위원장을 맡고 있고 1942년 서울에서 태어났습니다. 한국에서 연세대 정외과를 졸업하고 한국일보 서울 본사에 들어갔어요. 한국일보 기자 4년 차 때 즈음인 1973년에 문교부 유학시험을 보고 석사학위 공부를 위해 미국에 유학 왔어요. 대학원 다니던 중인 74년에 LA 특파원으로 발령 나서 그때부터 취재하러 다니다가 미국 초기 이민사에 눈을 떠서 하와이를 서른 번 가고, 전 미주를 다 다니면서 미주 이민사와 독립운동사, 여성사 자료들을 다 모았습니다.

당시 취재에 가장 중요한 단체가 LA 한인회, 그러니까 당시의 '남가주 한인회'였어요. 회장 및 이사님들이 25~30명 정도 되었는데 그중 연세가 아주 많으신 어르신 세 분이 계셨어요. 독립유공자이신 송철, 3·1운동 하고 오셔서 '만세 할머니'라고 불리던 백인명, 평양에서 여기 기독회의 참석하셨다가 영주하신 이화목 장로님, 이렇게 80대 한인회 이사님 세 분을 만나 뵙고 연세가 어떻게 되시는지, 미국에 언제 오셨는지 제가 여쭤봤어요.

1916년에 오셨다고 하셔서 제가 "1916년에도 미국에 한인들이 왔나요?" 여쭸어요. 그랬더니 "아, 그것보다 더 일찍 왔어. 1903년에 하와이로 7천여 명 와서 우리 노동하고 살았어." 거기서부터 시작해서 "왜 오셨어요?, 와서 무슨 일하셨어요?, 자녀교육은 어떻게 하셨어요?" 여쭤보았고 초기 이민에 대한 제 질문들이 시작되었어요.

'와!⋯ 내가 세상에 태어기도 전에 미국이라는, 우리가 말하는 새 천지, 새 땅에 우리들의 선조 개척자들이 오셨다. 어떻게 와서 어떻게 살았나?'라는 생각이 들었고 한인사회가 만든 또 다른 미국이 있었구나 깨닫게 되면서 기록과 자료를 모으기 시작했어요.

금광 같은 한국인맥

(초기 이민사를 취재하면서) 그걸 알아보려면 제퍼슨에 있는 대한인국민회를 가 보라는 이야기를 들었어요. 그래서 1976년 11월에 처음 대한인국민회를 알게 되었습니다. 그리고 2년 후 1978년 1월 13일에 하와이에서 미주 이민 75주년 기념 행사가 크게 있었어요. 그때 제가 한국일보 LA 지사 편집국장으로 참석을 했는데, '미국에서 내가 신문기자로서 해야 할 역사적인 큰 사명이 있구나.'라고 느꼈죠.

우리 이민사를 찾아내고 발굴하고, 미국에서 독립운동 한 기록을 찾아내야겠다는 생각이 들어 그때부터 제가 주 5일은 신문사 일하고, 주말은 남가주에 계시는 초기 이민자들, 하와이 노동이민자들 사진신부, 유학생, 정치망명하신 분들을 한 분 한 분 만나 뵙고 인터뷰해서 1978년부터 한국일보에 '미주 이민 초기 인맥을 캔다' 시리즈를 연재하기 시작했어요. 그때부터 5년간 기사연재를 하며 하와이, 초기 한인들이 많이 일했던 샌프란시스코 중가주 농장지대에 위치한 다뉴바, 리들리도 많이 갔어요.

제일 중요한 게 그분들이 한 분 한 분 돌아가세요. 제가 장례식에 가서 유족들께 기자라고 설명드리고 "귀한 분께서 돌아가셨는데 글을 쓰고 싶으니 자료를 주시면 복사하고 돌려드리겠습니다."라고 하면 다들 마음의 문을 여세요. 그렇게 계속 초기 한인 이민사 자료 모으며 글 쓰고, 책 쓰는 일을 계속 해왔어요. 초기 이민사 인터뷰하며 모은 사진, 일기, 편지 들을 하나하나 귀하게 생각해서 보관하고 있습니다.

나에게 맡겨진 소명

저는 1970년에 한국에서 결혼해서 아들 둘이 있었어요. 1973년에는 저 혼자 유학 왔습니다. 1년 후 74년에 학생비자로 집사람을 초청했고 75년 아이들이 왔어요. 그리고 미국 온 뒤 77년에 아들 하나 낳아서 지금 아들만 셋이에요.

아마 저는 이민사를 몰랐으면 1~2년 공부하고 바로 본사로 돌아갔을 거예요. 당시는 미국 독립운동사 자료도 거의 없었어요. 관심도 없었고. 80년대부터 한국 학자들이 미주 독립운동사에 관심 갖기 시작했죠.

저는 불현듯 유학으로 미국에 왔다가 이민사에 눈이 뜨여서 미주 이민사를 정리하고 때가 되면 멕시코, 쿠바로 이어지는 한인 이민사를 알려야겠다고 생각했어요. 더 나아가서 러시아와 중국 동포들에 대해서도 조사하고 알려야겠다고 마음먹었죠. 내가 미국에 온 것은 한인 이민사를 알리라는 사명이나 소명이었지 않나싶어요. 그래서 제가 빨리 미국 시민권을 따서 한국 사람이 가지 못하는 멕시코, 쿠바, 러시아, 중국 이민역사를 조사해야겠다는 생각으로 1985년 시민권을 받았어요. 그렇게 이민 선조들 발자취를 따르다 오늘날까지 왔어요.

미주한인역사 연구자로서의 바램

이때까지 소명을 가지고 살아왔는데 이제는 나이가 먹으면서 다시 한국으로 돌아가서 여생이라 할까, 노후는 내 고향, 내 나라, 조국에 가서 편안히 살다가고 싶은 마음이 있어요. 그런데 가기 전에 해야 할 일이 있어요. 제가 가기 전에 좋은 (한인 커뮤니티)박물관이 세워졌으면 좋겠어요. 이 자료들을 혼자 가지고 있기가 심히 죄스러워요. 훌륭한 박물관이 세워지면 많은 연구자들이 나올 겁니다.

요즘 한국 언론과 역사학자들이 미주 초기 이민사와 오늘의 이민사에 많은 관심을 가져주셔서 참 감사해요. 이제는 저희가 미국에 살고, 한국에 살고를 떠나서 같은 (지구촌) 생활권이니까 이곳의 역사를 한국에서 많이 연구하고, 미국의 우리 자손들도 한국을 더 공부하길 바래봅니다.

과거 독립운동사가 위대한 미주한인 역사를 창조해 내었지만, 앞으로 차세대들이 새로운 역사를 발전시켜 나가야해요. 대한인국민회가 과거의 독립 운동사를 뛰어넘어 또 다른 우리 미래 역사를 만들어내는 곳이 되어 역사 저술과 세미나 등 활동을 이어나갔으면 좋겠습니다.

그리고 또 제가 바라는 것은 한국의 많은 대학생들이 미국에 와서 LA 한인타운도 보고, 국민회 기념관도 보고, 샌프란시스코에 가서 흥사단도 보고, 오늘의 이민자들이 사는 것도 보았으면 좋겠습니다. 또 여기서 태어난 2,3세들도 방학 때 한국을 방문해서 한국과 미국의 역사 공감대가 형성되면 좋겠습니다.

앞으로 30년, 50년 후에 미국의 대통령으로부터 부통령, 국무장관 등 우리 코리안 아메리칸 리더들이 나올 기회가 얼마든지 많습니다. 또 여기서 공부한 학생들이 통일 코리아에 가서 장관도 할 수 있고, 교수도 할 수 있겠죠. 그 과정 속에서 세계적으로 뛰어난 미국과 한국 지도자들이 나온다면 자랑스러운 한인사회가 이뤄진다고 생각합니다.

권영신 / 1945년생, 1세, 대구광역시 남구 봉덕동, 캘리포니아 주 LA

미국에서 일하던 처제의 초청

저는 권영신입니다. 1945년 3월 1일 생이고 제 본적은 대구 남구 봉덕동입니다. 할아버지 본적은 안동이에요. 저는 이민 오게 된 계기가 가족 초청이었습니다. 당시 우리 처제가 여기 간호원이었어요. 처제는 1970년 즈음 미국 왔던 거 같은데, 여기 와서 시민권자가 되어 가족을 초청해서 저희도 1980년 미국 이주했습니다. 처음에 뉴저지로 와서 한 30년 살다가 LA에 온 지는 아직 10년이 안 돼요.

우리 아이들이 2학년, 4학년 요럴 때였죠. 80년대만 하더라도 한국이 그렇게 넉넉한 나라가 아니었어요. 미국가면 아이들을 자유롭게 공부 시킬 수 있을 거 같았고 미국에 대한 동경도 있었죠. 집사람이 외국계 은행을 다녀서 전적으로 미국 오기를 희망했어요. 저는 사실 오기 원치 않았는데 가족이 간다고 하니까 미국에 오게 되었습니다.

당신의 산타아나스는 무엇입니까

그때 이민 오는 사람들 대다수는 전문직이 아닌 이상 한국에서 뭘 했든 미국 오게 된 동기를 보면 뭐 확실한 것이 없어요. 다들 여기서 부딪혀서 살아남은 거죠. 미국에는 이런 말이 있잖아요. '공항에 마중 나오는 사람이 누구냐에 따라 잡job, 직업이 결정된다.' 한국에서 집사람은 외국 은행에 일하고, 저는 화공약품 수입업체를 했었는데 여기오니까 (한국에서 하던걸) 단번에 할 수 있는 건 아니어서 처음에는 다른 이민자들처럼 소규모 사업을 시작했죠.

뉴욕의 보석가게

제일 처음 와서 저는 뉴욕에서 보석가게를 했어요. 한국 사람을 대상으로 한 건 아니고, 쥬이시Jewish, 유대인가 60년 하던 가게를 받아서 했어요. 보석에 대한 지식이 아무것도 없었지만 그 보석가게를 10년 정도 했습니다.

그 당시에 뉴욕은 굉장히 험했습니다. LA는 잘 모르겠는데, 뉴욕 거리에 나가면 흑인들이 마약에 취해서 낮에도 휘청거리고 그럴 때였어요. 그런대로 비즈니스도 열심히 하면서 아이들도 학교 잘 보내고 했는데 보석가게를 10년하고 그만뒀습니다. 당시에 세 번 정도 죽을 경험을 한 게 계기가 되었어요. 대낮에 권총강도가 한꺼번에 세 사람씩, 네 사람씩 들어와요. 그래서 제가 보석가게에 있을 때 항상 권총을 차고 있었어요. 백인이 사는 좋은 동네인데도 그랬어요. 미국에 털기 좋은 곳 1순위가 개인 주얼리 스토어에요. 은행은 시큐리티security, 경비도 있는데 개인 가게는 없잖아요. 그래서 언제 권총강도가 들어올지 몰라요. 안 그랬으면 계속 그 비즈니스를 했을 텐데 10년 하면서 대낮에 권총강도가 들어서 두서너 번 죽을 뻔했어요. 마지막에 생각한 게 이 길이 편하지만 하나님이 못하게 하는구나, 너무 위험한 비즈니스다. 그래서 다른 비즈니스 시작했습니다.

모험심이 강한 사람

그 이후에 1997년 다시 한국에 나가서 8년 정도 최첨단 통신 관련 벤처기업을 했습니다. 한국 가서 일하는데 6-7개월 있다 IMF가 터져서 굉장히 어려웠어요. 아이들은 미국에 있었는데 우리가 이산가족이냐고, 이제 우리 결혼도 해야 하고 부모님 들어오시라고 해서 모든 걸 접고 2005년 다시 미국으로 돌아왔습니다.

그런데 지인이 미국에서 사업을 해보고 싶은데, 선배님 LA로 오시면 안 되냐고 하더라고요. 제가 모험심이 좀 있어요. 그래서 제가 두말 안 하고 가방 싸서 내 혼자 먼서 (LA로) 왔어요. 그러다가 LA온 다음해에 여기 대한인국민회 이사로 계시던 분을 알게 되었어요. 그분이 LA에 굉장히 중요한 단체가 있다. 와서 일을 좀 해보라고 하셔서 2008년 대한인국민회와 인연이 되었어요.

로스앤젤레스 오기 전에는 대한인국민회에 대해 전혀 몰랐습니다. 처음에는 아무것도 모르고 참여해서 이사를 했는데, 2015년에 이사장직을 맡고 보니 이 단체가 너무너무 중요한 단체에요. 이러한 역사적 사실과 자료를 백업해 두지 않았다면 대한인국민회는 콘텐츠 없는 껍데기나 마찬가지였을 거예요.

한국어는 꼭 가르쳐야해

초기 이민 2세들과 도산 안창호 선생의 자손들이 모이는 파이어니어 클럽은 이미 5세까지 있고, 우리 밑으로는 지금 3세 4세까지 있죠. 그런데 초기 이민자들 후손분들은 한국어를 못하세요. 도산 안창호 선생님 아들도 한국어를 못한다 말이에요. 우리 손자들은 교회학교에 가서 한국어를 배우기는 하지만, 우리와 생각이 달라요. 아이들이 한국말을 좀 한다 하더라도, 사실 아이들이 겉은 코리안 아메리칸인데, 속 알맹이는 미국인이에요. 우리 아이들은 한국말을 하지만도 영어가 더 편하고 문화적으로는 미국에 더 가까워요.

우리가 2세들에게 한국적인 걸 기대하면 실망할 수밖에 없어요. 미국 속에서 다양한 민족들과 함께 살아가는 코리안 아메리칸이죠. 하지만 쥬이시처럼 한국인들도 코리안 아메리칸이라는 걸 자랑스럽게 이야기할 수 있어야 하는데, 나중에 그것마저 지워질 수 있는 때가 온다는 거죠. 부모가 정체성을 확실히 가지고 있고 교육을 하지 않으면 다 잊는 거예요.

일찍 이민 온 많은 1세들이 자식들 영어교육을 위해 한국어를 안 가르쳤어요. 그런데 다들 후회해요. 애들이 전혀 한국어를 못 하는 거예요. 그런데 거기서 끝나는 게 아니라 언어가 통하지 않으면 (부모 자식 간) 소통이 전혀 되지 않아요. 그래서 세대갈등이 심한 거예요.

우리가 '당신은 코리안이다.'라고 최소한 정체성은 알려줘야 해요. 한국어도 가르쳐야 한다고 생각해요. 그리고 이곳에 자신이 한국인이라는 걸 부끄럽게 생각해서 정체성을 잘 드러내지 않는 사람들이 있는데 우리가, 한인 커뮤니티가 그들에게 어떻게 비쳤는가를 생각해 봐야 해요. 오늘도 제가 대한인국민회 기념관에 온 아이들에게 "너희들 중에 제2의 도산 안창호가 나올 수 있어. 너희가 이곳을 위해 봉사할 수 있을 거야."라고 말해주었습니다.

"나의 뿌리가 있는 그곳"

레슬리 로즈 송 / 1943년생, 초기 이민3세, 캘리포니아 주 로스앤젤레스

　1904년 이래 미국 땅에 뿌리내린 초기 이민자들의 눈물 어린 노력은 결코 물거품이 되지 않았다. 사탕수수 노동자들이 피땀 흘려 번 돈은 상해임시정부로 전달되어 오늘날의 대한민국이 있게 했고, 사진 신부들이 자녀 교육에 쏟았던 열정은 오늘날 미 주류 사회 곳곳에 진출한 초기 이민 2세와 3세들로 그 결실을 맺었다.
　우리는 그 결실 중 한 명인 초기 이민 3세 레슬리 로즈 송을 만났다. 그녀는 LA 정치계에서 오랫동안 활동한 정치 PR 컨설턴트로, 전 LA 시의원 데이비드 커닝햄을 비롯하여 맥신 워터스 현 미국 연방 하원의원 등 많은 정치인의 선거 캠페인을 담당했다. 그녀는 사회정의 실천에 적극적이었던 할머니와 아시아계 최초 주의원이었던 아버지의 영향으로 정치계에 입문하게 되었다.

할머니 송정윤 여사는 경북 청도 출신으로 1914년 17세 때 사진 신부로 하와이에 왔으며 한국전쟁 이후 고국으로 돌아가 전쟁고아들을 돌보는 고아원을 설립하였다. 아버지 알프레드 호윤 송은 1962년 아시아계 최초로 캘리포니아 주 하원의원이 되었고 후에 상원의원이 되어 미주 한인 및 아시아계 정치사에 큰 족적을 남겼다.

그녀는 '정치는 우리의 문제를 해결해 나가는 과정'이라는 신념을 가지고 소수민족과 여성의 사회 활동에 제약이 많았던 60년대부터 자신과 같은 신념을 가진 정치인들을 도와 열정적으로 정치 캠페인을 펼쳐왔다. 인종차별과 성차별이 만연한 가운데서 치열하게 살아온 그녀는 노년에 들어서야 여유를 찾고 자신의 뿌리를 찾기 시작했다. 한국어도 배우고, 한국에서 살아보기도 했다.

어린 시절 코리아타운에서 자란 그녀는 오랜 시간 코리아타운과 한국 커뮤니티의 발전을 지켜봐 왔다. 미국 주류사회에 진출하여 어엿한 미국 사회의 일원으로 인정받고 있는 한인들을 보며 그녀는 뿌듯함을 감출 수가 없다.

하와이에 정착한 할아버지와 할머니

저는 레슬리 로즈 송입니다. 1943년 캘리포니아주 로스앤젤레스에서 태어난 코리안 아메리칸 3세입니다.

할아버지는 1904년에 사탕수수 농장 일꾼으로 오신 부모님을 따라 하와이에 왔어요. 할머니는 고등학교를 졸업하고 17세에 사진 신부로 하와이에 오셨어요. 한국에서 행복한 삶을 도저히 꿈꿀 수 없었다고 했어요. 일본을 정말 좋아하지 않으셨거든요. 할머니는 1914년 한국을 떠나오셔서 전쟁이 끝난 후인 1955년까지 한국에 돌아가지 못하셨어요.

저는 할아버지를 한 번도 만난 적이 없어요. 두 분은 하와이에 계실 때 이혼하셨고, 아버지가 로스앤젤레스의 대학에 진학했을 때 할머니도 이곳으로 오셨어요. 우리 가족은 할머니가 한국에 돌아가시기 전까지 같이 살았어요. 할머니는 매우 신앙심 깊은 사람이셨고 제가 13살 때 한국에 돌아가서 전쟁고아들을 돌보는 고아원을 세우셨어요. 그 고아원이 현재의 하남고등학교에요.

레슬리 씨의 증조부모님과 조부모님 가족.
의자에 앉아있는 두 분이 증조부모님이고, 왼쪽에 서있는 남성이
할아버지 송진구 씨, 오른쪽에 서있는 여성이 할머니 송정윤 씨다.
나머지 아이들은 할아버지 송진구씨 남매들이다.
1917년 하와이에서 촬영.

레슬리씨와 할머니 송정윤 씨. 1953년

한인교회 교인들고 함께 피크닉 중인 할머니 송정윤 씨. 1953년

1000명의 한인이 살던 LA 코리아타운

아버지는 1919년 하와이 와이하와 플랜테이션에서 태어났어요. 후에 서던 캘리포니아 대학을 졸업하고 변호사로 일하셨어요. 아버지는 가정적이었고 똑똑했어요. 어머니는 새크라멘토에서 태어나셨어요. 외할아버지는 쌀농사를 하셨고 외할머니는 엄마가 3살 때 돌아가셨어요. 그 후 가족들은 캘리포니아주 중부로 이사했어요. 당시 리들리Reedley, 다이뉴바Dinuba에 한국인들이 많이 살았거든요. 엄마는 고등학교를 졸업하고 로스앤젤레스에서 간호학교를 나와 간호사가 되었어요.

미 공군으로 근무하던 시절 아버지와 어머니. 1940년   서던 캘리포니아 대학교 재학 당시 아버지. 1941년

저는 어린 시절에 렌트한 오래된 집에서 자랐어요. 우리는 (동양인이기 때문에) 집을 소유할 수 없었거든요. 1950년대 후반까지 로스앤젤레스에 살았는데, 지금의 코리아타운 중심부와 가까운 곳이었어요. 그때도 코리아타운이라고 하긴 했는데, 정작 한국인은 1,000명 정도로 아주 적었어요. 그래서 한국인 이웃들이 별로 없었어요.

옆집에는 일본인 가족이 살았었는데 저는 2차 세계대전에 대해서 전혀 몰랐고, 일본의 식민정책에 대해서도 전혀 몰랐어요. 저에게 그들은 그저 좋은 이웃이었죠. 다른 편 옆집에는 흑인 가족이 살았고 건너편에는 여자 두 명이 살았는데, 지금 와서 생각해보니 레즈비언 커플이었던 거 같아요. 그리고 멕시칸 가족도 있었어요. 굉장히 다양한 사람들이 함께 사는 융합된 지역이었죠.

레슬리씨와 부모님. 1943년

할로윈 분장을 한 레슬리 씨 가족. 1954년

미국 정치에 입문한 아버지

당시 (시민권을 가지고 있더라도) 아시아인이 부동산을 소유하는 건 불법이었어요. 아버지는 산 페르난도 밸리 San Fernando Valley, 반 누이스 Van Nuys 등 캘리포니아의 여러 지역에서 주택구입을 알아보았지만 불가능했어요. 그래서 우리는 1960년에 당시 개발이 막 시작되어 새집들이 많고 아시아인들도 주택을 살 수 있던 몬테레이 파크로 이사했어요. 그 집이 저희가 가진 첫 번째 집이었어요.

1960년대는 자유주의와 민권운동의 시대였어요. 당시 도시민들은 굉장히 자유민주적이었어요. 아버지는 몬테레이 파크의 지역 커뮤니티에서 굉장히 열심히 활동하셨고 몬테레이 힐 시민위원회장이 되셨죠. 그 결과 민주당원으로 1960년 몬테레이 파크 시의원에 당선되셨고 1962년 아시아계 최초로 캘리포니아주 하원에 당선되었어요. 1961년 아버지가 주 하원에 출마하셨을 때 저는 겨우 17살이었어요. 저에게는 모든 것이 갑작스러웠어요. 난데없었죠. 전 뭔지도 모르고 선거운동을 도왔어요. 하하하.

아버지 알프레드 호연 송의 선거 캠프 사무실

아버지 알프레드 호연 송의 캘리포니아 주 하원의원 취임식에 참여한 가족들. 1962년

아버지는 외국인 토지 소유 금지법 때문에 차별을 겪으며 법조인으로서 법을 통해 이러한 문제를 해결해야겠다고 생각하신 것 같아요. "법이 문제를 해결할 것이다."라고 믿으셨죠. 아버지는 캘리포니아주 하원 사법위원회장이 되셨고 여러 법안을 입안시킨 성공한 입법자였어요.

정치라는 흥미로운 세계

우리는 아버지가 하원에 당선되시고 캘리포니아주의 수도인 새크라멘토Sacramento로 이사했어요. 저는 이스트 로스앤젤레스 컬리지 East Los Angeles College에 다니고 있을 때였는데, 새크라멘토에 와서 캘리포니아주 상원의원의 비서로 일하게 되었어요. 그때부터 정치와 사회운동과 관련된 캠페인을 시작하게 되었어요. 젊은이로서 수도에서 일하는 것이 정말 흥미로웠어요. 제가 더 높이 올라간 것만 같았어요.

아버지의 정치 관련 행사에 참여한 가족들. 1964년

레슬리씨와 아버지 알프레드 호연 송. 1963년

저는 위원회의를 참관하고 의회에 가는 것들이 정말 재미있었어요. 로비와 이익집단들, 노조에 대해 배우며 정치가 정말 우리의 문제들을 해결하고 있다고 생각했어요. 하하하. 정치는 정말 흥미로운 세계였어요.

하지만 새크라멘토에서 일한 지 1년 정도 되었을 때, 저는 그곳에서 일하는 것은 작은 어항 속 큰 물고기와 같다는 것을 깨닫기 시작했어요. 정치인들은 자신이 세상을 바꾸는 굉장히 중요한 사람이라 생각하는데 실상은 그렇지 않다는 거죠.

새크라멘토에서 만난 남편

새크라멘토에서 일하면서 하원에서 일하던 남편을 만나 스무 살이 되고 바로 한 달 뒤 결혼했어요. 남편과 만난 건 열아홉 살 때인데, 남편은 저보다 세 살 많았어요. 로비스트들과의 저녁 식사 자리에서 그를 처음 만났죠.

그때 로스앤젤레스에서 온 제 친구가 돌아가야 해서 제가 버스 터미널까지 데려다줬어요. 그런데 버스 터미널에서 남편을 본 거에요. 그는 리노로 가는 버스를 기다리고 있었어요. 제가 거기엔 뭐하러 가는지 물었고 대화가 이어졌죠. 음, 그리고 그날 그는 리노에 가지 않았어요. 그 대신에 저와 함께 우리 아파트로 갔죠. 우리 가족들은 다들 LA에 가고 없었거든요. 같이 시간을 보냈어요. 저희는 만난 지 6개월 만에 결혼했어요. 하하하.

그는 유대인이었는데, 저는 유대인이 아닌 것뿐만 아니라 동양인이었기 때문에 처음에 남편의 부모님은 저를 그다지 달가워하지 않았어요. 하지만 우리가 결국 결혼할 거란 걸 아시고는 받아들여 주셨어요. 저희 부모님은 딱히 뭐라고 하지 않으셨고 결혼식은 몬테레이 파크의 우리 집에서 하객 없이 양가 부모님만 모시고 판사님 주례로 간소하게 올렸어요.

정치 참모로서의 삶

제가 정치 캠페인을 하게 된 것은 첫 직장이 의회였기 때문인 거 같아요. 당시 여성으로서 정치 캠페인을 하는 게 굉장히 힘들었어요. 그때만 해도 여성의 일과 남성의 일이 구분돼 있었어요. 제가 처음 캠페인을 시작했을 때는 민주당 소속 상원의원 비서였는데, 그런 분위기는 민주당이건 뭐건 예외가 없었어요. 정치나 캠페인은 백인 남성들의 일이었어요. 아프리카계나 소수자들은 승진도 안 되고, 책임자급이 될 수도 없었고 성공할 수 없었죠. 여성의 경우는 더 그랬어요. 그건 정말이지 끔찍했죠.

하지만 남편은 저를 지지해줬고 제가 컨설팅 회사를 꾸릴 수 있도록 도와주었어요. 남편과 같이 캠페인을 했었는데 서른 살 때 남편과 헤어지면서 그만두게 되었죠. 그 회사를 오래 하지는 않았지만, 그 회사를 통해서 데이비드 커닝햄 LA 시의원의 선거 캠페인도 했어요. David Cunningham(1935-2017) 1973년부터 1987년까지 LA코리아타운이 속한 10지구의 시의원을 역임하였다. 그는 1981년 LA시의회에 '코리아타운 행정경계'를 발의해 코리아타운이 정부로부터 인정받는 데 중요한 역할을 하였다.

저는 오랫동안 정치인들의 정책을 알리는 캠페인과 선거 캠페인을 했는데 중간에 두 번 정도 그만둔 적이 있어요. 많은 정치인들이 그저 명예를 위해 당선되고자 했거든요. 저는 정치란 우리들이 가진 문제들을 해결해 나가는 과정이라고 생각했기 때문에 그런 정치인들과 가치관이 달라서 회의를 느꼈어요. 하지만 다시 일터로 돌아왔죠.

1991년부터는 LA 소방위원회 위원으로 일하며 LA시 소방본부의 여성 및 소수민족 처우 개선을 위해 노력했어요. 83년에 첫 여성 소방관이 임용되었고, 비백인계 고용 할당제가 생김으로서 인종 및 성차별 문제가 상당히 해결되었지만 90년대 들어서도 이들이 책임자급으로 진급하는 데는 어려움이 많았거든요.

은퇴하기 전에는 비영리 단체들의 공공 PR 캠페인을 주로 맡았어요. 서던 캘리포니아 지역의 환경보호를 위한 캠페인과 LA 공항확장을 위한 마스터플랜 홍보 등을 맡아 했어요.

아버지를 기억하며

2012년부터는 '상원의원 알프레드 호연 송 기념위원회' 회장으로 일하고 있어요. 2004년에 작고하신 저희 아버지가 어떤 일을 하셨는지 많은 사람들이 기억해줬으면 하는 마음으로 시작했어요. 아버지는 아시아계 최초 주 의원이셨어요. 그리고 주 입법부 역사에 '경전'으로 불리고 있는 '캘리포니아 증거법'California Evidence Code을 비롯해 소비자 보호와 소수계 권리 향상을 위한 법, 아시안 차별 금지법, 한의사 허용법 등 200여 개에 이르는 법을 제정하셨죠.

아버지와 당시 캘리포니아 주지사였던 레이건 대통령. 1972년

기념위원회 활동을 통해 2014년 로스앤젤레스 코리아타운 중심부에 위치한 윌셔/웨스턴 지하철역을 '윌셔/웨스연 역 · 알프레드 호연 송 역'이라 명명하게 되었어요. 지하철역에 아버지를 기리는 명판과 기념비도 함께 설치하게 되었죠. 저는 아버지가 자랑스럽습니다. 기념비가 많은 이들에게 영감을 주었으면 좋겠어요.

"우리가 끊임없는 노력을 하면, 목표를 성취할 수 있는 능력을 갖게 됩니다.
국민들이 변화를 갈망하고 혁신을 두려워하지 않는다면 각 분야에서
지도자들이 나타나 평화로운 세상에서 더 좋은 삶을 만들어낼 것입니다.
그 지도자들은 동등한 권리와 평등한 기회를 만드는 노력도 중단하지 않을
것입니다. 여러분은 이 도전에 동참하고 있습니까?
나는 그러하리라 믿습니다."

- 1968년 7월 27일 알프레드 호연 송 의 캘리포니아 주 의회 연설문 중

1974년 한국을 방문해 어머니 송정윤 씨를 만난 알프레드 호연 송

1967년 고려대학교

알프레드 호연 송은 한국 정부의 초청으로 여러 차례 한국을 방문했다.
그는 고려대학교 명예박사 학위를 수여받았다.

나의 뿌리가 있는 그곳

어릴 때는 한국에 별 관심이 없었는데 20년 전 즈음부터 갈수록 한국에 대해 알고 싶다는 갈망이 커졌어요. 그리고 '한국인이 된다는 것은 어떤 것일까'에 대해 오랫동안 고민했어요. 그래서 한국어를 배우기 시작했죠.

그리고 2012년에 처음 한국을 방문했어요. 한국 여성부에서 주최하는 세계한민족여성네트워크에 초청받아 컨퍼런스에 참석했죠. 그 이후로 두세 번 한국을 방문했고, 마지막 방문 때 1년 반 정도 한국에 머물렀어요. 레슬리 씨는 2016년 1월부터 2017년 5월까지 한국에 머물렀다.

할머니가 세운 하남고등학교를 방문한 레슬리 송. 2017년

저는 한국에서 정말 즐거운 시간을 보냈어요. 서강대학교 어학원에서 한국어를 배우기도 했죠. 물론 한국의 정치도 흥미로웠어요. 촛불시위가 굉장히 인상적이었어요. 그래서 '탄핵'이라는 단어도 기억해요. 하하하. 어린아이부터 노년에 이르기까지 다양한 연령대의 시민들은 분노에 차 있기보다 (시위를) 즐기고 있었어요. 정말 인상적이었죠.

그리고 미국 평화봉사단으로 한국에 와있던 제 친구가 왕립아시아학회 한국지부 Royal Asiatic Society Of Korea를 소개해줬어요. 1900년에 한국에 와있던 외국인 선교사들과 외교관들이 주축이 되어 한국과 극동지역에 대해 공부하고자 만든 단체인데, 저는 이 단체에서 진행하는 역사, 건축, 언어 등 한국 문화에 대한 다양한 강의와 문화답사 프로그램을 통해 많은 것을 배웠어요. 30년, 40년 혹은 그 이상 한국에 산 외국인들도 많아서 함께 교류할 수 있었죠.

얼마 전 로스앤젤레스에 돌아와서 '특별시민'이라는 한국 영화를 봤어요. 영화에서 서울의 파노라마 신이 펼쳐졌을 때 저는 거의 울뻔했어요. 한국이 너무 그리웠어요. 저는 정말 한국에 있는 게 좋았어요. 한국에 대해 더 배우고 싶고, 더 보고 싶고, 다시 돌아가고 싶어요. 한국은 저의 생물학적, 문화적 뿌리인 곳이니까요.

코리아타운과 한인 커뮤니티의 미래

저는 역사, 전통문화 등 한국의 과거에만 관심 있는 게 아니라 현재, 그리고 미래 한국의 한국인에게도 관심이 있어요. 그리고 미국의 한인들에게도 관심이 있죠.

오늘날 코리안 아메리칸들은 미국 주류사회 다양한 분야에서 떠오르고 있어요. 비즈니스는 당연하고 예술 분야에서도요. 서점에 갔다가 '민지 리'라는 코리안 아메리칸 작가의 소설책을 봤어요. 제목이 '파친코'라고 식민지와 전쟁, 일본의 한인들에 대한 내용이었는데 정말이지 흥미로웠어요. 그걸 보고 이제 한인들이 더 이상 소수민족으로 무시되지 않고 제대로 평가받고 있다는 느낌을 받았어요. ^{한국계 미}
_{국 여성 작가 민지 리(Min jin Lee)의 소설 '파친코'(Pachinko)는 2017년 12월 뉴욕 타임스의 '2017년 베스트 소설 5'에 선정되었다.}

저는 코리아타운과 한인 커뮤니티가 성장하는 것을 지켜봐왔어요. 코리아타운은 앞으로 더 국제화될 것이고, 한인계가 아닌 미국인들에게도 대중적인 곳이 될 거라고 생각해요.

한인 커뮤니티의 경우 한국에서 오는 이민과 한인 부모님들에게 달린 것 같아요. 한국에서 오는 이민자가 계속 줄고 있지만 한인 부모님이 아이들에게 한국 문화와 언어, 한인 사회에 참여하는 게 중요하다고 가르치고 한국학교, 한인 교회에 보낸다면 한인 커뮤니티는 한인 정체성을 유지하게 될 거예요. 만약 그렇지 않으면 아이들은 한국인과 어울리지 않게 되고 한인 커뮤니티의 결속력이 약해지겠죠. 새롭게 이민 온 한인들은 한국인들과 어울리며 한국 문화를 지켜나갈 수 있을 거예요. 한인들이 사회적으로 모일 수 있는 많은 기관, 단체, 교회가 있으니까요. 제가 자랄 때는 교회 두 곳이 전부였어요. 우리들은 그렇지 못했지만 이들은 자신이 한국인이라 생각하며 살아갈 수 있을 거예요.

저는 아이가 셋인데 아무도 한국인과 결혼하지 않았어요. 큰 아들은 중국계와 유대계 혼혈 미국인과 결혼했는데, 큰 아들의 딸아이가 지금 한국어를 배우고 있어요. 이 아이가 우리 집안에서 한국에 관심 가지게 된 첫 세대에요. 모든 게 K-POP 때문이죠. 하하하. 요즘 한국 문화가 굉장히 인기가 많아요. 그 덕분에 손녀가 한국어 클래스도 듣고 있죠. 저는 아이들이 한국적인 것에 관심 가지는 게 굉장히 기뻐요.

"미국 사회의 일원으로"

로스앤젤레스한인회 / 로라 전 회장, 제프 리 사무국장

    LA 한인회는 1909년 창립된 대한인국민회를 계승하여 미주 최대 한인 커뮤니티로서 그 정신적 뿌리를 이어오고 있다. 초기 미주한인사회의 목적이 조국 독립과 자유 추구였다면, 새롭게 시작한 한인회는 미국 내 건실한 한인사회 형성을 목표로 삼게 되었다.

    1965년 1대에서부터 2017년 33대까지 긴 세월 동안 LA 한인회는 한인 커뮤니티의 대표단체로서 LA 한인 커뮤니티의 공익을 대변하고, 다양한 한인단체들의 구심점 역할을 하며 한인 커뮤니티를 이끌어 나갔지만 기성세대들의 이권다툼으로 인하여 여러 차례 소송에 휘말리는 등 좋지 못한 모습으로 인해 많은 한인들에게 '그들만의 모임'으로 외면당하기도 했다.

    하지만 2016년 들어 기존 회장단과 달리 젊은 1.5세 출신 로라 전 회장이 한인회를 운영을 맡으며 변화의 바람이 일기 시작했다. '마음먹으면 기면 기고, 아니면 아니다 딱 자른다'는 로라 전 회장은 캘리포니아 주 하원의원 보좌관으로 일했던 경험과 비영리단체를 오래도록 운영하며 쌓은 노하우를 바탕으로 그간 시도되지 않

당신의 산타아나스는 무엇입니까

던 다양한 프로그램을 도입했다. '프렌즈 업 카플라'라는 한인회 후원회를 조직하여 한인회장 사재로 운영되었던 재정을 미국의 일반 비영리단체들과 같이 기부금으로 충당하여 '십시일반으로 만드는 모두의 한인회'를 만들고자 시도했다.

또한 이에 그치지 않고 코리아타운 내에서 한인들만을 대상으로 활동하던 과거와 달리, 미국 내 '소수 중의 소수'인 한인의 현실을 깨닫고 제대로 된 우리 목소리를 내기 위한 정치 참여 확대, 미국 주류사회와 융합하기 위한 LA 소수민족 및 주류 단체들과의 협력을 추진하며 한인들의 미국 내 활동 저변을 넓히고 있다.

맨 처음 찾아오는 곳이자 마지막에 찾아오는 곳, 한인회

로스앤젤레스 한인회는 LA 지역 한인들을 대표하는 단체로, 오피니언 리더로 생각하시면 돼요. 미국 전체 이슈를 면밀히 파악하면서 필요시 민첩하게 대응하는 거죠. 예를 들어 북핵 이슈가 나왔을 때 우리가 미주 한인들의 대표로서 미국 상하원 의원들에게 편지를 써서 민간외교사절 역할을 해요. 아시아인 비하 발언이 나왔다고 하면 다른 아시아계 단체들과 협력해서 함께 공동기자회견도 하고요. 한국인들을 대변해야 할 때 주류사회에서 알 수 있도록 하는 거죠.

주요 활동으로는 민원서비스가 있어요. 하루에 30~40건, 1년에 약 2만여 건이 들어오는데 아파트는 어떻게 구하고, 물세 전기세는 어떻게 내고, 연금 같은 미국 사회보장제도 문제도 있고, 노인 아파트 들어가려면 신청 어떻게 하는지, 버스표 구하는 방법 등 별게 다 있어요. (어르신들 같은 경우) 코트 court. 법원 에서 서류가 날아오면 (영어로 되어있어서) 못 읽잖아요? 그러면 다 가지고 오시는 거예요. 한인회는 '맨 처음 찾아오는 곳이자, 마지막에 찾아오는 곳'이기도 하대요. 여러 군데 가봤지만 도움을 못 받다가 여기 와서 도움받는 경우가 많거든요. 다른 활동으로는 음식을 모아서 나눠드리는 푸드 뱅크, 경찰서 한영 통역봉사자 파견, ESL 영어 교육 등이 있어요.

그리고 33대에서 정치인에 대한 민원 서비스를 새로 시작했어요. 미국에서는 어느 정도 선 까지 정치인들에게 연락하냐면, 아이가 학교에서 부당한 대우를 받으면 한국에서는 부모가 학교에 찾아가겠지만 여기는 지역구 정치인에게 연락을 해요. 지역구 정치인들은 (지역민의) 컴플레인을 받아서 처리해줘야 하는 의무가 있어요. 컴플레인이 접수되면 반드시 24시간 안에 리플라이를 reply. 대응 해야 하죠. 담당 보좌관이 해당 학군 (관할 교육청)이나 학교에 연락해서 아이에게 이런 문제가 있으니 선생님이나 담당자가 해결을 할 수 있도록 해달라고 요청하고 진행 상황을 계속해서 알려줘요. 정치인들이 연락 한번 하고 끝이 아니라, 끝까지 책임져야 하는 거예요. 그렇기 때문에 한인들이 어떤 문제가 있다고 한인회로 연락을 하면 저희가 정치인에게 이메일을 보내고, 정치인들이 해결하고 한인회로 연락을 주도록 저희가 중간 역할을 하는 거죠.

십시일반으로 만드는 우리 모두의 한인회

일을 하려면 끝도 없어요. 사람도 많이 필요하고 예산도 많이 필요하죠. 이때까지는 한인회장의 사재로 상당 부분 한인회를 운영했어요. 그런데 내가 만약에 돈이 있어서 내 돈으로 (한인회를) 운영하면 다른 사람들은 "본인이 돈 내서 한다는데, 알아서 해라." 그냥 강 건너 불구경인 거예요. 한편으로 회장 돈으로 하는 거니까 회장이 이 단체는 자신의 것이라고 생각할 수 있는 거예요. 그러니까 다른 사람이 (한인회 운영에 대해) 말할 자격이 없어요.

이게 십시일반이 되어야 모두의 한인회가 될 수 있어요. 미국의 비영리단체들은 다 개인 도네이션$^{donation, 기부}$으로 운영하거든요. 저는 한인회도 그런 식으로 운영해야지, 한 사람이 돈을 내서 운영하는 구조는 문제가 있다고 생각했어요. LA 한인회장 공탁금이 10만 불이잖아요. 공탁금 10만 불 낼 젊은 사람도 없지만, 매일 운영비를 어떻게 해야 할지 걱정해야 해요. 그렇게는 한인회가 발전할 수가 없어요. 체질 개선하고 탈바꿈시켜야 한인회의 미래가 있어요.

단체가 돌아가려면 일하는 사람이 있어야 되잖아요. 제대로 훈련된 사람이 필요해요. 바이링구얼$^{bilingual, 이중언어 구사자}$ 스텝 2명과 국장, 이렇게 3명은 있어야 확실히 일이 되죠. 일하는 사람이 안심하고 일할 수 있도록 혜택도 줘야 되고. 그리고 "한인회 가니까 주류사회와 일을 많이 해서 배울 것도 많고 시야를 넓힐 수 있는 장점이 있더라", 이래야 사람들이 오는 거죠. 그러기 위해서 돈을 좀 더 모아야 해요. 기부 행사도 하고, 한인회가 무슨 일하는지 홍보하는 것도 중요해요.

그래서 우리가 '프렌즈 업 카플라'$^{Friend\ up\ KAFLA(Korean\ American\ federation\ of\ LA)}$ 라고 해서, 한인회의 친구들 이런 걸 만들었어요. 3-4개월에 한번 씩 모이는 행사를 하는 거예요.

당신의 산타아나스는 무엇입니까

한인회에 도네이션 하시는 분들을 초청해서 맛있는 것도 먹고 이야기도 하고. 오신 분들께서는 왜 한인회에 도네이션을 하게 되었나 이야기도 해주시고, 우리 이사들은 왜 내가 한인회 이사가 되었는가 이야기도 하고. 이때까지 대다수 젊은이들이 한인회 관여하기 싫어했어요. 한인회 가면 맨날 싸우고, 부정적인 것만 보다가 "요번에 '프렌즈 업 카플라' 와서 보니까 많이 바뀌었다, 사람들한테 알려야겠다." 이런 이야기도 하고. 시간은 걸리지만 조금씩 변화되고 있어요.

소통과 화합을 위해 먼저 손 내미는 한인회

한인 커뮤니티 발전을 위해서는 '세대 간의 화합'이 필요해요. 지금은 한인 커뮤니티 내에서도 세대가 조각조각 나눠져 있어요. 1900년대 초에 이민 온 파이어니어 pioneers, 개척자 그룹, 70년대 이민 온 1세대, 그리고 (어릴 때 부모님을 따라서 온) 1.5세대, (미국에서 태어난) 2세대도 있고 3세대도 있어요. 이렇게 다 나누어져 있는 세대 간 화합과 통합이 필요하죠.

그리고 단체 간의 소통과 화합도 중요해요. 코리아타운에 직능별로 협회들이 많아요. 업종별 단체들이 문제 해결을 위해 노력하는 것은 좋은데, 업종별로만 모이지 말고 (다양한 업종별 단체가 함께) 융합해서 한인회의 깃발 아래 뭐든지 같이하고 소통할 수 있어야죠. 그래서 봉제협회도 찾아가고, 회계사 협회도 찾아가고, 의류협회도 찾아갔는데, 가면 다들 좋아하세요. 한인회는 대표단체이기 때문에 당위성이 있어요. 각 단체들이 일을 잘 할 수 있도록 격려해야 하고 이슈가 있으면 한인회가 먼저 손 내밀어서 같이 할 수 있어야 해요.

　그리고 이 타운 자체도 변하고 있어요. (이때까지 1세 중심이었다면) 점차 1.5세화 되어가는 거예요. 부동산협회장님도 한국어보다 영어가 편하시고, 의류협회나 상공회의소도 거의 1.5세예요. 타운이 세대가 바뀌어가면서 젊어지고 있어요. 지금은 다 50대 정도 되죠. 비슷한 연배니까 이야기가 통해서 자주 만나요. 사람끼리 친해지기 때문에 일이 더 재미있어졌어요. 같은 세대가 일을 하면 안 될 일도 되는 거 같아요.

우리는 미국 소수민족 중의 소수

우리는 이곳 주류사회가 될 수 없어요. 미국 인구가 3억 2천만인데 한인이 2백만이에요. 그러니까 우리는 1퍼센트 밖에 안 되는 소수 중의 소수인데, 코리아타운 이 좁은 곳에서 바글거리니까 소수인지 모르고 살아요. 자기가 누구인지 알아야 성장하잖아요. 우리가 소수인 이 상황을 어떻게 벗어날지 찾아야 하는데 너무 안일해서 답답해요.

한인들이 미국 정치에 관심을 가지지 않아요. 한국 민주주의 역사가 짧다 보니 70~80년대 이민 오신 분들은 어렸을 때부터 체계적으로 정치 참여하는 걸 배우지 못했고, 이민 오셔가지고 먹고살기 바쁘니까 (미국 정치에는) 관심을 전혀 못 두세요. 그러다 보니 시민권자임에도 불구하고 투표 참여의식이 굉장히 부족해요. 언어 문제나 미국 법규를 잘 몰라서 그렇기도 하고요. 한국과 달리 이사를 하면 유권자 등록을 새로 해야 하는데 몰라서 안 하는 경우도 많고, 우편투표용지가 집으로 배달되는데 다 영어라서 모르고 버리는 경우도 많습니다. 여기는 평균 한인 투표율이 대통령 선거라도 30퍼센트 정도고 50퍼센트를 넘어본 적이 없어요. 미주 한인 이민 역사 114년을 통틀어 한인 연방 하원의원이 딱 한 명 있었어요. 그 이후로 20년간 단 한 명도 없어요. 트럼프 정부가 한미 FTA+, 주한미군 문제, 북핵 관련 다 손보겠다는데, 한인 정치인이 있으면 매개체가 되어서 협상을 할 수 있죠. 지금은 한인 연방 상·하원의원이 없으니까 친한파 의원들을 찾아다니면서 사정사정해야 되는 상황인 거죠.

(2017년) 6월 6일이면 LA 34지구 연방 하원의원 선거가 있어요. 지금 로버트 안 후보가 잘 해주고 있어요. 우리 LA 한인타운에 유권자가 1만 8000명이 넘어요.

그리고 LA 타운에 아직 유권자 등록을 안 한 분들이 2만 7000명이에요. 이분들이 유권자 등록하시고 다 투표하면 우리가 LA에서 한인 시장을 선출할 수도 있는 파워예요. 그럼에도 불구하고 우리가 스스로 소수민족이라 느끼지 못하기 때문에 그걸 파워로 연결하지를 못해요. 앞으로는 우리가 스스로 자성해야 한다고 생각해요. 정치 참여해서 우리 것도 찾고, 우리 것을 찾음으로써 다른 민족들에게 많은 도움을 줄 수 있어요. 소수민족의 연계 파워가 커지면 커질수록 주류사회는 우리가 바라는 정책을 입안할 수밖에 없어요. 평등한 미국에 사는 기회를 우리가 만들기 위해 우리 스스로 그 기회를 잃어버리지 않았으면 좋겠습니다. 선거 결과 로버트 안 후보는 1만 3108표(39.88%)로 1만 9761표(60.12%)를 획득한 히스패닉계 지미 고메스 후보에게 패배했다. 한인 하원의원 배출에 기대를 했으나, 저조한 한인 투표율로 인해 히스패닉계의 벽을 넘지 못했다.

미국 사회의 일원으로

저희 목표가 이때까지는 한인들끼리 한국 타운에 머물렀다면, 이제는 주류사회와 융합하는 거예요. LA 가요, 거의 100개의 소수민족이 어우러져 사는 도시에요. 코리아타운은 한국인만 사는 곳이 아니에요. 방글라데시, 라티노, 그리스 사람, 과테말라 사람 등 여러 민족이 살아요. 사실은 코리아타운이 코리아만 내세우면서 우리끼리 할 수 있는 일이 많이 없어요. 우리가 LA시와 이야기해서 무슨 정책을 바꾸려 해도 한국인끼리 한다고 하면 시에 있는 사람들이 들어주지를 않아요. 타운 내 모든 사람들과 같이 일하면서 공통분모를 찾아내어 무엇을 바꿔보자고 제안해야죠.
 이 도시에서 훌륭한 시민이 되려면 첫째, 다른 민족과 어울리는 기술을 터득하고 함께 일해야 해요. 두 번째는 공통분모를 찾아내어 모든 사람에게 혜택을 주는 정책 입안 과정에 우리가 시민으로서 역할을 충분히 해야 합니다. 그런 다음에 우리가 주류사회와 어깨를 나란히 할 수 있겠죠. 이건 우리뿐만 아니라 곳곳에 흩어져 있는 한인사회가 해야 할 일이라고 생각해요.

그래서 이번 4.29^{1992년 4월 29일에 일어난 흑인 폭동. 한흑갈등으로 코리아타운이 심각하게 타격을 입었다.} 기념식도 주류사회 흑인들과 같이 한 거죠. LA 전 현직 시장을 비롯해 많은 정계 인사들이 참석해서 ABC방송에도 보도되었어요. 우리끼리 한인타운 안에서만 뭘 해봤자 소용이 없는 거예요. 우리가 이니셔티브^{initiative. 해결책}를 가지고 다른 민족들과 함께 해야만 다른 사람들도 주목을 하고, 타운이 성장해요.

4·29폭동 25주년 기념 커뮤니티연합기념행사 공동기자회견

4·29폭동 25주년 기념 커뮤니티연합기념행사

한인에게도 라티노에게도 살기 좋은 코리아타운

코리아타운이 굉장히 광범위한 곳이에요. 1970년대에 한국 식료품점 몇 곳에서부터 시작해 한인 상점들이 하나둘 생기더니 자생권이 커지면서 온갖 비즈니스가 생기고 상권이 확장된 거죠. 현재 코리아타운이 미국 전체에서 가장 개발 부밍Booming. 호황 지역이에요. 다른 곳들은 다 환경보호 위해서 개발 규제를 하고 있는데 코리아타운만 예외에요. 어떻게 하면 타운 내 모든 계층의 사람들이 함께 조화로운 삶을 살아갈 수 있도록 만들 것인가가 우리의 화두에요. 그래서 한인회가 커뮤니티 마스터플랜을 만들어서 타운의 변화와 발전을 꾀하고 있고, LA 시티 도시계획국과 함께 일하려고 LA시장과도 만나고 있죠.

외적으로 볼 때 코리아타운을 대표할 수 있는 것이 있어야한다고 생각해서 2006년에 다울정이라고, 올림픽가와 노르망디가의 교차지점에 한국 정자를 만들었어요. 그리고 횡단도보도 한국 전통 단청무늬로 해놓은 게 있고, 가로등도 한국 전통 등처럼 만든 게 있어요. 그런데 코리아타운이 윌셔 쪽은 좀 현대적으로 잘 되어있지만, 람파트부터 다운타운 유니온까지가 굉장히 낙후된 지역이에요. 그 지역에 라티노가 많이 거주하고 있고, 스트리트 행상을 많이 해요. 그러니까 사람들이 많이 안 가고 물건 사는 사람도 멕시칸 밖에 없어요. 경관 미화작업을 하고, 거리도 깨끗하게 해서 하나의 명소로 만들면 돼요. 사람들이 서로 가서 (물건) 팔아주고, 다 함께 잘 살 수 있도록 해주면 좋잖아요. 우리가 원하는 건 코리아타운을 잘 다듬어서 이곳에 사는 다른 소수민족과 어울려 살 수 있는 좋은 구역을 만드는 거예요. 여기가 우리만 사는 게 아니거든요.

코리아타운 내 위치한 한국정원 '다울정'

미래 한인 커뮤니티를 이끌어갈 차세대들

앞으로 우리 차세대들이 한국 커뮤니티를 끌어갈 것이기 때문에 차세대 교육을 잘 해야 해요. 우리 1.5세들이 자랄 때는 부모님들이 의사, 변호사 되라고 공부만 시켰어요. 그런데 공부가 문제가 아니에요. 자신이 원하는 것을 공부하며 다양한 형태의 삶을 추구하면서도, 자신이 코리안 아메리칸이라는 정체성을 의식하도록 키워야 해요. 코리안 아메리칸으로서 미국 사회에 기여를 하고, 또한 세계에 사는 한 휴먼 빙Human being, 인간으로서 제대로 잘 살아가도록 이끌어주어야 해요. 특히 우리는 소수민족이기 때문에 정치 참여에 대해서는 더 많이 가르쳐야 한다고 생각해요.

미국에 소수민족이 한 1억 정도 되는 거 같아요. 라티노가 5천400만, 흑인이 4천200만, 아시안이 1천700만. 250만 명인 우리는 정말 소수 중의 소수거든요. 우리가 미국에 제대로 뿌리내리고 살아가려면 정치 참여해야 해요. 그렇지 않으면 그냥 텍스tax, 세금 내고 남의 땅에 사는 그런 사람들이 되는 거예요. 우리 1세, 1.5세들은 차세대들에게 이러한 것들을 잘 가르쳐야 하는 의무와 책임이 있는 것 같아요.

그러니까 차세대 리더를 발굴해서 그 사람들로 하여금 오피니언 리더가 되게 하고, 본인들의 동료를 데리고 나오게 하고, 동년배들을 설득할 수 있게 해야 해요. 아무래도 우리는 여기서 태어난 사람들과 문화가 다르거든요. 그래서 한인회가 차세대들을 이사로 많이 영입해야 해요. 차세대가 눈을 뜨게끔 만들고, 커뮤니티의 리더가 될 수이도록 손수 가르쳐 주는 등의 노력이 필요해요. 1세대나 저희 1.5세대가 해야 할 일은 차세대들에게 비전을 보여주는 것, 그리고 우리가 하는 일들을 이어갈 수 있도록 전수하는 것이라 생각합니다.

로라 전 / 1959년생, 1.5세, 부산광역시 중구 부평동, 캘리포니아주 LA

합리적인 사고, 상식적인 행동

저는 로라 전입니다. 한국 이름은 전수연입니다. 1959년 부산 부평동 출생이에요. 어머니는 경남여고 졸업하시고 서울 법대 나오셨어요. 원래 의예과를 가고 싶었는데 옛날에는 다들 착한 딸들이니까 외할아버지가 원하시는 법대를 갔데요. 아버지는 부산고등학교 나오시고, 서울대 문리대 정치과 나와서 한국은행에 계셨어요. 한국은행 있을 때 중매로 엄마를 만나셨대요.

아이가 자랄 때 어떤 정신을 심어주느냐가 굉장히 중요한데, 저희 아버지께서 제가 유치원도 들어가기 전부터 항상 "사람은 합리적인 사고를 해야 한다."고 말씀하셨어요. 이치에 맞지 않게 억지 부리는 걸 굉장히 안 좋아하셨어요. 어머니는 상식적인 사고방식을 심어주려 하셨어요. 합리적인 사고방식은 사고의 기저를 깔아줬던 거 같고, 상식은 상식적인 행동을 하도록 했던 거 같아요. 우리 엄마는 '상식인'을 만드는 것이 자기 방침이라고 그러셨어요.

제가 맏이인데, 1살 차이나는 여동생이 있고 저랑 3살 차이나는 쌍둥이 남동생들이 있어요. 어머니는 굉장히 자주적인 분이고 아버지도 합리적인 분이어서 아이들이 하고 싶은 것을 하게 하는 것이 좋다고 생각하셨어요. 여자든 남자든 남녀 차이를 두지 않고 키우셨죠.

참 멋있었던 우리 엄마

어릴 때는 여유 있게 커서 집안일 도와주시는 분들이 계셨어요. 그래도 엄마는 저희가 할 수 있는 일은 (남의) 손을 거치지 않고 스스로 하게 했어요. 기억나는 게, 남동생들이 초등학교 다닐 때 교복 칼라는 스스로 정리해야 했어요. 그래서 초등학교 졸업사진에 보면 칼라가 하나는 이쪽에 있고, 하나는 저쪽에 있고. 하하하. 그래도 우리 엄마가 왜 그렇게 했냐고 뭐라 하지를 않았어요.

제가 고등학생 때 학교에 독서신문이라는 게 있어서 제가 1년 치를 주문했어요. 그런데 내가 주문해 놓고 엄마한테 이야기하는 걸 잊었어요. 어머니가 하시는 골동품 상회에 신문이 배달됐는데, 우리 어머니가 나중에 하는 말이 "네가 주문했다고 말만 했으면 잘 받아놓았을 텐데, 네가 말을 안 해서 엄마가 의문스러웠다."라고 말씀하시더라고요. 아이를 야단치면서 키우는 게 아니라, 본인이 결정하도록 하되 잘못됐다거나 좀 조언이 필요하겠다 싶으면 한마디 정도 하셨어요. 내가 어렸지만 우리 엄마 참 멋있다고 생각했었죠.

이민을 꿈꾼 아버지

제가 어렸을 때부터 미국 이민 가자는 이야기가 있었어요. 아버지가 한국은행 다니면서 다른 비즈니스도 했는데, 사업이 어려워지면서 집안 형편이 어려워졌어요. 나중에는 한국에 있는 것보다 미국 가는 게 낫겠다고 생각하게 되었죠. 그래서 제가 고등학교 마칠 무렵 부모님께서 미국 이민을 오셨어요. 저는 (부모님) 따라 1979년에 이민 온 1.5세죠. 여기서 UCLA 버클리 진학해서 정치학을 전공했어요.
저희 (남매)는 비교적 늦게 이민 왔는데도 잘 적응했어요. (부모님이 자주적으로 키우셨기 때문에) 다들 알아서 잘 했어요. 그래서 우리 사 남매 모두 미국에 온 걸 잘 했다고 생각해요. 독립적으로 다 자기 하고 싶은 것 찾아서 잘 살고 있죠. 그래서 저희를 이렇게 키워주신 부모님께 참 감사해요.

LA에서의 첫날, 코리아타운에 대한 첫 인상

처음 (로스앤젤레스 공항에) 도착해서 코리아타운으로 들어왔어요. 그런데 코리아타운 들어오는 길이 너무 지저분한 거예요. '미국이라는 나라가 왜 이렇게 지저분하냐?' 그게 제 기억 속에서 잊히질 않아요. 그런데 그게 아직도 남아있다는 게 참 기가 막힐 노릇이죠. 윌셔 위로 올라가면 맥아더 파크라고 있어요. 거기가 지금도 드럭 딜 많이 하고, 홈리스들이 살고 지저분하기 짝이 없어요. 그래서 지금 제가 한인회장이 돼서 그 길을 어떻게 좀 바꿔보려고요.
지금 한인회가 마스터플랜을 만들어서 코리아타운을 바꿔보려고 노력하고 있어요. 그런데 사람들이 그림이 너무 크다, 왜 꼭 그 구역(맥아더 파크 지역)을 포함해야 하냐고 축소하라는데 제가 그 지역을 바꿔야 한다고 설득하고 있어요. 아마 그 지역의 첫인상이 내 머리에 남아있었던 거 같아요.

쓰레기들이 버려져있던 코리아타운 내 낙후 지역

비영리단체 운영 전문가

옛날에는 제가 정치인이 되고 싶었어요. 그래서 학교를 졸업하고 정치인 보좌관을 했었는데, 보니까 정치하는 사람들 너무 힘든 거예요. 제가 보좌관 시절에 월요일부터 토요일까지 일하고, 일요일은 물먹은 솜처럼 하루 종일 집에서 꼼짝을 못했어요. 제 보스가 캘리포니아 주 하원의원이셨어요. 여기 주 캐피털이 새크라멘토라서 목요일이 되면 LA로 내려와요. 금토일 여기 지역구 돌보고 일요일 밤이면 또 새크라멘토로 올라가고. 제가 어린 나이에 저거 어떻게 맨날 하나 싶었어요. 체력적으로 되게 힘들다 생각했어요. 그거 보고서는 정치는 아무나 하는 게 아니구나 싶었죠. 하하하.

보좌관을 2년 반하고 나서 '한인건강정보센터'라고 코리아타운에 있는 비영리단체 소장으로 13년 일했어요. 코리아타운 지역 거주자들에게 의료 서비스와 사회보장 서비스를 제공하는 기관이에요. 병원같이 클리닉도 있고, 노인양로보건센터도 있고. 단체 만들어진지 3년쯤 되었을 때 제가 들어갔는데 당시 연 예산이 20만 정도였고 나올 때는 5백만이 될 정도로 발전했었죠. 그다음에 '한국문화유산재단'이라는 비영리단체에서 로스앤젤레스에 한국 전통정원 만드는 프로젝트를 했어요.

기면 기고, 아니면 아니고

제가 비영리단체를 오래 했기 때문에 사실 누구보다 비영리단체를 어떻게 꾸려야 할지 잘 알잖아요. 32대 한인회장님 초대로 한인회 수석부회장을 하게 되면서 한인회 안을 들여다보니까 내가 이걸 어떻게 고쳐서 일 진보할 수 있을지 방법이 보이는 거예요. 내가 다 할 수 있는 건 아니지만, 내가 할 수 있는 여지가 조금 있으니까 할 수 있는 만큼만 해보겠다고 33대 한인회장 후보등록을 했어요.

제가 33대 한인회장인데 여성으로서는 세 번째고 1.5세로서는 처음이에요. 사실은 후보 등록하는 날까지 계속 할까 말까 고민했어요. 이때까지는 비영리단체 운영에 대해 잘 모르지만 경제적으로 여유 있는 남자분들께서 회장 한번 해보겠다고 나오신 경우가 대부분이었거든요. 이 타운이 여성에게 우호적인 타운도 아니고, 한인회의 올드 세력이랑 이권 창출하려는 그룹도 있고. 그래서 당선 초기에 기득권 세력과 보이지 않는 기싸움을 많이 했죠.

제가 한번 마음먹으면 기다, 아니다 자르거든요. 우리가 1.5세 젊은 세대들을 이사로 많이 영입했어요. 운영 시스템을 바꾸고, 사람을 바꾸고, 부정적 이미지를 바꾸려다 보니 힘들었지만 그래도 지금은 많이 정리가 된 거 같아요.

'사랑'이라는 콘셉트가 달라

제가 결혼을 두 번 했어요. 첫 결혼은 대학교 친구랑 했어요. 저랑 동갑이고 백인 변호사였는데 그냥 친구로 지내는 게 낫겠다싶어 이혼했죠. 미국 사람들 문화와 우리 문화가 다른 건 어떡할 수가 없어요. 재혼한 사람은 한국 사람이에요. 한국 사람이 훨씬 편해요.

60-70년대 이민 온 분들의 자녀들이 15~20년 전부터 결혼 적령기에 접어들기 시작했어요. 제가 미국 사람이랑 결혼한 걸 아시니까 시집 장가갈 자녀를 둔 1세 분들이 본인 자녀가 미국인과 결혼하려는데 어떻게 생각하는지 저한테 많이 물어보더라고요. 그러면 저는 "여기서 한국 밥 먹고 엄마가 해준 김치, 된장찌개 먹고 자란 애들은 아무래도 한국 사람이랑 하는 게 좋다고 생각해요."라고 말했어요. 왜냐하면 문화적 배경은 거스를 수가 없는 것 같거든요.

미국 사람들은 사랑이라는 콘셉트가 우리랑 다르잖아요. 한국 사람들은 미워도 살고 싫어도 사는데 미국 사람들은 싫으면 못사는 거에요. "I don't love you anymore.", "더 이상 너를 사랑하지 않아, 너와 살고 싶지 않아." 이런 식으로 딱 끊어요. 미국인들은 우리 보고 정의를 모른다고 하고, 우리는 미국인들을 보고 정을 모른다고 하죠. 그게 맞는 거 같아요. 그래서 저는 지인들한테 (타 인종과의 결혼을) 추천 안 합니다. 여기서 태어나고 자란 아이들은 다르겠지만, 한국에서 살다 온 사람들은 전혀 사고방식이 다르기 때문이죠. 문화적 배경은 거스를 수가 없는 것 같아요.

변화를 이끄는 소수자들의 연대

한인타운노동연대 / 강두형 활동가

"한인타운노동연대에 전화주셔서 감사합니다. 영어 안내를 원하시면 1번, 한국어 안내를 원하시면 2번, 스페인어 안내를 원하시면 3번을 눌러주세요."
한인타운 노동연대 인터뷰 약속을 잡기 위해 전화했을 때 영어와 한국어, 스페인어로 위와 같은 안내가 흘러나왔다. 스텝과 연결이 되기도 전에 나는 한인타운노동연대의 정체성을 어렴풋이나마 짐작할 수 있었다. '한인'만을 대상으로 일하는 곳이 아니라, 한인타운 내의 다민족 모두를 대상으로 일하는 곳이라는 것을.

한인타운노동연대 Koreatown immigrant workers alliance(KIWA, 키와)는 미국 내에서 가장 잘 조직된 노동센터 중 한 곳으로, 코리아타운 지역 내에서 가장 '돈 없고, 백 없는' 이민 노동자들을 돕는 지역사회 단체이다. 코리아타운 내 거주자 50%가 라티노인 만큼 실제 노동연대에 도움을 청하는 노동자들도 한인과 히스패닉이 거의 반반을 차지하고 있다고 했다.

　키와는 1992년 한인노동상담소로 시작해, 사회 변화를 위한 지역 내 소수민족 연대의 중요성을 깨닫고 2004년 한인타운노동연대로 명칭을 바꾸었다. 연대를 강조할 수밖에 없는 것이, 미국 내 소수민족으로 한인들만 뚤뚤 뭉쳐서 뭔가 해보자는 게 의미는 있겠으나 결과를 내기란 사실상 불가능하기 때문이다.

　"한국인끼리 LA 최저임금 올리자고 해봤자 힘이 없잖아요. '한인'은 미국의 중요 이슈가 아니에요. 하지만 'LA 코리아타운 지역'은 미국의 이슈가 될 수 있죠. 한인타운 거주자 50%가 라티노에요. 소수민족들의 연대를 통해 변화를 이끌어 내는 거죠."

　키와는 모든 이민노동자가 겪는 공통 이슈인 최저임금, 임금 절도, 주거여건, 취미 활동 등의 이슈를 찾아 연대를 통해 변화를 이끌어 내고 이민 노동자들이 직장과 지역사회에서 존중받을 수 있도록 노력하고 있다.

돈 없고 백 없는 사람들 도와주는 단체

키와는 1992년에 시작된 비영리 단체고요, 쉽게 말해 코리아타운의 돈 없고 백 없는 이민 노동자들을 돕는 지역사회 단체입니다. 엄밀하게 말하자면 처음에는 노조에 대한 반감으로 시작됐습니다. 90년대 초, 뭔가 사회를 바꿔보자 했던 1세, 1.5세들이 모여서 많은 사람들이 겪고 있는 노동문제를 해결해보고자 노조에 도움을 요청했으나, 현지 노조의 반응이 너무 차가웠어요. 노조에서 유색인종의 도움 요청을 무시하는 상황이 되니까 기존 틀에서 뭔가 해결할 수 없다, 다른 걸 만들어야겠다 해서 당시 "한인노동상담소"를 시작했어요. 2004년에 한인타운노동연대로 발전했죠.

노조가 있는 회사들 보면 규모가 있는데, 이민 사회를 보면 큰 사업장이 많지 않아요. 예전에는 영어로 팝 샵 pop shop. 구멍가게이라고, 부부가 운영하는 작은 가게가 대다수다 보니 직원이 있어도 한두 명인 경우가 많거든요. 당시 노조가 관심이 있었어도 직원 한두 명 있어서 파업을 할 것도 아니고, 전통적인 노조의 전략이 먹혀들 수가 없으니 비영리 단체로서 활동하는 게 노조가 하지 못 하는 일들을 할 수 있을 거로 생각해서 키와를 시작했습니다.

주 업무는 노동법과 이민에 관한 일이 가장 큽니다. 현재 한인만 대상으로 하는 게 아니라 라티노 등 누구나 노동 문제에서 피해를 보면 일차적으로는 법적으로 할 수 있는 대응을 최대한 알려드리고요, 이차적으로는 업계에 미치는 영향에 따라 시위도 하고, 성명을 발표하기도 하고 다양하게 활동하고 있습니다.

당신의 산타아나스는 무엇입니까   429

버려진 것들로 만든 아름다운 모자이크

저소득 노동자라고 해서 취미 생활을 하고 싶지 않은 것도 아니고, 취미 생활이야말로 사람이 자기 자아를 찾을 수 있는 길이라고 생각하거든요. 키와의 취미 생활 프로그램으로 모자이크반, 풍물패, 영화감상 등이 있는데, 밖에 있는 걸 모자이크반 회원들이 같이 만들었어요.

모자이크의 중요한 점이, 사회에서 버려진 쓸모 없다는 것들을 모아서 쓸모 있는 것으로 새롭게 탄생시킬 수 있다는 거예요. 우리 회원들도 그 점을 본 거예요. 구석으로 몰려난 사람들이 '우리도 끝이 아니다, 분명히 기회가 있고 뭔가 우리가 할 수 있는 게 있을 거다.'라는 생각을 반영하고 싶었던 거 같아요. 그리고 상대적으로 전문성이 없어도 노력하면 할 수 있으니 모자이크를 선택한 걸로 알고 있어요.

이전에 진행되었던 취미교실에서 비디오가게를 운영했던 한인회원이 자신의 모습을 본떠 만든 인형.

단 하루를 살아도 이곳은 나의 집

이민노동자들이 겪는 공통적 문제 중 하나가 여길 자신들이 사는 곳으로 생각하지 않는다는 거예요. LA, 또는 한인타운에 어떠한 문제가 있다고 하면 공감은 하지만 내가 나서서 일해야 한다고 생각하지 않아요. "상관없어, 난 3년 후에 한국 갈 거야." 아니면, "뭐 난 대학교 졸업하면 이런 경험 안 할 거야."라는 반응들을 많이 보이시고, 활동에 동참하려 하지 않으세요. 그래서 단 하루를 산다 할지라도, 이곳이 내가 사는 곳이라는 생각을 심어주기 위해 LA지역 역사를 알 수 있는 지역탐방 프로그램도 소규모로 운영하고 있습니다. 그리고 미국에서 살아가며 필요한 상식을 가르쳐 드리는 워크숍도 운영하고 있습니다.

한인타운 노동연대에서 운영하는 '연대의 집'.
저임금 이민노동자들이 저렴하지만 쾌적한 임대아파트에서 거주할 수 있도록 돕고 있다.

지역 상생의 중요성을 일깨워준 4·29 폭동

키와는 미국 내에서도 노동문제를 일찍 다뤘던 1세대 단체입니다. 1992년 키와가 창립되고 직후에 4·29가 터졌어요. 한인들은 흔하게 LA 폭동, 4·29라고 많이 표현하고 주류사회에서는 LA업라이즈 LA uprising 1992 등으로 표현하고 있죠.

키와 창립 무렵 LA 경기가 안 좋아서 분위기가 안 좋을 때였어요. 전통적으로 사우스 LA는 중산층 블루칼라들이 일하던 곳이었는데 세계화로 인해 해당 지역 공장들이 해외로 빠져나가 버린 거에요. 한인타운 남쪽으로 차로 10분만 가면 사우스 LA의 시작인데, 당시 공장들이 그 지역에서 철수하는 과정에서 문 닫은 공장들이 방치되어 환경문제도 있고, 그곳에서 일하던 사람들을 어떻게 할 것인지 대책 없이 공장들이 떠나서 급격히 실업률이 올라갔고, 이 지역이 슬럼화된 거죠. 학교는 인구대비 지어주니까 학군이 안 좋아도 학교는 있어요. 그런데 학교를 빼고 나면 취업할 수 있는 곳이 없는 거에요. 괜찮은 식당도 없고, 대부분 패스트푸드점이고, 병원 같은 필요시설도 없고. 그래서 흑인들의 불만이 쌓여 LA 폭동이라고 하는 4·29가 발생했습니다.

저희가 연대를 강조하는 이유가, 언어가 다르고 피부색이 달라도 공통된 문제점들이 있어요. 그러한 문제들을 해결하기 위해 연대가 최고라고 보는 거죠. 키와 처음 시작 당시에 간사 두 분 중 한 분은 한국어와 스페인어를 하셨고, 한 분은 영어와 한국어를 하셨거든요. 세 개 언어를 하는 걸 기본으로 했습니다.

코리아타운의 다문화 공생

저희가 키와 활동을 홍보하고 참여자를 모집하면 보통 한인타운에서 자라신 분들이 참여하는데 절반 가까이가 남미분들이에요. 한인타운을 넓게 잡았을 때 가장 많은 인구가 라티노이고, 두 번째가 백인, 세 번째가 한인이에요. 4·29 이후에 한인타운 지역이 위험하다고 생각해서 많은 한인들이 여길 떠나셨는데, 그 사이에 부동산이 올라서 되려 백인이 영입됐어요. 지금은 한인이 다시 늘어나고 있긴 하지만, 4·29 이전에도 거주로 한인이 1등이었던 적은 없어요. 한인들은 코리아타운에서 비즈니스를 많이 하고, 여유 있으신 분들은 학군을 중시에서 학군이 좋은 오렌지카운티 등에 사시면서 출퇴근을 하죠.

저희처럼 '지역'을 대상으로 하는 단체는 많지 않아요. 대부분 노동센터는 보통 업종, 인종 위주에요. 예를 들어 흑인이 많은 사우스 LA지역에는 블랙워커 센터가 있죠. 키와는 특이한 케이스에요. 예전에 명칭을 바꾸기 전, '한인노동상담소' 시절에 재단들에 예산을 신청하면 "우리는 한인 이슈에 관심 없어요, 미국 이슈에 관심 있어요."라는 답변이 많았어요. 사실상 저희 활동 내용을 보자면 이미 한인타운을 상대로 하고 있었지만, 우리가 한인만 도와주는 게 아니라 한인타운 지역, 즉 미국 이슈에 관심 있다는 걸 보여줄 필요가 있었어요. 그래서 한인타운노동연대로 단체명을 바꾸었죠. 그랬더니 한인타운도 미국의 일부니까 지원해 줄 수 있다고 입장이 바뀌는 곳이 더러 있었어요. 한인타운 '지역'은 미국의 이슈가 될 수 있으나, '한인'은 그들의 이슈가 아닌 거죠. 미국의 현실을 보면 한국인만 대상으로 일을 할 수가 없어요. 한국인끼리 최저임금 올리자 해봤자 힘이 없잖아요. 절대 통과 안 돼요. 그러니 뭔가 하려면 지역의 다른 민족들과 같이 해야 해요.

한인타운의 노동문제

　90년대 초반에는 한인타운을 업체들을 조사하니 70%가 최저임금을 안 줬어요. 하지만 지금은 반대로 70% 정도는 최저임금을 챙겨주고 있습니다. 그런 면에서 봤을 때 변한 부분은 있습니다. 그리고 저희가 이런 일을 하는 근본적인 이유가 사람에 대한 존중이거든요. 노동자도 존중해야 된다는 생각에서 하는 건데, 그런 인식이 (한인타운 내 업주들에게) 굉장히 부족하죠. 인종적 차별 발언을 하는 것도 많고, 성적인 발언도 아무렇지 않게 하시고.

　여기서 있다 보면 이민 사회가 좁아요. 자기 취미 생활을 하고 여유를 찾으려면 찾을 수 있겠지만 대부분 이민1세는 그런 여유가 없었어요. 집 직장, 집 직장만 하시는 분들이 많았거든요. 내가 하는 행동이 사회적 기준에 말이 안된다는 걸 경험할 기회가 없으셨어요. 70년대에 미국 오셔서 그 때의 가치관이 그대로 그냥 굳은 거에요.

　그리고 또 하나가, 미국 오신지 좀 오래된 분들이 월급 외 오버타임 수당을 안 주는 게 정상이라고 생각하는 분들이 계세요. 특히 이 문제는 한인들이 역차별당하고 있어요. 고용주가 한국 사람, 남미 사람 다 고용하는 경우가 있는데, 남미 직원들한테는 시간당 페이를 주고, 한국 직원들한테는 월급으로 줘요. 한국인 직원에게 더 많이 주는 거 같은데 실제로 일을 더 많이 시키니까 결과적으로 한국인들이 더 손해 보는 경우가 많거든요. 남미 직원들은 한국인들이 월급으로 임금을 더 많이 받는 특혜층이라고 생각하고, 한국인 직원들은 내가 주 50시간 일하는데, 시간당 페이로 보면 남미 애들이 더 많이 가져가니까 차라리 남미 애들이 편하다고 생각해서 황당하게 노동자들끼리 싸우는 일이 발생하는 이유가 되기도 해요.

변화를 이끄는 소수자들의 연대

키와의 활동을 통해 미국 내 변화를 일으킨 사례를 들어보자면 두 가지가 있어요. 최저임금이 15불로 올라갔죠. 그게 저희 혼자만 한 건 아닙니다. 관련 다른 단체들이 함께 모여서 최저임금 인상이 필요하다 푸시^{push, 압박}를 했어요. 관련 청문회가 있다고 하면 저희 회원들이 직접 나가서 어떤 피해를 당했다고 발언을 하고, 정치인들 만나서 왜 최저임금이 인상되어야 하는지 정책 설명도 하고. 정치인들을 움직이는 건 두 개 거든요. 돈과 표. 저희가 돈은 없어요. 그런데 다른 단체들과 연대해서 최저임금 인상을 원하는 여론을 보여줌으로써 최저임금 인상 중요성을 인식시켰어요. 그 결과 LA시가 대도시에서는 첫 번째로 최저임금을 15달러로 인상하기로 했어요. 그랬더니 바로 옆에 있는 산타모니카가 15달러 따라가기로 했고요, LA카운티 관할 구역들의 최저임금도 15불로 결정되었어요. 그러고 얼마 있지 않아서 새크라멘토에서 캘리포니아주 전체 15불 인상을 결정한다고 결정을 했어요.

현재 LA시 최저임금이 26명 이상 노동자가 있는 업체는 10.50불, 25명 이하는 10불에요. 2017년 7월 1일부터 26명 이상 12불로 인상되고요, 25인 이하는 10.50불로 인상됩니다. 궁극적으로는 2020년까지 15달러로 인상하는 거예요. 저희가 연대를 통해 노동자의 권익을 위한 긍정적인 변화들, 최저임금 15달러라는 파급효과를 만들어서 퍼트렸다고 생각해요.

방치된 소수민족 문제는 결국 다시 돌아온다

또 하나 저희가 자랑스러워 하는 게, SB588 California state bill 588, 캘리포니아주 법 588이라는 겁니다. 저희만 아니라 여러 단체가 함께 주장해서 4년 만에 통과를 시켰습니다. 임금체불이나 임금 절도 관련으로 노동자가 승소해도 그중 17%만 떼인 임금을 받아내고 대부분은 돈을 못 받아냅니다. 미국 회사법에 따르면 회사명을 바꾸어버리면 같은 회사인지 증명이 안 됩니다. 그럼 노동자가 직접 이 두 회사가 같다는 것을 증명해내야 해요. 그런데 그게 현실적으로 힘들죠. 관련 자료들은 업주가 가지고 있는데, 자료를 줄 거였으면 임금체불을 하지 않았겠죠. 임금 절도를 막으려고 이 법을 통과시킨 거예요.

임금을 안 주는 것을 '임금 절도'라고 하는데, 임금 절도 경력이 있는 업주가 새로 기업을 할 때 공탁금 10만 불을 내야합니다. 새로 사업을 하고 또다시 임금 절도를 반복하면 공탁금에서 임금을 지급하게 되어 있습니다. 쉽게 이야기하면 밀린 임금을 주던가, 공탁금을 주고 새로 사업을 하던가 선택을 하라는 거죠. 어느 것을 선택하든 노동자 전체로 보면 이익이죠.

그 과정에 다른 노동자 센터들도 함께 참여했을 뿐만 아니라, 노조들의 입장도 많이 바뀌었어요. 4·29 이후로 미국사회가 소수민족 문제를 방치했더니 결국에는 부메랑으로 자기들에게 돌아온다는 생각을 하게 되었기 때문에 노조도 같이 움직임을 함께 했어요. 노조가 미국 내에서 계속 약해지고 있긴 하지만 정치 로비력으로 봤을 때 아직 영향력이 있거든요. 저희는 사실 법안 통과시켜 본 게 몇 개나 된다고, 그런 노하우는 없거든요. 저희는 전임 로비스트도 없고. 노조에서 지원을 많이 해줬죠.

강두형 활동가 / 1976년생, 1.5세, 서울특별시, 캘리포니아주 LA

미국 이민을 꿈꾼 아버지

저는 강두형입니다. 키와 활동가로서 한국인 회원과의 관계, 프로그램 준비 및 키와 프로그램 홍보 등에 참여하고 있습니다. 76년 4월 22일에 서울에서 태어나 1995년 만 19살에 미국에 왔어요. 아버님이 미국에 정말 오고 싶어 하셔서 가족 이민으로 따라오게 되었습니다. 제가 7월 14일에 왔는데, 날짜를 정확히 기억하는 이유가 있어요. 제가 왜 그랬는지 모르지만 7월 4일인 미국 독립기념일을 14일이라고 알고 있었어요. 그래서 첫날 왔을 때 독립기념일 불꽃놀이를 기다리다 잠들었던 게 기억나요.

미국에 온 건 아버지의 강력한 의지였습니다. 미국을 동경하셨어요. 아버지가 영어를 좀 하셨나 봐요. 카투사 제도가 정착되기 전에 군에 통역관처럼 계시면서 한국 사람인데 외국인과 같은 대우를 받았던 게 아버지께 좋은 기억이지 않았나 싶습니다. 항상 미국에 가고 싶다고 하셨어요.

결정적 계기 중 하나는 김영삼 정부의 출현이었던 거 같아요. 아버지 표현을 빌리자면 "빨갱이 정권이 들어서면 한국이 망할 거니까 빨리 도망가야 해."였거든요. 하하하. 제 선택은 아니었지만, 미국에 온 것이 저에게는 삶을 바꾸는 경험이었어요.

한국은 어떤 나라인가

　미국에 와서 영어를 해야 하니까 자꾸 사람들에게 말을 걸었어요. 마침 아파트 옆집에 장기 기억상실증인 할머니가 있었어요. 예순 정도 셨는데, 십 대 청소년기는 잘 기억하시지만, 교통사고 이후부터를 잘 기억하지 못하세요. 이런 분이 치료되려면 계속 사회적인 활동을 해야 한다고 의사가 권장했어요. 그래서 그 집 할머니가 주변 사람들 초대해서 이야기할 기회를 많이 만들었는데 저도 그 기회를 잘 이용했죠.
　그런데 할머니가 "한국"이 어떤 나라냐 물으니까 그걸 규정하지 못하겠더라고요. 한국에서 한국 사람끼리 살 때는 제가 그런 고민을 해본 적이 없었어요. 문화적 정체성을 생각해 본 게 그때가 처음이었던 거 같아요. 그래서 내가 대학교 들어가면 한국문화를 공부하겠다는 생각을 했어요. 시티칼리지라고 2년제 가서 언어부터 공부하고 후에 UCLA로 편입했죠. UCLA가서 한국 동아리를 찾다가 풍물을 처음 접했어요. 풍물 동아리를 통해서 키와를 처음 접했죠.

한국 이슈와 미국 이슈에 흔들리는 미주 한인사회

　저는 이곳만의 콘텐츠가 있었으면 해요. 한인사회는 한국이슈, 미국 이슈에 흔들리는 사회라는 느낌을 받아요. 그렇다고 한국사회를 완전히 이해하는 것도, 미국사회를 완전히 이해하는 것도 아니고 얼치기 같은 느낌이에요. 그래서 미주 한인사회의 목소리가 따로 있었으면 좋겠습니다. 재미있지 않아도 예능프로그램 같은 거 하나 있으면 좋겠어요. 미국 이슈와 한국이슈가 공존하는 미주 한인사회 특성을 이용해서 뭔가 새로운 콘텐츠를 만들 수 있지 않을까 생각합니다.

LA도 이곳의 독특한 역사가 있습니다. 그리고 이곳의 사람들만 경험한 독특한 것. 한국 및 여타 다른 지역과 다른 것이지만 모든 이들이 공감할 수 있도록 쉽게 다룰 수 있는 게 예능이라고 생각해봤어요. 예능에서 LA 역사도 이야기하고, 한국에서 동네 가장 오래된 짜장면 집 찾아가는 식으로 코리아타운에서 가장 오래된 집들 찾아가고. 여기만의 뭔가 코드가 있어야 한다고 생각해요. 반대로 보자면 한국과 미국의 이슈를 제대로 이해해야 그게 가능하다고 생각해요.

5장

금싸라기 긁어모을 줄 알았지

샌프란시스코는 아시아인들에게 미국 본토로 진출하는 '골든 게이트'였다. 19세기부터 아시아 이민자들이 진출하기 시작했고, 1987년 미국 멕시코 전쟁 결과로 미국에 편입되기 전까지 멕시코의 영토였던 만큼 히스패닉계 주민도 많아 일찍이 미국 내에서도 가장 다민족이 사는 도시가 되었다.

1848년 금광이 발견된 이후 불어 닥친 골드러시와 1862년 대륙횡단철도 건설 시작은 미국 이주와 서부 개척의 동력이 됐다. 많은 중국인들이 저임금의 철도 건설 노동자로 들어와 눌러앉았고, 샌프란시스코는 태평양 연안의 주요 항구로 발전했다.

한인들이 가장 먼저 밟은 미국 땅도 샌프란시스코였다. 1882년 한미수호통상조약 체결 후 한국의 사절단이 샌프란시스코 항구에 도착한 것이다. 초기 한인들은 샌프란시스코를 '상항'이라 불렀으며, 미국 본토로 오는 대다수의 초기 한인 이민자들은 샌프란시스코에 발 딛게 되었다. 그렇기에 이곳은 미국 본토에 도착한 한인들이 각 지방으로 일자리를 찾아 떠나는 정거장 역할을 했다.

비록 오늘날 로스앤젤레스가 미주 최대 한인타운으로 성장하였지만 1900년대 초 미주 본토에서 최대 한인사회를 이룩한 곳은 샌프란시스코였다. 1905년 국외 최초의 조국광복 운동 단체인 공립협회가 샌프란시스코에서 창립되었으며, 미주 한인들의 대표 역할을 했던 대한인국민회 또한 샌프란시스코에서 창립되었었다. 일찍부터 다민족이 살아가며 다문화 사회를 이룬 샌프란시스코는 인종차별이 적어 한인 이민자들에게도 살기 좋은 곳으로 손꼽혔었다.

　연중 온화한 기후와 세련된 도시 풍경, 자유로운 분위기로 인해 미국 현지인들에게도 살기 좋은 도시로 여겨지는 샌프란시스코에는 현재 약 1만5000명의 한인들이 살아가고 있다.

　5장 '금싸라기 긁어모을 줄 알았지'는 '골든게이트 브리지'의 도시, '자유의 도시' 샌프란시스코 지역에 사는 사람들의 이야기다.

"사전 찾아가며 이어간 대화"

강애나 / 1952년생, 1세, 경북 예천군 유천면 하지리, 캘리포니아주 퍼시피카

"저는 사실 어떤 때는 과거를 생각하고 싶지 않아요."
아름다운 도시 샌프란시스코에 살고 있는 강애나 씨는 1983년 가족들이 사는 캘리포니아 새크라멘토에 정착했다. 그녀는 정말 미국에 잘 왔다며 때로는 과거를 생각하고 싶지 않다고 말했다. 그도 그럴 것이, 미국에 올 때 그녀의 심정은 참담하기 그지없었기 때문이다.

 미군 부대에서 일하던 큰 언니가 1970년 즈음 국제결혼으로 미국에 정착한 것을 시작으로 그녀의 가족은 모두 미국으로 이민을 갔다. 군 장교였던 그녀의 남편도 당시 군 생활과 한국의 정치 상황이 싫어 미국으로 가길 원했다. 하지만 미국행 비행기에 오른 것은 그녀와 아이들, 세 명뿐이었다. 비자 신청에 필요한 신체검사를 하려고 갔던 병원 앞에서 남편이 불의의 사고로 명을 달리했기 때문이다.
 그녀는 말도 통하지 않는 타지에서 혼자 아이들을 키우며 어떻게 살아가야 할지

막막하기만 했다. 친정 식구들의 도움으로 영어학원도 다니고 일자리도 구할 수 있었지만 암담한 심정을 달랠 길이 없었다.

그러던 어느 날, 그녀에게 새로운 사랑이 찾아왔다. 샌프란시스코 이민국 빌딩 청소를 하던 그녀에게 한 남자가 웃으며 말을 건네 왔던 것이다. 잘 알아들을 수 없었던 그녀는 무슨 이야기인지 써달라고 했다. 남자는 거절하지 않고 자신이 했던 말을 다시 써 내려갔다. 그리고 둘은 사전을 찾아가며 대화를 이어가기 시작했다. 그렇게 그녀는 '애나 커크'로서 인생 2막을 시작했다.

그녀는 힘겨웠던 삶의 든든한 버팀목이 되어준 남편의 그늘 아래서 꿈꿨던 대학 진학도 하고, 두 아들들도 잘 키워냈다. 이제는 미국 사회에 잘 뿌리내려 준 아들들의 그늘 아래에서 몸이 불편한 남편을 돌보며, 한인사회에서 봉사하며 아름다운 도시 샌프란시스코에서 하루하루 감사한 마음으로 살아가고 있다.

충북 보은의 이 씨 집성촌

저는 강애나입니다. 원래 이름은 강태순이에요. 한국에서 받은 가톨릭 영세명이 안나인데, 미국 시민권 받을 때 영어 이름이 필요해서 안나의 미국식 발음인 애나를 쓰기 시작했어요. 부모님들께서 원래 대구에 사셨는데 한국전쟁 때 부산으로 피난 가셔서 저는 1952년 6월 부산에서 태어났어요. 아버지 고향은 경북 예천군 유천면 하지리입니다.

저희 아버지가 충북 보은에 수로를 설치하는 총감독으로 가셔서 4살 때 그곳으로 이사를 갔어요. 거기가 이 씨 집성촌이라 동네 친구들이 다 이 씨야, 나만 강 씨고. 그런데 그 공사가 끝나고 아버지가 병이 드셔서 가세가 굉장히 기울었어요. 제가 칠 남매 중 셋째인데, 형제는 많고 가난하게 자랐죠.

아버지는 병석에 누워계시고 엄마는 장사하셔야 하고, 언니들은 자라서 외지에 가있으니까 제가 아버지 병간호를 많이 했어요. (집안 형편이) 너무 힘드니까 저는 정식 중고등학교를 못 나오고 야간으로 동네에서 대학생들이 가르쳐주는 사설 야간 중고등학교를 나왔어요.

인천 대원공고의 사환

보은에 있을 때 교회에서 대학생들이 하는 사설 중학교를 졸업했어요. 그 후로는 제가 인천에 있었어요. 아버지가 바람을 피우셔서 작은 엄마와 저보다 두 살 위인 오빠 한 분 더 계셨는데, 그 오빠가 인천에 계시면서 저를 그쪽으로 불러가지고 직장 다니게 해줬어요. 그래서 거기서 야간 고등학교 나왔어요. 제가 대학은 미국 와서 다녔죠.

작은엄마네 집에 있으면서 오빠가 다니던 대원공고 사환으로 일했어요. 야간 고등학교 다니면서 낮에는 남자고등학교 사무실에서 일했던 거예요. 선생님들 심부름하고 사무일 도와주고 하는 건데 꽤 괜찮았어요.

그때 학교에서 제 첫 남편을 만났어요. 우리 집 양반이 오빠 후배였죠. 오빠가 그때 학생회장이었는데 남편이 간부로 많이 불려 다니더라고요. 그러니까 오빠하고 다니다가 자연스럽게 보고, 학교에서도 보면서 연애를 했죠. 오빠한테 혼나기도 혼나면서. 하하하.

한국의 정치가 싫었던 군인 남편

남편이 3사관학교 가고 2년 동안 면회하러 다니면서 계속 만나다가 1974년, 스물세 살에 결혼했어요. 큰 아이를 24살에 낳고 작은 아이를 스물여섯에 낳았죠.

남편이 육군 대위였는데 한국의 군 생활과 정치 상황을 굉장히 싫어했어요. 그래서 굉장히 미국에 가고 싶어 했어요. 70년대에 (친정식구들이 다 미국으로 이민 가고) 나만 한국에 남아있었는데 남편이 우리도 미국 가자고 했죠. 저희 언니가 신원보증을 해줘서 남편 군 제대하고 미국 올 준비를 했어요. 그때 남편은 미국 올 수 있다는 것에 굉장히 기대가 컸어요. 행운이라고 했죠.

(미국 이민) 수속을 밟는데, 비자 받기 위해서 영등포 국군통합병원에 신체검사를 하러 갔어요. 1983년 1월 29일, 눈이 많이 오는 날이었어요. 그 양반이 내 왼손을 자기 코트 주머니에 넣고 날 붙들고 가는데, 왼쪽에 맨 가방이 자꾸 흘러내리는 거예요. 그래서 백을 바꿔 매려고 손을 뺏어요. 마침 그때 신호등이 바뀌면서 사람들이 다 한꺼번에 길을 건너기 시작했어요. 그런데 커브 틀어서 내려오던 버스가 정지를 못하고 내 앞에 가던 사람들을 다 친 거예요. 난리가 났어요. 그 큰 대로에서 (횡단보도 지나던 사람) 반은 치이고 반은 살아남은 거예요. 그 친구하고는 정말 죽을 때까지 사랑하고 좋아했어요.

가족들이 있는 미국으로

너무 기가 막히니까 미국에 계신 엄마가 한국에 나오셨어요. 남편 사망신고를 하고 엄마가 바로 저를 데리고 가셨어요. 그 해 겨울 12월에 미국 이민 온 거죠.

큰언니가 미 8군 부대에서 근무하다가 필리핀계 형부를 만나서 1970년 즈음 미국 들어왔을 거예요. 언니가 가족들을 초청해서 당시에 저만 한국에 남아있었어요. 남편이 현역 군인이라 수속이 안됐거든요. 그래서 제가 가족 중 제일 마지막에 미국 왔어요.

남편 죽고, 애들 데리고 미국 들어올 때 정말 암담했죠. 내가 미국에서 아이들 데리고 어떻게 사나… 1983년에 새크라멘토에 정착했어요. 거기에 친정이 있으니까요. 엄마가 계시는 큰 남동생 집에서 살았어요. 처음 와서 엄마가 일단 영어를 배우라고 하셔서 어덜트 스쿨에 다녔어요. 그리고 당시 엄마의 친한 분이 청소업을 했는데 일을 다녀보라고 해서 빌딩 청소하는데 따라다녔죠. 거기서 지금의 남편을 만났어요.

당신의 산타아나스는 무엇입니까

사전 찾아가며 이어간 대화

샌프란시스코 이민국 건물 청소를 했는데, 남편 방에 청소하러 가면 굉장히 착하게 웃으면서 말을 했어요. 그런데 무슨 말인지 알아듣지를 못했어요. 그 대신 써달라고 하면 써줬어요. 저는 미국 사람들은 다 글씨를 잘 쓰는 줄 알았거든요? 그런데 그렇게 글씨를 못 쓰는 거예요. 못 알아보겠더라고요. 하하하. 제가 지금도 그거 가지고 놀려요. 당신 착하다, 예쁘다 뭐 이것저것 사전 찾아가면서 대화하고 주말이면 새크라멘토 와서 저랑 애들을 좋은 곳에 많이 데려가 줬어요.

1984년, 그때까지도 첫 남편 때문에 가슴 아프고 막막한 상태였지만 제가 결심해야 했어요. 미국에서 아버지 없이 저 혼자 아이들 키우기가 힘들 것 같았어요. 그리고 남편이 너무 괜찮은 사람이라 기회를 놓치면 안 되겠다는 생각이 들었죠. 남편과 열네 살 차이인데, 워낙 체격도 건장하고 젠틀맨이라 당시에는 나이 차이를 못 느꼈어요. 그래서 1985년 3월에 결혼했어요.

애들은 어리니까 금방 배워요. 제가 (문화적 차이를) 많이 느꼈죠. 영어 때문에 내 속내를 다 말할 수도 없고 서러운 게 좀 있었어요. '어떻게 이럴 수가 있지? 한국 사람 같으면 안 그랬을 텐데.'라는 생각이 가끔씩 들었죠. "이건 당신 돈이고, 이건 내 돈이니까 당신이 쓰면 안 돼."라든지. 이런 게 다 문화적인 차이에요.

처음에는 저랑 애들이랑 셋이 한국말 했었어요. 그런데 남편 눈치가 보이는 거에요. 나중에는 저도 아이들과 영어로 대화하기 시작했어요. 저는 언어에 애착이 많아요. 모르는 단어는 사전 찾아보고 알아야 해요. 그래서 아이들 어릴 때 엄마가 영어로 잘못 이야기 했거나 맞지 않는 단어를 쓰면 그 자리에서 지적해달라고 이야기했어요. 아이들이 가르쳐줘서 많이 배웠어요.

친구들은 제가 미국인이랑 사니까 (영어) 쉽게 배우고 편한 줄 알지만 아니에요. 제가 (공부) 해야 돼요. 그렇지 않으면 남편이 미국인이라도 일상적인 대화만 하지, 심오한 건 할 수가 없어요. 그래서 항상 가방에 사전을 넣고 다녔어요. 하도 많이 봐서 아들아들 해지니까 남동생 부인이 선물로 새 사전을 사줬어요.

못다 이룬 꿈

결혼하고 나서 2년 동안 시티 칼리지 가서 비즈니스를 전공했어요. 그다음에는 패션 디자이너가 되고 싶어서 샌프란시스코에 있는 유명한 패션스쿨에 남편 몰래 혼자 찾아갔어요. 그런데 1년 학비가 3만 불이 넘어요. 그래가지고 남편한테 말도 못 꺼내보고 꿈을 접었어요. 2005년까지 20년 동안 보험회사 다니고 정년퇴직했어요.

사실 저는 항상 패션에 관심이 많았거든요. 이 가방도 내가 청치마로 만든 거에요. 이 스카프도 다 내가 만든 거예요. 천 조각만 있으면 이렇게 다 만드는 거죠. 바느질이나 이런데 감각이 있는 거 같아요. 하하하. 저는 선물할 때는 가방을 제가 다 만들어서 거기에 넣어줘요.

백인 아버지와 아들들

큰 애 미국 이름은 데릭 커크 김이고 작은애는 브랜트 커크에요. 남편 성이 커크 Kirk니까 저도 모든 정식 서류에는 애나 커크로 되어있어요. 큰 애는 만화가고 작은애는 미국 공군이에요. 큰 아이는 항상 조용했어요. 문제도 안 일으키고. 그런데 작

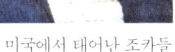
미국에서 태어난 조카들

은 아이가 문제가 많았어요. 제가 학교에 몇 번 불려갔었죠. 여자애 머리를 잡아당기고, 벽에 있는 그림 다 떨어뜨리고 가고 아주 장난꾸러기였어요. 지금은 너무너무 멋진 신사가 됐지만. 하하하.

제가 잘 몰랐는데 나중에 알고 보니 애들이 문화적 충격을 많이 느꼈다더라고요. 애들은 아무런 선택권도 없이 미국 왔고, 엄마가 외국 남자하고 결혼했기 때문에 같이 살 수밖에 없었잖아요. 아이가 어렸을 때 친구들을 데리고 오곤 하잖아요? 아들 친구가 저한테 농담을 했는데 그걸 제가 못 알아듣고 엉뚱한 대답을 해서 자기가 창피했던 적이 있다더라고요.

엄마가 들으면 힘들 것 같았는지, 저에게는 이야기 안 하고 여기서 태어나 자란 자기 사촌들한테, "너희는 친아빠 밑에서 자랐지만 우리는 백인 아빠 밑에서 참 쉽지 않았다."라고 이야기했대요. 아빠가 굉장히 엄하거든요. 콩 심은 데 콩 나야 되고,

팥 심은 데 팥 나야 되고. 그게 친아버지였으면 덜 힘들었을 텐데, 백인이고 양아버지니까 여러모로 힘들었던 거 같아요.

그래도 이 양반이 운 좋은 게요, 우리 아들들이 이 사람 친 자식들보다 아버지한테 잘해요. 그런데 남편이 갑자기 병이 나서 안타까워요. 이제 20년 정도 되었는데, 그래도 저는 남편이 아플 뿐이지 다른 걱정 없어요. 아이들도 다 자기 할 일 잘하고. 남편도 아직까지 유쾌하시고 아주 젠틀맨이고. 하하하.

한국 성을 다시 찾은 큰 아들, 데릭 커크 김

큰아이는 어렸을 때 한국에서 밥 먹다가도 은하철도 999, 그 만화를 따라 그렸어요. 여기 와서는 디즈니 만화 보고 그리고 하더니 일러스트레이션 전공으로 예술아카데미대학교Academy of Art University에 갔어요. 그런데 거기를 2년 다니더니 더 이상 자기가 배울게 없다는 거예요. 나와서 스스로 만화가가 된 거죠. 첫 책 제목이 '다르면서 같은'이에요. 한국에도 번역되어 출판되었다더라고요. 본인이 자라면서 느낀 것들을 에피소드로 많이 사용했어요.

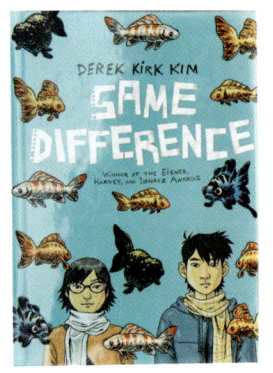 

큰 아들은 차분하고 착해요. 근데 자기 주관이 뚜렷한 애죠. 성인이 되고 자기 본래 성을 찾겠다며 스스로 성을 김이라고 쓰기 시작했어요. 자기 아이덴티티를 찾은 거죠. 그러니까 아버지가 조금 서운해하더라고. 하하하.

지금 결혼은 안 했는데 같이 사는 아이가 있어요. 같이 만화하는 애에요. 여자 친구는 여기서 태어난 멕시코 4세인데, 완전히 미국 애들이죠 뭐. 그래도 착해요. 아들한테 해주려고 인터넷에서 (레시피를) 찾아서 곰국도 끓여주고 김치도 해주고.

• 데릭 커크 김의 2003년 작 '다르면서도 같은'은 일상에 대한 세심한 관찰 및 블랙코미디적인 상상력과 한국계 미국인이라는 경계인적인 정체성이 배합된 성장만화이다. 그는 이 작품으로 미국 이그나츠상 '촉망받는 신인상'을 수상한데 이어 2004년 아이즈너상 '가치있는 인물'에 선정되었고, 하베이상 '최고 신인상'을 거머쥐는 등 3대 만화계 주요상을 휩쓸었다. 그는 만화가이자 그래픽 소설가로, 현재 워너 브라더스사에서 일하고 있다.

아들 연애편지 대필해주는 엄마

작은 아들은 고등학교 졸업하고 1997년에 바로 공군에 입대했어요. 정보 계통에 있는데 이전에 오산에서 근무하고 지금은 하와이에서 근무해요. 아들이 한국에서 며느리를 만났어요. 며느리가 송탄에서 옷 가게를 했는데, 아들이 거기 드나들다가 며느리랑 알게 됐다 더라고요.

아들은 한국어를 잘 못하지, 며느리는 영어를 잘 못하지. 그러니까 아들이 집에 휴가 오면 내가 연애편지 대필해줬어요. 하하하. 아들이 영어로 말하면 내가 한국어로

받아써서 보냈죠. '잘 왔다, 보고 싶다, 겨울이니까 옷 따뜻하게 입어라, 내가 갈 때까지 날 잊지 마라' 등 내가 그거 쓰면서 얼마나 웃었는지 몰라요. 하하하. 걔네들이 연애 1년 정도 하고 2000년에 결혼했어요. 올해로 하와이 5년째 근무 중인데 다음 달에 메릴랜드로 전근 가요. 덕분에 하와이도 자주 갔죠.

지난 5월 1일이 미국 어머니의 날 이었어요. 아들들이 하와이 빅아일랜드로 초청해서 4박 5일 동안 최고의 어머니의 날 보내고 왔죠. 거기 공군 휴양지가 있어서 작은

작은아들과 며느리, 손녀

아들 친구들이 자신들 엄마를 다 초대한 거예요. 걔네들이 프로그램 준비해서 같이 춤추고, 식사하고 엄마 업고 뛰는 거하고. 하하하. 내가 조그마하니까 우리가 1등 했어요. 가만히 생각해보면 젊었을 때 남편 죽고 미국 와서 애들 키우는 게 힘들었지만 나이 드니까 이제 자식들이 내가 심적으로 기대는 기둥이에요.

어린이들에 대한 애착

어릴 때 아버님이 아프시면서 집안이 힘들어지고 칠 남매가 가난하게 힘들게 살았어요. 한국에서는 남자들만 상급학교 보내고, 여자애들은 안 보냈잖아요. 특히 저는 동생들을 돌봐야 하는 상황이라 못 갔죠. 그래도 제가 공부에 대한 욕심이 많아서 힘들게라도 야간 중학교, 고등학교 다녔어요. 제가 어린 시절 힘들게 살았기 때문에 아

이들 돕는 일에 유난히 애착을 가져요. 아이들 돕는 일이라면 제가 발 벗고 나서요.

그래서 저는 글로벌 어린이재단 샌프란시스코 지부에서 봉사하고 있어요. 한국에 IMF가 터졌을 때 실직한 가정들이 늘어나고 배 곯는 아이들이 많다는 소식에 워싱턴에서 한국 엄마 20명이 모여서 2만 불을 한국에 보낸 게 그 시작이었어요. 샌프란시스코 지부는 2000년에 설립되었는데 제가 재무를 6년하고 부회장, 그다음에 회장이 됐어요. 해마다 10월이면 한국에 가서 글로벌어린이재단 열아홉 개 지부가 같이 바자회를 했어요. 미국에서 물건들을 사가서 바자회에서 판 수익금을 전달하는 거죠. 그 돈으로 어린이들을 돕는 거예요. 지금은 어린이재단 외에도 샌프란시스코 장학재단에서 재무로, 샌프란시스코 한인회에서 감사이사로 봉사하고 있어요.

내 고향 샌프란시스코

한국에 매년은 못 가도 가끔 남동생이랑 같이 가요. 새크라멘토 한인회장인 큰 남동생이랑 봉사활동을 같이 많이 하거든요. 한국 가면 경북 예천에 있는 아버지 산소도 가요. 어머니는 6년 전 여기서 돌아가셔서 새크라멘토에 묘지가 있죠.

저는 (미국에) 잘 왔다고 생각해요. 가끔 생각해보면 한국에서 내가 어떻게 살았을까⋯. 솔직히 말해서 암담해요. 저는 지금 너무 감사해요

이민 와서 새크라멘토 엄마 집에서 2년 살았던 때를 제외하면 이 집에서 평생을 다 보냈어요. 결혼하고 애들 어린 시절도 다 이집에서 보냈고. 여기가 완전히 고향 같은 데죠. 얼마나 한적하고 조용해요? 한국가면 정신이 없어가지고 어리바리 해져요. 한국은 번잡하잖아요. 그리고 일단 공기가 달라요. 한국 갔다가 샌프란시스코 공항에 내리면 숨 쉬는 게 다르다니까요. 그래서 더 이상 한국 가서 살고 싶은 마음은 없어요.

"금문교가 어디냐"

황왕자김왕자 / 1943년생, 1세, 경북 경산시 와촌면, 캘리포니아 주 샌프란시스코

  황왕자 씨는 1975년 계약 결혼으로 미국에 이민 왔다. 먼저 미국으로 건너간 남자친구는 그녀를 미국에 데려오기 위해 그녀와 위장 결혼 할 미국 시민권자를 한국에 보냈다. 그녀는 일가친지들을 불러놓고 일면식도 없는 남자와 '진짜 같은 가짜 결혼식'을 올렸다. 결혼증명서와 결혼사진을 미국 대사관에 제출한 그녀는 미국인 가짜남편의 배우자 신분으로 비자를 받아 미국행 비행기에 몸을 실었다.
  하지만 장밋빛 미래를 꿈꾸며 샌프란시스코에 도착한 그녀를 기다리고 있던 것은 지독한 가난과 외로움이었다. 부자인 줄 알았던 남자친구는 알고 보니 호텔 벨보이로 일하고 있었다. 그가 보태주는 200달러는 집세와 생활비를 충당하기에 턱없이 부족했고, 영어를 하지 못했던 그녀는 일자리도 구할 수 없었다. 결국 그녀는 죽음을 생각하기에 이르렀다.
  "돈도 없지, 영어도 못 하지, 직장도 없지, 아는 사람도 없지, 외롭지. 그래서 미국 온 지 7개월 됐을 때 금문교 가서 빠져 죽으려고 생각했어."

그러나 죽을 생각으로 집을 나선 그녀는 이윽고 자신이 금문교가 어딘지도 모른다는 것을 깨달았다. 샌프란시스코의 상징처럼 여겨지는 금문교에도 가본 적이 없었던 것이다. 눈물도 나지 않던 그녀는 근처 공원을 거닐었다. 몸도 마음도 춥기만 했던 76년 2월의 어느 날, 이상하게도 그날따라 햇살이 참 눈부셨다.

"공원에 앉아있는데 눈물도 안 나와. 그날따라 햇살은 유난히 눈 부시고, 금문교는 어딘지도 모르겠고…. 그때 '내가 죽으려고 미국 왔나? 미국 오면 돈을 갈퀴로 긁어모으는 줄 알았더니, 지금 내가 죽을 연구만 하고 있네, 이거 큰일 났다.'는 생각이 들었어."

그 날의 햇살은 절망에 빠진 그녀에게 용기를 주려 찾아왔던 것 이였을까, 다시 한번 삶의 의지를 다진 그녀는 올해로 42년째 샌프란시스코에서 살고 있다.

기미코, 옥자, 옥희

저는 황왕자입니다. 원래 김왕자인데, 황 씨랑 결혼해서 황왕자가 됐지. 나는 1943년 일본 오사카에서 태어났어. 우리 부모님은 경상도 사람들이야. 아버지는 대구 안심면 계전동현 경산시 와촌면 계전리이 고향이고, 어머니는 경남 삼천포.

내가 일본서 태어나서 이름이 기미코였어. 네 살 때 한국에 들어와서 삼천포에서 1년 반 정도 살았다는데 나는 기억이 잘 안 나. 16살 때까지 전남 승주군에서 살았어. 그런데 한국에 오니까 기미코라고 부르기가 좀 그렇잖아. 그래서 왕자에 점 하나 찍어서 옥자로 불렀어. 그러다가 나중에는 옥자라는 이름이 별로라고 옥희라고 불렀어요.

우리 집이 너무 가난해서 내가 초등학교를 1년 반 밖에 못 다녔어. 9남매 중 내가 셋째인데, 9살 때부터 내가 밥하고 살림하고 동생들 다 길렀어요. 아버지가 학교도 안 보내주고, 술만 잡수면 나를 때리고 해서 16살 때 서울로 도망갔어. 그때 우리 오빠가 서울에서 이발사로 일하고 있었거든.

빨간 치마에다가 하얀 적삼을 입고 옷 한 벌 싸가지고는 역전에 가서 서울로 가는 급행열차를 탔지. 그래가지고 서울 오빠한테 갔어. 오빠가 나를 후암동에 있는 다른 집에 보내줘서 거기서 세 살 먹은 애를 봐주면서 6개월 동안 있었어.

잘 나가는 백화점 이발소 화장대

 내가 그때 서울에서 야구선수 김응룡씨 집 식모살이를 했다니까. 김응룡 씨가 21살 먹고 내가 18살 때지. 나는 야구가 뭔지도 몰랐어. 청소한다고 보면 조그만 방에 방망이나 몇 개가 있는 거야. 그때는 선수 되기 전인데 나중에 보니까 신문에 야구선수라고 나오더라고. 그 사람은 나를 알지도 못할 거야. 하하하.

 그다음에 오빠가 이발소 데리고 가서 취직시켜줬어요. 이발소에서 손님 머리 깎고 나면 머리 털어주고, 얼굴에 크림 발라주는 화장대로 일했어. 미도파백화점 이발소 화장대로도 일하고, 신신백화점 이발소에서 화장대로도 일하고, 나중에 조그만 청파 이발소에서 면도 배워서 면도사로 있었어.

 그 무렵 오빠 소개로 첫 남편을 만났어요. 오빠 직장 사람이었는데 남편도 이발사였지. 결혼할 때 남편이 25살, 내가 18살이었어. 그런데 남편이 위장병이 나서 몇 년 앓다가 돌아가셨어. 만 4년밖에 같이 못 살고. 내가 겨우 23살이었어.

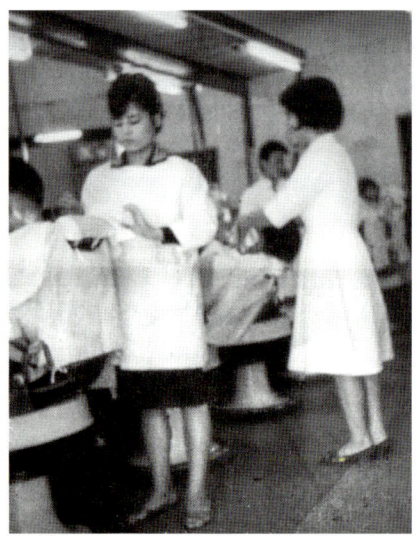

이발소에서 일하던 당시 일을 돕던 학생과 함께.

미국에 오기 위해 선택한 계약결혼

그 후로 충무로 2가에 있는 이발소에 다녔는데 그때 왕 씨라고, 중국 화교인 보이프렌드를 만나서 미국 온 거예요. 왕 씨가 당시 부자였어요. 주한중국대사관에서도 다 알고. 그런데 사기당해서 돈을 다 잃고는 창피해서 한국에 못 살겠으니까 72년 12월에 미국 갔어요.

왕 씨가 미국 가기 전에 나보고 호적등본을 떼 오라고 했는데, 등본을 보니까 내가 김왕자 거든. 나를 옥희로 알고 있었는데 자기 성이랑 내 이름이랑 똑같은 거야. 그 사람 성도 임금 왕王 자고, 내 이름도 왕王 자. 그래서 그 사람이 나를 자기 운명이라 여기고 미국까지 데려온 거야.

사실, 왕 씨는 가정이 있는 사람이었어. 그래서 결혼이민으로 나를 못 데려가니까 나랑 계약 결혼 할 중국계 미국인을 찾아서 한국에 보냈어. 74년에 내가 그 사람이랑 한국에서 위장 결혼 했어요. 진짜 결혼식처럼 예식하고 사진을 다 찍었어. 비자

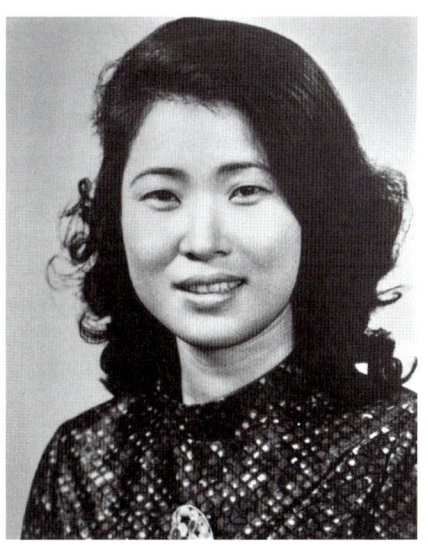

왕 씨와 한국에서 교제하던 시절 황왕자씨.

신청 할 때 대사관에 결혼이민 증거로 결혼사진을 내야 하거든. 안 그러면 수속을 할 수가 없어. 내가 계약 결혼한 사람이랑 22살이나 차이 나니까 "당신 가짜결혼 한 거 아니야?" 이 소리를 몇 번을 들었는지, 아이고…. 아니라고 말하면서 (걸릴까 봐) 심장이 벌떡벌떡 했어.

대사관에 제출하기 위해 찍은 위장 결혼식 사진

그때는 (미국 시민권 따서 이민 오려고) 계약 결혼 많이 했어요. 신문에도 계약 결혼 했다가 걸린 사람들 기사가 많이 났어. 당시 계약 결혼 비용은 왕 씨가 다 냈으니까 저는 자세하게 모르겠는데 아마 6~7천 불 들었을 거예요.

나는 1975년 7월 4일에 미국 왔어요. 한국서 올 때 점보 비행기 타고 왔는데, 하~ 비행기 첨 탔을 때 세상이 전부 내꺼 같고 좋았지. 미국 가면 부자로 떵떵거리며 잘 살 줄 알았어. 돈이 하늘에서 떨어지고, 갈퀴로 긁어모으는 줄 알았어. 그런데 와가지고 고생 무지하게 했지.

미국에 온 지 3일 되던 날 샌프란시스코 트윈픽스에서 찍은 사진. 1975년.

가짜 결혼했으니까 얼마나 불안했겠어? 스트레스 받아서 미국 오자마자 체해 가지고 3일 동안 죽다 살았다는 거 아니야. 영어를 하나도 못 하니까 병원 가서 말도 못 알아듣고, 써 달라 해가지고 왕 씨한테 보여주고. 내일 3시에 다시 병원 오라는 거를 못 알아들었어.

(미국 와서 초반에) 계약 결혼한 사람이랑 사는데, 누가 벨만 누르면 그 사람이 문 앞에 총 가지고 가서 서 있고 했어. 이민국에서 잡으러 왔을까 봐 불안하니까. 미국은 총이 한국에 볼펜보다 더 흔하더라고. 와서 6일 만에 영주권 받고, 9개월 있다가 이혼했어. 이제 42년 됐으니까 내가 계약 결혼했다고 이야기 할 수 있는 거지.

금문교가 어딘지 알아야 가지

미국 오기 전에 2년간 왕 씨가 매달 200불씩 나한테 보내줬었어. 그래서 부자인 줄 알았는데 와보니까 호텔 벨보이야. 800불 벌어서 200불을 나한테 보냈던 거였어. 나는 왕 씨만 믿고 돈 50불 가지고 미국 왔는데. 처음에 와서 돈 없어서 죽느냐 사느냐 했어. 미국에서는 200불로 못 살잖아. 돈도 없지, 영어도 못 하지, 직장도 없지, 아는 사람도 없지, 외롭지. 그래서 미국 온 지 7개월 됐을 때 금문교 가서 빠져 죽으려고 생각했어.

그런데 어딘지를 알아야 가지. 공원에 앉아있는데 눈물도 안 나와. 그날따라 햇살은 유난히 눈 부시고, 금문교는 어딘지도 모르겠고…. 그때 '내가 죽으려고 미국 왔나? 미국 오면 돈을 갈퀴로 긁어모으는 줄 알았더니, 지금 내가 죽을 연구만 하고 있네. 이거 큰일 났다.'는 생각이 들었어. 그때부터 일하기 시작한 거지.

1976년 2월에 샌프란시스코에 있는 일식집에 취직했어. 처음 갔는데 두부가 스무 통이 쌓여있더라고. 주방장이 나한테 일본어로 막 머라는데 내가 일본말을 알아요, 영어를 알아요? 눈치만 있지. 두부를 썰라는 거 같아서 두부를 썰었어. 그렇게 주방에서 일하기 시작해서 시간당 2불 20전 받고 하루 9시간씩 일했지. 한 달에 550불 버는 200불 세금으로 내고 남은 350불 가지고 살았어. 150불은 방세 내고 생활비 쓰고, 100불은 은행에 집어넣고, 100불은 한국에 엄마한테 보내고. 그렇게 3년 가까이 살았어. 그때는 돈이 아까워서 스타킹, 양말도 못 사신고 맨발로 다녔어.

일식집 주방에서 일하던 황왕자씨, 1976년

당신의 산타아나스는 무엇입니까 473

엘비스 프레슬리가 누구냐

2년 정도 되었을 때부터 아침부터 점심시간까지 일식집에서 일하고, 저녁 되면 샌프란시스코 법관 집에서 일했어. 판사 하고 할머니하고 둘이 사는데 저녁해 주러 갔지. 그때 당시에 시간당 4불 50전을 캐쉬로$^{cash,\ 현금}$ 주더라고. 실제로 두 시간 정도 일하는데 4시간 치를 줬어.

거기 있을 때 내가 영어를 못해가지고 한번은 할머니가 엠프티 병$^{empty,\ 빈\ 병}$을 가지고 오라는데 못 알아 들은 거야. 할머니가 앉아가지고 내가 이거? 이거? 짚으면 "넥스트 원!, 넥스트 원!$^{next\ one,\ 옆에\ 꺼}$"이라면서 원하는 거 잡을 때까지 말했어.

그리고 또 한 번은 내가 거기서 일하고 있는데 할머니가 방방 뛰면서 엘비스 프레슬리가 죽었다고 난리가 난 거야. 근데 나는 엘비스 프레슬리가 누군지도 몰랐어. 하하하. $^{Elvis\ Presley,\ 엘비스\ 프레슬리(1935-1977)\ 미국의\ 가수\ 겸\ 배우.\ 로큰롤의\ 발전과\ 대중화에\ 기여했다.}$

제가 왕 씨랑 헤어지고 샌프란시스코에서 이것저것 하다 82년에 로스앤젤레스에 갔어요. 거기서는 친구랑 프리마켓에서 안경이랑 액세서리 장사했어. LA 도매상에 가서 귀걸이 한 다스를 5불 50전에 사서 하나에 5불에 팔았지. 주말에는 사람이 많아서 돈 받는데 팔이 아플 정도였어. 사람이 많아서 물건 훔쳐가는 사람이 보여도 잡을 수가 없어. 하하하. 근데 그게 겨울에는 장사가 안 돼서 한 2년 하고 83년에 샌프란시스코로 돌아왔어. 게어리 4가에 있던 후쿠스케 일식당에 취직해서 86년까지 4년 일했어요.

LA 프리마켓에서 액세서리 가판대를 운영하던 시절 황왕자

한의사도 살린 사람

86년부터 이 집에 살았어요. 여기가 옛날에 중국 한의원이었는데 침 맞으러 왔었지. 처음 왔을 때 보니까 관리가 안 돼서 정원에 풀이 막 자라있고 깨끗하지가 않아. 그래서 "닥터 황, 내가 여기서 일 할 테니까 한 달에 월급 1000불 주실래요?" 그랬더니 알겠다는 거야. 85년부터 이 집에서 청소하고, 닥터 황 아침밥 해주고, 일주일에 두세 번 정도 가자는데 갔다가 집에 데려다주는 일 했어. 그러니까 아침 9시부터 3시까지는 여기서 일하고, 오후 4시부터 10시까지는 후쿠스케 일식집에서 일 한 거지.

한번은 이 사람이 홍콩에 갔다 왔는데 전화도 안 받고, 벨 눌러도 문을 안 열어주는 거야. 알고 보니까 임팩션impaction, 장막힘 때문에 아파서 밥도 못 먹고, 누워서 잠만 자고 있었던 거야. 이 사람이 죽으면 내 세컨 잡second job, 부업 이 떨어지니까, 내가 벌벌 떨면서 여기저기 막 데리고 댕겼다는 거 아니야. 그래가 살려놨더니 이 사람이 나를 생명의 은인이라고 생각한 거지. 결혼하자 그러기에 영감하고 결혼했지. 하하하.

황왕자씨 자택에서. 1991년.   2017년.

다시 그 때로 돌아간다면

 이 집은 황 씨가 살던 집이야. 보면 중국식으로 부처님 모시는 거 있잖아. 86년에 결혼하고 여기서 만 13년 같이 살다가 이 집을 나 주고 돌아가셨어.
 (닥터 황 생전에) 손님한테 전화 오면 내가 다 응대를 해줘야 했어. 여기가 좀 멀어서 손님들이 픽업하라고 전화가 오거든. 근데 그 사람들이 주소를 영어로 빠르게 말하는데 나는 천천히 말해야 적지, 빨리 말하면 못 적거든요. 그러면 무식하다고 할까 봐 한국말로 빨리 받아 적어서 (손님) 집을 찾아가는 거예요. 어렸을 때부터 남의 집에서 직장생활 오래 했잖아, 그러니까 눈치가 빠르지. 하하하. 그래도 어덜트 스쿨 adult school, 성인학교 다녔으니까 지금은 영어 좀 해요. 요즘에는 봉사하면서 살 거든.
 한인회 임원으로는 금년부터 일했고, 샌프란시스코 장학재단은 일한 지 2~3년 됐어요. 나는 한국 가서 살고 싶다는 생각은 하나도 없어. 이북 때문에 난리 날까 봐 무서워. 여기는 안전하잖아. 하지만 만약 다시 42년 전으로 돌아가서 선택의 기로에 선다면 미국 안 와. 절대로 안 와.

중국계 미국인 한의사 황 씨와 황왕자 씨.

샌프란시스코 한인회 행사에 참여한 황왕자 씨.

"샌프란시스코의 태권도장"

백행기, 백세라 부부 / 1세, 캘리포니아주 샌프란시스코

샌프란시스코 공항 인근에 위치한 밀브레 블랙벨트 태권도장에서는 이른 오전부터 동네 아이들의 기합 소리가 울려 퍼지고 있었다. 백인, 히스패닉, 인도계, 한국계 등 다양한 인종의 아이들이 태권도복을 단정히 차려입고 '차렷, 경례' 구호에 맞춰 고개 숙여 인사하는 것으로 품새를 시작했는데, 아이들은 사뭇 진지했지만 어눌한 발음으로 외치는 구령이 너무 귀여웠던 탓에 뒤에서 지켜보던 나는 살포시 웃고 말았다.

백행기 백세라 부부가 태권도를 가르치고 있는 블랙벨트 태권도장은 단순히 스포츠로서 태권도를 가르치는 곳이 아니었다. 피아노를 배울 때 곡에 얽힌 서양사와 문화를 배우듯, 그곳의 학생들은 태권도에 배어 있는 한국의 정신과 예절을 함께 배우고 있었다. 실제로 미국의 많은 학부모들이 신체단련보다는 예절교육을 위해 아이들에게 태권도를 배우게 하고 있다.

이윽고 수업을 마친 아이들을 데리러 온 학부모들로 도장이 북적북적해졌는데, 부부는 학부모들을 반갑게 맞으며 서로 안부를 주고받았다. 도장에 한 번 오면 대부분 몇 년씩 오래 다니기 때문에 아이들뿐만 아니라 아이들 가족과도 친밀한 관계가 되었다고 했다.

아이들과 학부모들이 떠나고 다음 수업이 시작되기 전, 나는 도장 이곳저곳을 둘러보았다. 한쪽 벽면에는 트로피들과 상장이 가득했는데, 그 중 특히 눈에 띄는 금색 트로피가 있었다. 바로 전미 태권도 명예의 전당 '평생 태권도인' 트로피였다. 태권도 사범으로서 봉사하며 미국에 태권도를 보급하고 알리는 데 큰 역할을 했기에 주어진 선물이었다. 백행기씨는 2001년 9·11 테러 직후 미국 항공사 승무원들을 대상으로 태권도 호신술을 가르치는 봉사 활동을 펼쳐 지역에서 존경받는 태권사범이 되었다.

백행기 / 1949년생, 1세, 경북 경산시, 캘리포니아주 샌프란시스코

만주에서 만난 부모님

저는 백행기입니다. 1949년 5월생이고 수원 백씨에요. 아버님은 경상북도 경산시 경산면에서 태어나시고 어머니는 평안남도 남포에서 태어나셨어요. 두 분이 해방되기 전에 만주에서 만나셨어요. 우리 어머님이 함경북도 청진에서 간호원 생활을 하셨는데 아버지가 만주에서 일하시다가 어머니께서 일하시던 병원에 입원해서 두 분이 눈이 맞으신 거예요 하하하. 저희 형님과 누님 세 분, 그리고 저까지 북한에서 태어났어요.

아버지께서 대구고등학교, 일본 오사카대학 영문과를 나오셨고 당시 만주 총독부에

서 근무하셨다고 들었어요. 해방되고 아버지께서 젊은 나이에 경산 면장이 되셨답니다. 그래서 제가 어릴 때 아버지 고향인 경산 삼남동 74번지, 거기서 자랐어요. 면장은 2년 정도 하시고 심계원_{감사원의 전신. 제헌헌법(1948년) 때부터 5차 개헌(1962) 이전까지 존재했던 대통령 직속 헌법기관} 검사가 되셔서 서울로 가셨어요.

저는 경산국민학교 다녔고 아버지께서 서울 심계원에 다녔기 때문에 아버지 없이 엄마 밑에서 다 컸어요. 아버지는 일 년에 한두 번 휴가 때 내려오시고, 형, 누나들은 학교 다닌다고 아버지랑 서울에서 같이 살았어요. 우리는 초등학교만 졸업하면 전부 서울로 갔어요. 아버지한테요. 어릴 때는 아버지 덕으로 어렵지 않게 살았습니다.

5·16 때부터 시작된 내리막길

이승만 정권 이후 5·16 때 저희 아버지가 공직을 그만두셨어요. 제가 중동중학교 1학년 때 5·16쿠데타가 일어나고 집안이 내리막길 걷기 시작했어요. 중학교 공납금도 못 낼 정도여서 중 2때부터 신문도 돌리고 제가 고생을 많이 했어요. 그래도 제가 똑바르게 나갔어요. 세상이 어지러울 때니까 아버지가 "세상은 법보다 주먹이 앞설 때가 많다. 머시마가 싸움도 할 줄 알아야지. 주먹이 필요할 때가 있다."고 하셔서 중학교 때부터 무도를 하라고 했어요. 그래서 유도도장도 가보고, 당수도 도장에 다니기도 했어요.

둘째 누이가 공무원이 돼서 상공부 국립공업연구소장 비서로 계셨어요. 그 누나가 저를 학교 보내고 하는데 많이 도와주셔서 제가 누님의 뜻에 따라 열심히 공부했어요. 그러다가 중학교 졸업하고 고등학교 진학을 해야 하는데, 아버지가 "행기야, 아버지가 니한테 도움도 못 주고, 살아가려면 기술이 있어야 한다. 그러니까 실업학교를 가야 한다."고 하셨어요. 저는 뭐 만지는 거에 취미 없어요. 그 당시에 휘문고등학교 원서를 냈었는데, 아부지가 거기는 사립이라 안 된다 해서 신당동에 있는 성동공업고등학교에 갔어요. 고등학교 때도 집안 형편이 계속 어려워서 대학은 정말 집에서 등록금 대줄 상황이 아니었어요.

월남의 태권도 교관

제가 육군사관학교 시험을 쳤어요. 거기는 등록금이 없으니까. 그런데 옛날에 어금니가 두 개 빠지고 없어서 신체검사에서 떨어졌어. 그래서 육사는 못가고 대신 외대 아랍어과를 갔어요. 당시 중동에 대한 이야기가 많이 나올 때였는데 중동 전

파병 당시 월남. 1969년.

망이 굉장히 좋으니 아랍어를 배워두면 좋을 거라고 했었지. 당시 한국에 아랍어 할 줄 아는 사람이 74명밖에 없었다더라고요. 그런데 공부를 1년 하다가 도저히 공납금을 댈 수가 없어서 69년도에 월남에 갔어요.

 어차피 군대도 가야 되고, 내가 월남 가면 집안에도 도움 될 것 같아서 자원했죠. 1969년 12월에 3개월 특수훈련 받고 월남에 갔어요. 8개월 전투에 투입되었는데 그때 육군본부에서 태권도 교관을 뽑는다고 해서 거기에 응시했어요. 제가 어릴 때부터 태권도를 했기 때문에 교관시험에 합격해서 백마부대 백마사령부에서 태권도 교관으로 근무하게 되었어요. 월남에서 2년 동안 한국군, 미군, 월남군들에게 태권도를 가르쳤어요. 수당을 받아서 집에 매달 80불 정도 보낼 수 있었죠. 그때 80불이면 지금 9급 공무원 봉급보다 더 많은 거였어요.

뒷줄 왼쪽에서 두 번째가 백행기씨다.

당시 월남에 있던 사람들 중에 미국으로 넘어간 사람이 꽤 많았어요. 특히 태권도 교관들은 당시만 해도 미군들에게 스폰을 받을 수 있기 때문에 우리 동기들도 많이 갔어요. 저도 다시 한국에 가면 학교를 가야 하는데 집에서 뒷받침해줄 형편이 안 되니까 미국 가려고 했어요. 그런데 아버지가 미국행을 허락하지 않으셔서 할 수 없이 귀국했어요. 한국 와서는 신촌에서 태권도장을 차려서 태권도 가르치면서 살길을 모색했죠.

공무원이 제일 안정적이다

태권도장 하던 때 누님이 "공무원이 제일 안정적이다. 한번 생각해봐라."고 하셔서 태권도장 그만두고 1974년에 공무원 시험을 쳤어요. 합격하고 우리 누님이 있던 상공부 국립공업연구소로 발령 났죠. 그래서 외대는 야간으로 돌리고 공무원 근무하면서 졸업했어요.

당시 박 대통령이 전자공업육성법 제정하고 전자공업 발전을 꾀했어요. 78년도에 박정희 대통령이 미국 컬럼비아대학교 공대 김완희 교수를 초빙해서 전자공업 진흥회 회장을 맡겼어요. 중앙정보부에서 절 부르더니 "군 장교 출신인데 김완희 박사를 네가 좀 수행했으면 좋겠다."고 해서 제가 그분 수행비서 겸 보디가드로 있었어요.

그런데 79년에 박 대통령 서거하시고 그해 연말에 인사이동이 있었어요. 박사님께서 과학기술처 장관으로 내정되셨다며 저한테 "자네 비서관 되니까, 나 잘 모셔."라고 말씀하시길래 제가 농담으로 "최선을 다하겠습니다."라고 했죠. 당시 비서관이면 과장급인데, 안 믿었죠. 그런데 진짜 저를 상공부 과장으로 앉혀주고 가셨어요. 젊은 나이에 그분 덕에 출세했습니다. 1992년까지 공무원 생활 15년 정도 했습니다. 상공부에서 지금 집사람도 만났죠.

모든 걸 뒤로하고 미국으로

첫 결혼은 76년에 했는데 종교적인 이유로 실패했습니다. 첫 부인이 여호와의 증인이라는 특수한 교회를 다녔어요. 종교가 뭐든 우리 가정에 아무 문제없었다면 이혼 안 했을 건데 사사건건 부딪혔어요. 그런데 여호와의 증인은 이혼도 안 된다며 이미 관계가 파탄 났는데, 이혼을 안 해주더라고요.

가정은 깨지고, 인생이 끝난 것만 같던 그때 지금 집사람을 만났어요. 1989년 제 부하직원으로 들어와서 알게 됐죠. 그런데 법적으로 아직 제가 유부남이고 집사람은 처녀라 놔 줘야 할 것 같았어요. 저희 어머니도 참 마음에 들어 하셨지만 그게 도리라고 하셨죠. 당시 상황이 너무 힘들어서 제가 한국에서 모든 걸 정리하고 미국으로 떠날 준비를 했어요. 제가 태권도해서 미국 영주권 받기가 편하니까요. 사표 내고, 퇴직금은 전 부인에게 다 주고.

비가 막 오는 날 청량리 호프집에서 마지막으로 이 사람을 만났어요. 내가 자리 잡으면 연락할 테니 당신도 들어 올 수 있으면 들어오라고 이야기했죠. 그러고는 뒤도 안 돌아보고 미국행 비행기 탔어요.

샌프란시스코의 태권도장

1000불 정도 가지고 무작정 미국에 와서 공항에 마중 나와 준 고등학교 때 친구 집으로 갔어요. 공항에서 누가 픽업하냐에 따라 어디서 일하는지 정해진다는 말이 있잖아요? 그 친구가 푸드 트럭을 하고 있더라고요. 그래서 제가 3개월 정도 그 트럭 운전을 했습니다.

제가 미국 들어온 지 6개월 안에 비자나 영주권을 새로 신청하지 않으면 다시 나가야 했어요. (태권도 도장을 차리고 등록을 해야 영주권 신청을 하는데) 도장을 그냥 차릴 수 없잖아요. 최소한 2만 불이 필요했어요. 그런데 도대체 나를 도와주는 사람이 없는 거예요. 그때 하나님이 나를 도와주셨어요. 친구네 교회를 3개월 다니면서 개성 출신으로 샌프란시스코에서 성공한 분을 만났는데, 그 양반이 늘 "백 사범, 어려울 때 나한테 이야기해."라고 하셨어요.

제가 마음에 드는 도장을 찾았는데 돈이 없어서 결국 그분께 이야기를 했어요. "빌려주시면 꼭 갚겠습니다."라고 했더니 만 불을 현금으로 주시더라고요. 나와 아무런 연고도 없는 분이. 그 돈으로 임대료 내고, 안에 시설 정비하고 제가 직접 카펫 깔고 도장 시작했어요. 마침 그 동네에 한국 애들이 있어서 도장 오픈하니까 40명이 들어오더라고요. 그 덕에 매달 500불씩 갚을 수 있었어요.

그렇게 샌프란시스코에 자리 잡고 집사람도 미국 들어와서 결혼하고 지금까지 이렇게 지내고 있습니다.

소통을 위한 수단, 한국어

　제가 그래도 오자마자 3개월 만에 도장 차려서 미국 생활하는 데 큰 어려움은 없었습니다. 물론 영어문제가 좀 있었죠. 제가 외대 다닐 때 아랍어 교수님이 영어로 가르쳤기 때문에 히어링은 좀 돼지만 말을 못 하니 처음엔 손짓 발짓해가면서 이야기했어요. 따로 영어 학교는 못 다녔고 귀동냥으로 그냥 밀고 나갔어요. 그래도 미국 애들은 이야기하다가 뭐가 틀렸고, 발음이 어떻고 잘 가르쳐줬어요.
　그런데 제가 여기서 애들 가르치다 보니 우리 애는 한국어를 꼭 가르쳐야겠다 싶었어요. 한국 애들이 한국어를 못하길래 물어보니까 부모님이 안 가르쳐줘서 모른다더라고요. 여기에 애들 미국 적응 잘 하라고 영어만 가르치고 한국어는 안 가르친 부모님들이 많아요. 한국어 전혀 못 하는 아이들이 많았어요.
　게다가 "관장님, 나는 엄마 아빠 싫어요. 늦게 들어오셔서 엄마 아빠 잘 못 봐요." 라고 말하는 애들도 있었어요. 애들 부모님들이 이민 와서 일한다고 바쁘기도 하고, 영어를 잘 못 하니까 애들이랑 커뮤니케이션이 없는 거예요. 애들과 부모님들 사이에 대화가 없어요. 의사소통이 잘 안되니까. 그러다가 엇나가는 아이들을 몇몇 봤어요. 부모랑 소통이 안 되니까 가정교육을 할 수가 없잖아요. 그게 참 문제라고 생각했어요.
　그래서 우리 아들한테는 한국어를 가르쳤어요. 아이를 올바르게 키우려면 소통이 돼야 하는데 우리가 영어 공부하는 건 늦었어도 아이는 아니잖아요. 그래서 열심히 가르쳤어요. 집에 오면 한국어 쓰도록 했어요. 그리고 아무리 못해도 매일 식사 한 끼는 같이하면서 대화를 많이 했어요.

태권도 사범이 할 수 있는 봉사활동

2001년 9·11테러가 일어났을 때 테러범들이 칼로 승무원들을 위협했다고 들었어요. 권총이면 몰라도 칼은 제압할 수 있는데, 승무원들이 그걸 하지 못 했다는 게 안타까웠어요. 이럴 때 내가 사범으로서 승무원들에게 자신감을 심어줘야겠다는 생각이 들어 봉사 활동을 시작했어요.

우리 도장 학생 중에 변호사인 학생이 있었는데, 내가 승무원 대상으로 태권도 호신술 가르치는 봉사 활동을 하고 싶다고 이야기했어요. 그 친구 도움으로 이 지역 항공협회에 우리 도장에서 승무원 대상 태권도 호신술 교육 봉사를 한다는 공문을 보냈어요. 그리고 항공 협회에서 각 항공사로 공문을 보냈는데, 선착순 30명 모집에 70명 이상 지원해서 반응이 뜨거웠습니다. 그때 태권도 배우기 시작한 승무원 중 오래 해서 검은 띠 딴 사람도 있어요. 하하하.

미국 사회는 이러한 봉사 활동을 중시합니다. 제가 이 봉사 활동으로 전미 태권도 고단자회에서 수여하는 '평생 태권도인상'을 수상하고 전미 태권도 명예의 전당에 이름을 올렸습니다. 산마테오 카운티 의회에서 표창장도 받았죠.

태권도장 한 켠에는 백행기씨가 수상한 상들과 표창장들로 가득 차 있다.

승무원 태권도 호신술 교육 봉사관련 언론기사

USA TODAY — THE NATION'S NEWSPAPER — NO. 1 IN THE USA
January 10, 2002

Tamara Pace with Master Heang Ki Paik.

Getting a fighting chance

Self-defense classes empower flight attendants

By Edward Iwata
USA TODAY

Take that: Joanne Baumertomalka, 46, a flight attendant who works for United, learns martial arts from Joseph Kim. "You don't feel totally powerless," she says. The Federal Aviation Administration might make such training mandatory.

MILLBRAE, Calif. — Yells of "hi-ya!" pierce the cold night air. At a martial-arts gym near the San Francisco International Airport, a dozen grunting United Airlines attendants are learning how to crack a terrorist's jaw, or crumble a violent passenger with a swift groin kick.

"I know I'm not Bruce Lee or Chuck Norris, but learning a few techniques is better than nothing at all," says Daniel Hwang, a flight attendant for United for 13 years. "We're taking little baby steps now. If we keep at it, we'll be up and running one day."

Hwang and his colleagues have been working out at the Millbrae Tae Kwon Do Black Belt School since November. The school's owner, Master Heang Ki Paik, has trained Green Beret soldiers and the South Korean military, and he's offering free, indefinite training to the grateful flight attendants.

So far, they've been training voluntarily — but it soon may be mandatory. While the Federal Aviation Administration declines to comment, the agency has tentatively agreed to require airlines to include some form of self-defense training for flight attendants, the Association of Flight Attendants says. A Department of Transportation report in September recommended that flight attendants be trained in self-defense.

Southwest Airlines will give self-defense training to its 6,600 flight attendants soon, says spokeswoman Linda Rutherford. The techniques will be taught by the Verbal Judo Institute, a firm founded by George Thompson, a black belt judo master and former police officer who trains law enforcement agencies worldwide.

United also will roll out a new security-training program this quarter for its 20,000 flight attendants worldwide, says spokeswoman Susana Leyva. United declined to disclose details of the training, but flight attendants say it will include self-defense techniques.

Since Sept. 11, hundreds of flight attendants nationwide already have voluntarily joined martial-arts and self-defense training classes, says the Association of Flight Attendants. Anxious about the terrorist threat and what they say is a growing number of unruly passengers, the flight attendants say the training gives them a fighting chance.

"You don't feel totally powerless," says United's Joanne Baumertomalka, who raced to her tae kwon do class Monday night still wearing her flight uniform, after landing in San Francisco moments earlier. "You feel better armed to defend yourself."

Their training comes as the FAA and the airline industry pursue new security measures in the passenger cabin and cockpit, such as training more sky marshals; arming pilots with stun guns or other non-lethal weapons; and giving airline attendants mace, pepper spray or small alarm devices to alert pilots during emergencies.

Flight attendants have argued for years that their security training is outdated. They say they're taught to be passive, to try to calm passengers and appease hijackers.

Today, though, flight attendants need stronger training that includes self-defense, says Pat Friend, head of the Association of Flight Attendants. "We need mandatory training on how to keep yourself from being held hostage," she says.

The FAA is expected to release new training guidelines for flight attendants and pilots by Jan. 18, as mandated by the aviation security law passed last November, says FAA spokeswoman Alison Duquette. Airlines will have to develop the programs within 60 days. If the training is approved by the FAA, the airlines will need to set up the programs within 180 days.

Billie Vincent, a former FAA security chief and CEO of security firm Aerospace Service International, says self-defense training for airline attendants is a good move. "They're right on the frontlines," he says. "We can't abandon them to the brutality of terrorists."

But Vincent warned it would take a black belt fighter to clobber a menacing attacker the size of Richard Reid, the suspected terrorist who tried to ignite explosives in his shoes during an American Airlines flight from Paris to Miami on Dec. 22. Several male passengers teamed to hold down and sedate the 6-foot-4 Reid in his seat.

Still, airline attendants are gung-ho about their self-defense training. The workouts build their strength, stamina and self-confidence, they say.

Tamara Pace, a 13-year United veteran, says she could have used the training last year when a huge, muscular man — irate over an earlier, canceled flight — cornered her in the back of the plane. He threw his luggage at her and jabbed his finger in her face.

Pace calmed the man, but she would have felt safer if she had known a few fighting techniques. "I feel stronger and quicker now," Pace says. "If anything happens, I will not be a victim."

Her instructor, the 52-year-old Paik, says the flight attendants are highly motivated students. Paik, who has studied the ancient Korean fighting art of tae kwon do since he was 12, is teaching them simple hand-to-hand combat skills that can be used in the tight, narrow spaces of an airliner.

While the flight attendants were shy and nervous during their first classes, they're looking mean and intense after only three months. Paik says they can hurt or ward off an attacker until help arrives from others.

During a recent class, sweat streamed down their faces as the flight attendants aimed kicks, punches and elbow strikes at Paik and his assistant instructors.

Waving a rubber knife, Paik attacked a crouching Baumertomalka. The tall flight attendant grabbed his wrist, stepped behind him and threw him to the ground with a loud thud.

A surprised Paik winced and shook his wrist. "Good, good!" he shouted, as the class applauded.

After class, Paik was asked if the flight attendants, as beginners, could really execute the techniques during a scary, real-life attack. Paik widened his eyes. "Yes!" he said, shaking his wrist again. "It hurts!"

Knife attack: Flight attendant Daniel Hwang, 36, practices fending off Master Heang Ki Paik, 52, with combat skills that can be used in the tight spaces of jets.

당신의 산타아나스는 무엇입니까 491

이북출신 어머니의 유언을 지킨 아들

우리 어머님이 살아계실 적에 북한 출신이라 괄시받고 마음 아파하셨어요. 노년에 DMZ 곁에 집을 사주라 하셔서 제가 강원도에 집을 마련해서 어머니를 모셨는데, 북에 있는 가족을 꼭 찾아보라는 유언을 남기시고 돌아가셨어요.

그래서 제가 지금 북가주 이북5도 연합회 회장을 맡고 있습니다. 북한 태권도 시범단이 미국에 왔을 때 부탁드렸더니 북에 있는 우리 가족을 찾아줬어요. 그래서 2010년 2월에 제가 북한에 가서 이모와 외삼촌 등 일가친척들을 만나고 왔죠. 이모님은 진남포에 그대로 사시고, 외삼촌은 함경남도 청진에 살고 계세요. 가서 어머님 유품 전해드리고 2박 3일 같이 보내고 왔습니다. 이곳에 북한 출신 동포분들이 많이 계세요. 한국에 있는 남북 이산가족들은 상봉 기회가 있었는데 재외동포들에게는 그런 기회가 없었어요. 그래서 저희 북가주 이북5도민 연합회가 북측과 직접 접촉해 2014년 미주 이산가족 상봉을 이뤄냈어요.

샌프란시스코에서 태권도로 한국의 정신을 알리면서, 이북 출신 분들 도와가면서 그렇게 살고 있습니다.

백세라 / 1965년생, 1세, 충남 금산군 추부면, 캘리포니아주 샌프란시스코

최고였던 과장님

저는 충청남도 금산군 추부면에서 태어나서 100일 때 서울로 이사했어요. 그 후로 고향은 초등학교 5학년 때 할머니 할아버지 선산 간다고 간 게 처음이자 마지막이었어요. 아버지는 건설업도 하시고, 운수업도 하셨어요. 저는 1남 4녀 중 넷째 딸이에요. 서울에서 성암여중을 나오고, 신경여상을 졸업했어요. 그리고 직장생활을 하다가 89년에 공무원이 되었어요.

상공부에 들어갔는데, 모든 여직원이 이 사람을 좋아했어요. 최고였던 과장님이었어요. 제가 어릴 때 언니들만 있고 미팅 한 번 안 해봤는데, 뭔가 과장님께 기댈 수 있는 듬직함이 좋았던 거 같아요. 그리고 옆에서 지켜보면서 불쌍하고 안쓰러웠어요. 참 좋은 사람인데 집안일로 괴로워하는걸 보다 보니 마음이 쓰이고 감정이 생겼던 거 같아요.

어떻게든 미국에 가자

이 사람을 미국에 보내놓고 제가 미련을 못 버려서 계속 전화했어요. 콜렉트 콜로. 소문이라는 게 있어서 공무원 생활은 계속할 수 없었어요. 무조건 미국 들어와서 이 사람 얼굴 보고 결론을 내려야겠다는 생각밖에 안 들어서 가족들 몰래 비자 신청을 했는데 발급이 거절됐어요. 제가 계속 거짓말을 하면서 집에 있을 수가 없어서 독립했죠. 그 후로 냉면집에서 냉면도 나르고, 백화점 판매원도 하면서 미국 들어오려고 수속을 계속 밟았는데 부모님께 비자 진행하는 걸 들켰어요. 그래서 여권도 다 갈기갈기 찢기고.

부모님은 여기서 엄마 아빠 앞에서 결혼하고 미국 가면 승낙하겠다고 하시는데, 이 사람 사정이 그게 안 되잖아요. 부모님이 호적에서 파내지만 않았을 뿐이지, 넌 이제 없는 자식이라고 까지 이야기했어요. 하지만 그러고도 제가 미국행을 포기하지 않았어요. 노력 끝에 미국 변호사를 사서 대사관 가서 인터뷰하고 비자가 나왔어요. 1997년 3월에 미국 들어왔죠.

90년대 초 찍은 부부사진.
백세라씨는 이 사진을 지갑에 넣어 항상 지니고 있다.

초라한 장미꽃 한 송이

샌프란시스코 공항에 도착했을 때, 마중 나온 이 사람을 못 찾았어요. 이 사람이 한국에서는 한여름에도 정장 입고 007가방 들고 다니던 사람이거든요? 그런데 스포츠머리에 제가 보내 준 하늘색 츄리닝을 입고 운동화 신고 공항에 나온 거예요. 게다가 장미꽃 한 송이를 들고 나왔더라고요. 다발도 아니고 한 송이.

"웬 꽃?" 그게 내 첫마디였어요. 웬 꽃 한 송이를… 이 사람의 모습이 내가 생각했던 그 모습이 아닌 거예요. 참… 안쓰럽고 불쌍했어요. 머리도 바리깡으로 자기 혼자 밀어가지고. 슬프더라고요. '웬 꽃…'

형부가 보내준 용돈

제가 미국 오기 전에 가족들에게 미국 간다고 말을 못 하니까 제 방 액자 뒤에 편지를 붙여놨었어요. 김포공항에서 비행기 타기 전에 전화했어요. 나 지금 미국 간다고. 액자 뒤에 편지 붙여놨으니까 보라고. 난리가 났죠.

미국 온 뒤에도 제 마음 돌리려고 형부가 매월 용돈을 1000불 보내줬어요. 넓은 세상에서 공부하고 다른 삶 찾으면 되니까 이 사람 버리라고. 그런데 마음이 불편해서 그 돈을 못 받겠더라고요. 한국에 연락해서 나는 형부랑 가족들이 원하는 삶을 살아 줄 수 없다고 했더니 부모님께서 넌 내 딸이 아니라고 연락을 끊으셨어요.

미국에 올 때 무작정 올 수는 없잖아요. 들어오기 1년 전부터 미용학원에 다녔어요. 미용 자격증이 있으면 먹고 살 수 있다더라고요. 열심히 배워서 시험 원서 접수를 했는데, 시험 보기 일주일 전에 유리에 손을 베이는 바람에 열두 바늘이나 꿰매서 미용시험을 못 봤어요.

당시 일단 입국비자를 받아도 들어가서 학생비자로 전환해야 했어요. 그래서 샌프란시스코 덴탈칼리지에 등록해놓고 아파트도 다 얻어놓은 상태에서 샌프란시스코 들어왔죠. 목요일에 샌프란시스코 떨어져서 금,토,일 쉬고 월요일부터 게어리 스트리트에 있는 학교에 다니기 시작했어요. 2년 반 다녀서 치기공사 자격증 따고 졸업해서 취직까지 했어요. 인간은 환경 적응하게 되어있잖아요? 저는 어릴 때부터 앉아서 얌전하게 뭘 해본 적이 없는데 제가 이빨을 정교하게 깎고 있더라고요.

아들과 함께 배운 태권도

아이가 생기고서 다시 가족과 연락하기 시작했어요. 아들을 낳고서야 엄마한테 결혼 허락받았어요. 어머니가 여기 오셨을 때 남편이 공항에 나가서 큰절을 했죠. 어머니 오신 다음 해에 여기서 결혼식을 했어요. 우리 도장 학생들이 다 와서 결혼식 준비를 해줬어요.

아이 키우면서 한국어를 가르치려고 매일 동화책 읽어주고, 비디오 가게에서 하나에 1불씩 주고 뽀뽀뽀 테이프를 빌려서 카피해 놓고 계속 보여줬어요. 우리 아들 4살 때 태권도를 배우기 시작했는데 저 보고도 태권도 시작 하자더라고요. 그냥 해보자 싶어서 아들이랑 같이 배우기 시작했죠. 그때만 해도 제가 젊었죠. 하하하. 1단 보고, 2단 보고, 3단보고. 4단이 되면 마스터 소리를 들을 수 있어요. 4단은 태권도장을 할 수 있는 자격증이거든요. 4단까지만 하자고 해서 4단 승급한 게 3년 정도 됐어요. 공항에 누가 픽업 나오느냐에 따라 직업이 결정된다는데, 저는 태권도 사범이 픽업 나왔잖아요. 하하하.

백 서방, 나도 사랑하네

이 사람이 막냇사위인데 사위 중에 제일 나이가 많아요. 근데 우리 형부들이랑 만나면 그냥 형님, 형님 하면서 아래로 깔고 들어가니까 형부들이 너무 좋아하는 거예요. 제가 미국 왔을 때 용돈 보내주던 형부도 이 사람을 미워했었는데 지금은 정말 잘 챙겨주세요.

이 사람이 저희 엄마한테는 정말 속 썩인 사위잖아요? 지금은 얼마나 챙기시는지, 저 혼자 한국 나가면 백 서방 밥은 누가 해주냐고 그렇게 걱정이세요. 엄마랑 전화통화 하다가 백 서방 바꿔보라 해서 바꿔주면 둘이 기본이 30분이에요. 1시간도 하고. 전화하면서 이 사람이 "어머님 사랑합니다." 그러면 "백 서방, 나도 사랑하네."라고 하시죠.

며느리 이상형

우리가 바라는 며느리 상이 있지만, 아들이 좋다는 여자랑 (결혼)하게 해줘야죠. 그런데 주변에 며느리 보신 분들이 여기서 자란 한국 아이들은 완전 미국식도 완전 한국식도 아니라서 참 힘들다는 이야기를 많이 하더라고요. 그러니까 다들 한국인 며느리 고집하지 말고 저들 좋다는 대로 하게 놔두라들 해요. 대신 흑인만 아니면 된다고.

그런데 우리 아들은 그런 이야기 하면 굉장히 싫어해요. 다 같은 사람인데 왜 구분하냐고. "엄마, 내가 정말 사랑하는 여자인데 까만 여자 데리고 오면 어떡할 거야?"라는 거예요. 애 아빠는 아들이 사랑하는 아이, 그 모습 그대로 사랑해 줄 거라는데, 전 다른 외국인 다 괜찮은데 그래도 흑인은 아니었으면 좋겠어요. 만약에 정말 사랑한다면 어쩔 수 없지만요. 하하하. 우리 동네만 해도 좋은 흑인 이웃 많으니까요.

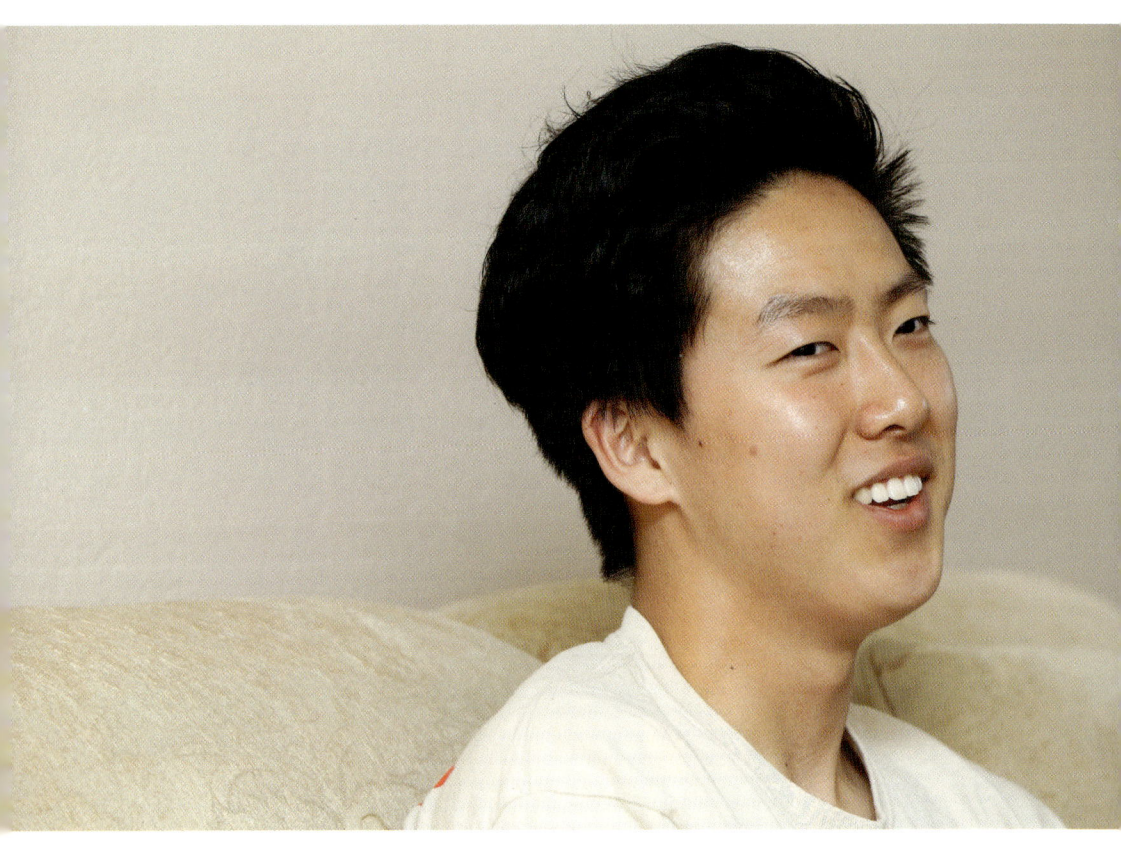

"사람이 좋으면 피부색은 상관없어요"

백 호 / 1998년생, 2세, 캘리포니아주 샌프란시스코

 백 호 씨는 샌프란시스코 한인 가정에서 태어난 한인 2세이다. 미국에서 태어난 2세들 대부분이 한국어를 잘 못 하지만, 한국어 교육에 대한 애착이 남달랐던 부모님의 영향으로 그는 능숙한 한국어를 구사했다. 꽤 오랜 시간 동안 진행되는 인터뷰 내내 막힘없이 한국어로 술술 대답하는 모습을 보니 신기하기도 하고, 어쩐지 대견하기도 해서 한국어를 너무 잘한다고 치켜세웠더니 그는 겸연쩍은 듯 "한국어 잘한다기보다 괜찮게 해요."라 답하곤 해사하게 웃었다.
 코리안 아메리칸으로 살아가며 혹시 정체성에 대한 고민은 없었냐는 물음에 "저는 고민이 없어요. 그래서 엄마 아빠가 만고강산이라고 불러요."라며 너털웃음을 터트렸지만, 그 대답은 결코 생각 없는 가벼움에서 나온 것이 아니었다. 자기 자신을 알고, 정체성을 확고히 한 사람의 자신감에서 나오는 여유였다.

그는 자신에게 사람의 혈통과 피부색은 전혀 중요치 않다며 오히려 미국 내 인종갈등이 심한 것이 큰 문제라고 했다. 그는 인종차별에 주눅 들어 미국 주류사회에 저 자세를 취하기보다 국내 총기, 마약 등의 문제는 외면하면서 테러리스트나 다른 나라가 미국을 위협한다고 주장하는 미 주류사회를 비판했다.

백 호 씨는 한 명의 미국 시민으로서 자신이 사는 나라를 위해 일하고 싶다고 했다. 그런 그의 꿈은 FBI에 들어가 미국을 내적으로 변화시키는 것이다. 그와 동시에 그는 자신이 한국인이라는 것이 자랑스러우며 한국의 문화를 절대 버릴 수 없다고 말했다. "저는 미국을 좀 더 살기 좋은 나라로 만들고 싶어요. 저는 피로 보면 한국인이지만 미국에서 태어났고 미국 시티즌citizen, 시민이니까요. 미국과 한국 두 나라는 모두 저에게 중요해요. 저는 코리안 아메리칸이니까요."

영어 하나 모르고 입학한 학교

안녕하세요, 저는 백호입니다. 미국 이름도 타이거 에요. 타이거 호 백. 열아홉 살이에요. 한국나이로 스무 살. 1998년에 샌프란시스코에서 태어났습니다.

저희 엄마 아빠가 저한테 영어보다 한국말 먼저 가르쳤던 거 기억해요. 어릴 때부터 한국말 가르쳐 주고 뽀뽀뽀 테이프 보여주고, 매일 집에서 한국말만 쓰고. 그래서 제가 학교 처음 갈 때 영어 하나도 모르고 그냥 갔던 거로 기억해요. 엄마 아빠가 영어가 좀 부족해서 저에게 한국어 가르친 것도 있는 거 같고, 제가 미국에서 태어났어도 코리안 아메리칸으로 살아야 한다고 한국 문화를 까먹지 않게 한국어를 가르친 거 같아요. 여기서 태어난 (한국계) 아이들 중에 한국어 못하는 애들 많은데, 저는 한국말 할 수 있는 게 엄청 좋은 거라고 생각해요.

아버지와 어린 시절 백 호 씨

　엄마 아빠는 영어 안 가르쳐서 걱정했다는데, 미국에 사니까 영어는 자연스럽게 배웠어요. 저는 어릴 때부터 재밌게 놀고 행복하게 살아서, 친구 사귈 때 어려운 점은 별로 없었어요. 저는 어릴 때부터 제가 리드하는 성격이었어요. 다른 아이들을 따르기보다 제가 애들을 이끄는 게 있었어요. 다 같이 하고 싶은 마음이 있어서 친구들 모아서 우리 이거 하자 저거 하자 그랬어요. 매일 아빠가 태권도 가르치는 거 보고 자랐으니까 다른 사람들이랑 이야기하고 같이 시간 보내는 게 편했어요. 내가 아빠한테 잘 배운 거 같아요.

태권도하는 멋있는 아빠

백호 씨가 어린시절 그린 자화상. 2007년

초등학교는 밀브레Millbrae, 샌프란시스코국제공항이 위치한 샌프란시스코 인근 도시에 있는 우리 도장 가까운데 다녔어요. 2학년 때 저희 아빠가 벨몬트Belmont, 샌프란시스코 베이 지역에 위치한 도시 쪽에 있는 세렌디피티 초등학교에서 태권도를 가르치게 됐어요. 그래서 제가 그 학교로 옮겼어요. 아주 작은 학교여서 전체 백 명 정도밖에 안 되는 아이들 전부 다 친구였어요. 일주일에 두세 번 아빠가 학교에서 태권도를 가르쳤는데 친구들이 나도 엄마도 아빠도 태권도 하는 거 다 알아서 그게 특이했던 거 같아요.

애들이 아빠도 좋아하고 태권도 하는 것도 익사이팅Exciting,신나는 하게 생각했어요. 발차기 연습하고 품새 연습하는 거도 좋아하니까 저도 그게 좋았어요. 그리고 몇몇 친구들은 학교에서 (태권도) 하다가 우리 도장에서 태권도 배우기 시작했어요.

중고등학교는 다시 우리 도장 가까운 곳으로 갔는데 초등학교 1~2학년 때 만났던 친구들이랑 다시 만났어요. 제가 6학년 때 학교 회장 해보고 싶었는데 제가 됐어요. 저희 아빠도 그런 거 해보라고 했어요.

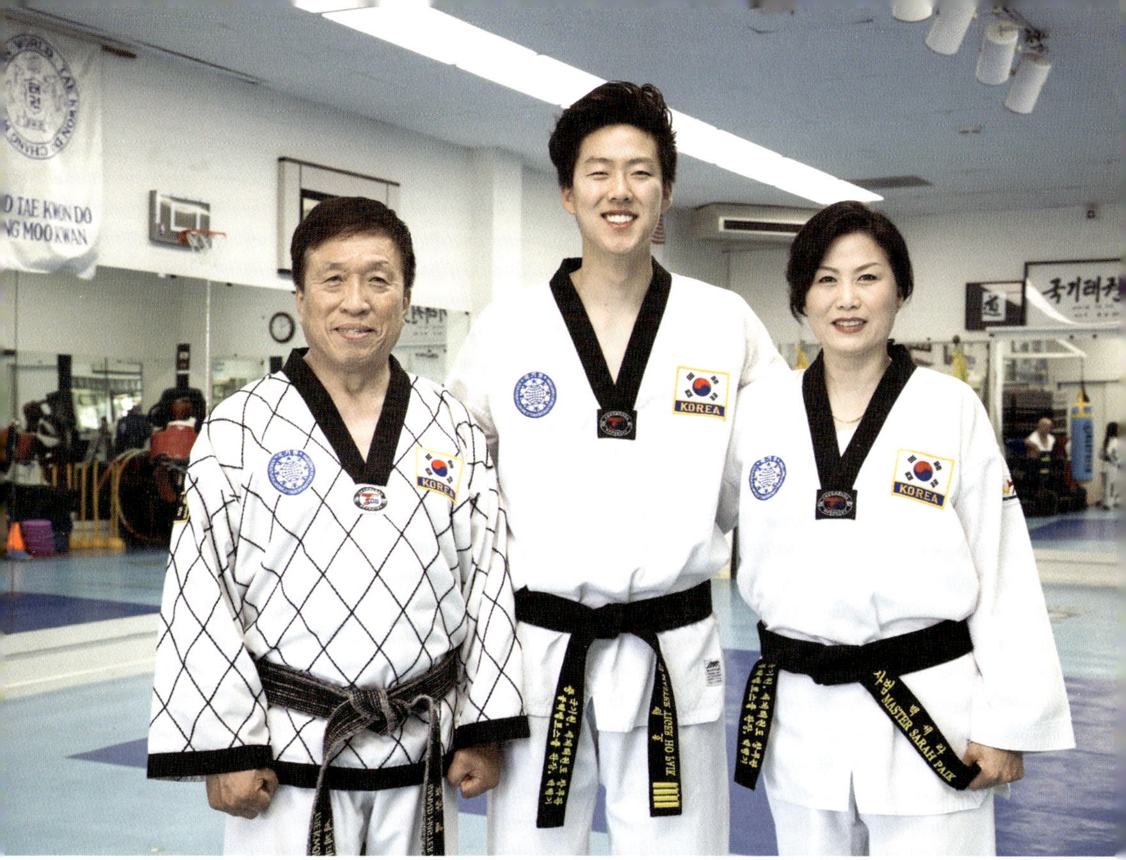
D TAE KWON DO
NG MOO KWAN
KOREA
KOREA
KOREA
MASTER SARAH PAIK

CHANG MOOKWAN
BET SCHOOL
BLACK BEL SCHOOL
TAEKWNDO

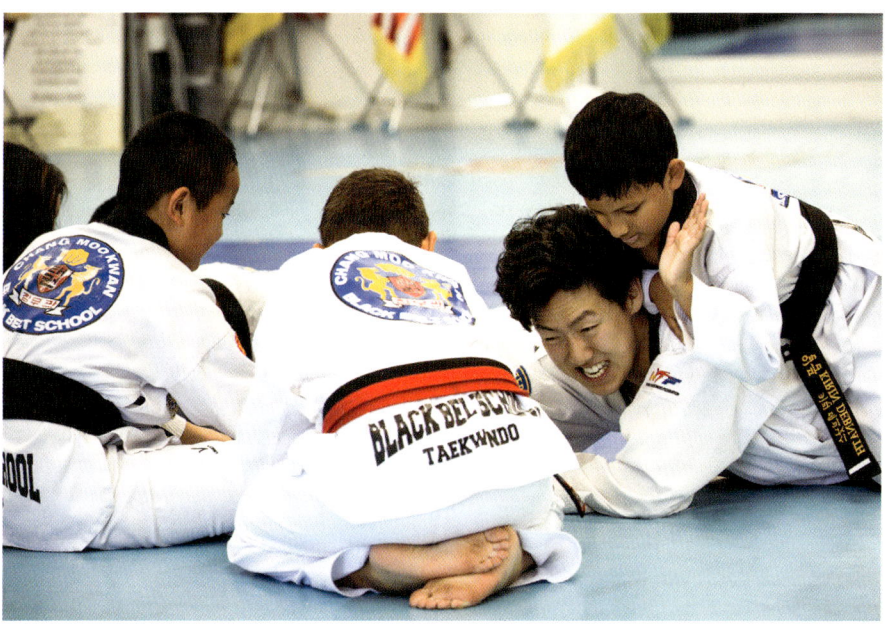

농구하며 사귄 친구들

제가 중학교 때 농구를 시작했어요. MBA 가고 싶다고 학교 끝나고 매일 농구만 하고요. 저는 농구 잘 하고 싶은 거, 그 걱정밖에 없었어요. 저는 원래 고민 같은 게 없어서 (부모님이) 저를 만고강산이라고 불러요. 하하하. 엄마 아빠가 혼내도 바로 지나서 웃고, 어릴 때부터 그랬어요. 고민이 별로 없어요.

중학교 때는 어려운 게 없었어요. 친구들 다 내가 태권도 하는 거 알고요. 우리 학교에서 태권도 하는 애들 다 모여서 학교 앞에서 매년 태권도 데몬스트레이션demonstration, 시범 했어요. 처음에는 (애들이 제가 태권도 하는 거 알면) 나랑 한번 붙어보자, 싸워보자 할 줄 알았는데 그러기보다 애들이 저를 리스팩트respect, 존경해서 좋았어요. 그런데 고등학교 올라가서는 엄청 힘들었어요. 제가 샌프란시스코에 사니까 가고 싶었던 도장 근처 학교는 못가고 다른 학교에 갔는데 1500명 중에 아는 친구가 별로 없었어요. 그래서 처음에 힘들었지만 농구 클래스 하면서 친구를 빨리 사귀었어요. 애들이 저보고 농구 잘한다고 (농구팀에) 오라고 했어요. 우리는 팀이니까 농구 친구들은 다 가족으로 생각했어요. 매일 연습하고 같이 밥 먹고. 제가 청소년 리그 하면서 MVP도 한 번 받았고 캡틴도 했어요. 저는 농구 했을 때 내가 잘하는 게 중요한 게 아니라 우리가 이기는 게 중요했어요. 제가 리더십이 있어서 친구들 돌보고, 다 같은 나이인데 친구들이 제 말 들어줬어요.

그런데 11학년 올라가서는 농구보다 우리 학교 리더십 프로그램이 더 하고 싶었어요. 일 엄청 많아서 늦게까지 학교에 있어야 했어요. 그래도 이 학교가 나를 잘 받아줘서, 학교가 좋아서 학교를 도와주고 싶은 마음이 들었어요. 제가 지금은 커뮤니티 컬리지에 다니고 있어요. 공부 더해서 성적 올리고 좋은 대학가서 폴리티컬 사이언스Political science, 정치학를 하고 싶어요.

한국음식은 다 맛있어

 제가 8살 때 한국에 처음 가봤어요. 우리 할머니한테 오백 원 받고 제가 가게에서 새콤달콤 사 왔어요. 그게 처음으로 내가 혼자 가서 뭔가 사본 거예요. 미국에서는 (어린아이가) 혼자 물건 사고 못 하잖아요.
 저는 제가 한국에서 태어나지는 않았지만 피는 한국인 걸 잘 알고 있었어요. 집에서도 다 한국식으로 하니까요. 어릴 때 엄마 아빠랑 외식하러 가면 소주 따라드리는 거 배웠어요. 술 따르는 건 두 손으로 따르는 거고 마실 때는 옆으로 돌려서 마시고. 사실 제가 한국에 관심은 많이 없었는데, 살며 배운 게 한국식이라 저도 한국 입맛이에요. 할아버지 입맛이라고. 신김치 좋아하고 묵은김치 좋아하고. 하하하.

백 호 씨의 첫 한국 방문 당시 할아버지 산소에서. 2006년

작년에 거의 10년 만에 한국에 갔어요. 저도 이제 나이가 있으니까 할머니, 할아버지, 가족들이랑 같아 앉아서 저녁 먹고 이야기할 수 있고, 소주 한잔 같이할 수 있고. 10년 만에 보는 가족들이 너무 좋은 거에요.

저보다 다섯 살 위인 사촌 형이 있는데, 우리가 매일 강남이랑 압구정동 가서 밤늦게까지 놀았어요. 밤에 노는 게, 그 문화가 너무 특이했던 거 같아요. 형이랑 술집 가서 소주랑 오징어 땅콩도 먹고, 매운 족발도 먹으러 갔어요. 한국 음식은 다 맛있어요.

사람이 좋으면 색깔은 상관없다

학교에 백인, 히스패닉, 아시안 다 있는데 전부 친구였어요. 학교에 중국 애들 많았고 한국 애들도 몇 명 있었어요. 누구라도 사람이 좋으면 색깔이 상관없어요. 어릴 때 우리는 (인종차별) 그런 게 없었어요. 그리고 우리 도장에 친구들 놀러 오면 제가 우리 엄마아빠 보면 두 손 모으고 똑바로 인사하라고 꼭 이야기했어요. 한국말 모르는 애들한테 '안녕하세요', '감사합니다' 가르쳐주고요. 아시아 애한테도 백인 애들한테도 똑같이 그랬죠. 저는 한국식으로 배워서 선생님들한테도 "하이!" 안 하고 똑바로 인사하고 두 손 잡고 악수했어요. 가끔 친구들이 "너는 왜 선생님한테 고개 숙여 인사하니?, 왜 두 손으로 악수하니?" 물어보는데 그럼 제가 이야기해주죠. 한국 문화라고. 그러면 그걸로 끝나요. 그냥 다른 문화니까. 친구들이 이상하게 생각하지도 않고. (그런 거로) 친구들이랑 문제 있었던 적 없어요.

중학교 때 처음 여자 친구가 백인 여자 친구였는데, 스페인계하고 반반 믹스였던 친구였어요. 그게 내가 처음 엄마 아빠한테 '내가 여자를 좋아해'라고 이야기 한 거였어요. 엄마가 좋아하시면서 여자친구 선물도 사주고 했어요. 하하하.

9학년 때 일본 여자친구도 있었는데 그 친구는 일본 가서 게이오 대학 다녀요. 지금은 좋은 친구죠.

저는 어떻게 생겼는지, 어떤 피인지, 어떤 색인지 전혀 상관없어요. 그 보다 저는 사람의 성격과 이야기를 더 알고 싶죠. (친구들 볼 때) 히스패닉이다, 일본인이다, 한국인이다 그런 생각 없어요. 우리 미국에 피, 피부색 너무 생각하는 거 큰 문제라고 생각해요. 저는 한국 사람이라고 더 잘해주고 더 좋아하는 것도 아니고 (민족이나 피부색에) 관심 없어요.

자랑스러운 한국과 미국, 나는 코리안 아메리칸

제가 11학년 때 FBI Federal Bureau of Investigation, 미국연방수사국 아카데미에 다녔어요. 저는 내가 할 수 있는 일로 미국을 도와주고 싶어서 FBI에 관심 있었어요. 아카데미에 300명 지원해서 26명 뽑혔는데 제가 뽑혔어요. 그래서 샌프란시스코 FBI 사무실 가서 총도 보고 재밌었어요.

제 꿈은 FBI 들어가서 미국 안에서 변화를 일으키는 거예요. 그래서 제가 폴리티컬 사이언스, 법 공부 하고 싶은 거예요. 테러리스트나 다른 나라가 (미국을 위협한다고) 이야기하는데 그게 문제가 아니에요. 미국에 마약이나 총기 문제 등 안 좋은 문제가 많아요. 저는 미국을 좀 더 살기 좋은 나라로 만들고 싶어요. 저는 피로 보면 한국인이지만 미국에서 태어났고 미국 시티즌citizen, 시민이니까요.

그래도 내가 한국 사람인 거 프라우드proud, 자랑스럽다 해요. 미국문화도 좋지만, 한국문화를 절대 버리고 싶지 않아요. 저는 뭘 해서 한국을 도와줄 수 있을지 모르겠는데, 도와줄 수 있으면 당연히 도와줄 거예요. 미국과 한국 중 하나가 더 중요하다고 생각 안 해요. 둘 다 중요해요. 저는 코리안 아메리칸이니까요.

태극기와 안중근 의사의 손이 프린팅 되어있는 샌프란시스코 한국 농구팀의 유니폼을 입은 백 호 씨

"함께 사는 거죠, 지역에서"

샌프란시스코지역 한인회 / 김용경 수석부회장

샌프란시스코 지역 한인회는 1912년 11월 설립된 대한인국민회 상항중앙총회에 그 뿌리를 두고 있다. 오늘날 LA가 미주 최대 한인사회를 구성하고 있지만, 1900년대 초에는 샌프란시스코 한인사회가 미주 한인사회의 중심이었다. 샌프란시스코에 정착한 한인들은 도산 안창호를 중심으로 1902년 '상항 친목회'를 조직하였고 1903년 11월에는 '공립협회'를 조직해 조국 독립운동을 도왔다.

그러나 오늘날 샌프란시스코 한인사회는 코리아타운이 없어 한인들이 모일 구심점이 없는 상태이다. 현지인들이 LA와 샌프란시스코 생활의 장단점을 비교할 때 샌프란시스코에는 LA의 맛있는 코리안 바비큐 식당들이 없다는 점을 꼽을 정도이니 말이다.

비록 한인 커뮤니티의 크기는 LA와 비교했을 때 작지만, 샌프란시스코 한인회는 자신들의 강점을 활용해 지역 주류사회와 함께 살아가기 위해 노력하고 있다. 샌프란시스코 지역은 '미국 서부의 월가wall street'이라는 별칭이 붙은 금융지구와 실리콘밸리가 위치해 있어 글로벌 금융사 및 IT기업과 벤처기업에 종사하는 한인 엘리트들이 많다. 이들 젊은 엘리트 한인들이 주류사회에서 일한 경험을 토대로 한인사회와 주류사회 간의 소통을 이끌어내고, 한인 커뮤니티의 변화를 시도하고 있다.

샌프란시스코지역 한인회 30대 김용경 수석부회장

젊어진 한인회

저희 한인회장님, 수석 부이사장님이 50대시고 한인회 문화원장님이 30대 후반이에요. 좀 젊죠? 다른 지역 한인회와 비교해서 젊은 분이 많아요. 저희 일반이사 테드 김씨가 1.5세인데 20대 후반이고, 저희 부회장단 중 애슐리 리 씨도 1.5세 30대 중반이죠. 영어가 더 편한 분들이세요. 이전에는 60~70대 1세 분들이 중심이셨는데 30대 한인회 들어서는 평균연령이 50대로 바뀌었어요.

사실은 한인사회가 좀 더 젊어져야 해요. 그러기 위해서 한인회도 젊어져야 한다고 생각하고요. 그래서 젊은 1.5세대를 한인회에서 많이 영입했어요. 그간의 한인회는 한인들과 한인사회 내에서만 활동했어요. 그런데 한인회는 정치적 색채가 강한 단체거든요? 한인사회를 위해 봉사하는 것에서 한 발 더 나가 주류사회 정치인들과의 유대관계를 만들고 지역사회에서 함께 활동하기 위해 노력하고 있어요.

이전에도 주류사회와 협업하려 다들 시도는 했지만, 한계에 부딪히는지 잘 되지가 않았어요. 그래서 저희가 젊은 임원들을 영입했어요. 주류사회와 원활히 소통하고, 주류단체들과 함께 일하는 모습들을 많이 보여줘서 2세들을 (한인회로) 많이 끌어 모으려하고 있죠. 예를 들어 청소년 리더십 교육, 여성 리더십 교육 등을 할 때 보통은 한국사회에서 활동하시는 분들을 강사로 많이 섭외했었는데, 저희는 이 지역 글로벌 기업에서 연사를 초청하려고 알아보고 있어요. 저희가 지금 리바이스 컴퍼니와 컨택 중이에요. 리바이스가 세계적인 의류브랜드잖아요? 본사가 샌프란시스코에 있어요. 이런 지역 내 글로벌 기업 관계자를 강사로 초빙해서 진짜 리더십에 관해서 세미나를 해보고자 합니다.

한국의 날, 한국을 알리다

저희가 지금 샌프란시스코에서 개최될 한국의 날 행사를 준비하고 있어요. 개천절이 포함되는 9월 30일 ~ 10월 3일 주간을 '코리안 위크'로 정하고 한국의 날 행사를 진행하기 위해 영사관과 협의 중이죠.

또한 이전에는 이러한 한인회 행사에 한인 단체들만 참여했었는데 이번에는 이 지역의 주류단체들과 함께하는 걸 시도하고 있어요. 현재 미국 주류 방송사인 CBS와 컨택 중에 있고요, 한미은행 등 한인뱅크 뿐 아니라 뱅크 오브 아메리카Bank of America, 체이스 뱅크Chase Bank 등 주류은행을 타깃으로 후원 프로모션을 진행하고 있어요. 그리고 샌프란시스코에 IT 컴퍼니들이 많은 만큼 한국의 날에 드론을 떠우려고 지역 내 드론 컴퍼니와도 컨택하고 있어요.

유니온스퀘어에서 열린 '한국의 날' 퍼레이드

한국의 날 행사는 샌프란시스코의 심장부인 유니온스퀘어에서 열려요. 그곳은 홍보를 따로 하지 않아도 오는 사람이 많거든요. 한국의 날 축제 기간에 샌프란시스코 시청 앞 잔디광장에서 시작해, 마켓 스트리트를 지나 유니온스퀘어로 올라오는 코스로 퍼레이드를 진행할 예정이에요. 퍼레이드에 전통복장 시연도 들어갈 거고, 기업별 단체별 광고를 부착한 꽃차 퍼레이드도 포함될 거에요. 한국의 유명 가수 초청 공연도 있을 거고요. 참여 인원만 천명에 달하는 아주 큰 프로젝트에요. 라이온스 클럽, 상공회의소, 경제인단체, 타 지역 한인회도 함께 하는 동시에 약 40개 단체가 참여할 예정입니다. 지역의 세종학당, 무궁화 학당, 한국어를 사랑하는 모임 등 한글학교도 참여하고, 지역 고등학교 밴드와 몬터레이 국방대학교 무용팀도 들어올 거에요. 반은 미국 현지 사람들, 반은 한인들로 채워져 함께 어우러지는 모습으로 진행되어야죠.

또한, 매년 개천절일 10월 3일에 샌프란시스코 시청에 태극기가 게양돼요. 이번 한인의 날에도 샌프란시스코 시청에서 태극기 게양식이 있습니다. 총영사, 한인 회장뿐만 아니라 샌프란시스코 시장님도 참석하시고 주 의원도 오셔서 축사를 하실 거에요.

이 지역의 모든 단체가 참여해 샌프란시스코에서 한국을 알리고 코리안 아메리칸의 역사적인 배경도 보여주는 계기가 되도록 노력하고 있습니다. 이런 방향을 통해 미국 속으로 들어가려고 해요. 이런 행사를 통해 한국을 알림으로 2세를 끌어들일 수 있고, 그들에게 아이덴티티를 줄 수도 있어요.

한국인의 정체성은 지키되 미국과 함께 살기

LA는 큰 코리아타운이 있잖아요? 그런데 샌프란시스코는 코리아타운이라고 할 만한 곳이 없어요. 한인 커뮤니티에 구심점이 없는 거죠. 한인 단체나 한인 커뮤니티가 퍼져있다 보니 결속력이 없어요. 샌프란시스코는 교환교수로 온다던가, IT 기업이 많다 보니 취직을 해서 이민 오는 경우가 많기 때문에 그런 것 같기도 해요.

그렇기 때문에 앞으로 한인 커뮤니티가 변화기는 어려울 거 같아요. 한인 커뮤니티는 현재 1세대, 1.5세대 중심이고 2세나 젊은이들은 한인 커뮤니티에 관심이 없어요. 다국적 결혼을 한 경우는 더 그렇죠. 특히 여기서 태어난 2세들은 모습만 한국 사람이지 마인드는 외국 사람과 똑같아요. 한국 사회와 잘 섞이려 하지 않아요.

그래서 앞으로 몇십 년 후에 한인 커뮤니티가 어떻게 변할 것이라고는 섣불리 이야기하기 힘든 것 같아요. 한국에서 미국으로의 이민이 계속되어 진다면 지금처럼 1세 위주로 현재 상태를 유지할 것 같기도 하고, 변한다면 지극히 미국화 되어 완전히 다른 모임이 되어 있을 거 같기도 해요.

저만 하더라도 1세지만 여기 살다 보니 먹는 것도, 생각하는 것도, 활동하는 것도 굉장히 미국화 되어있어요. 그렇지만 제가 여기 살아보니까 지극히 미국화 되어있으면서도 한국 것을 지키고 사는 게 좋더라고요. 제가 한국 사람인만큼 너무 한국 것을 잊고 사는 건 아닌 거 같아요. 제가 미국인이지만 마음속에 한국이 있죠. 이곳에 맞춰 살지만 내 혼까지 다 미국 사람은 아니잖아요, 한국인의 혼이 있으니까. 정체성은 고수하되 주류와 함께 살아가야죠.

저희 한인 커뮤니티도 우리 것을 고수하면서 현지 주류사회와 소통하며 살아야 해요. 우리 것을 고수하는 것도 좋지만, 일터도, 함께 일하는 사람들도 다 이곳인데 우리끼리 살 수 없잖아요. 같이 걸어가야죠. 현지 사회와 함께 걸어가야 한인 사회도 발전이 있어요. 우리 한인회가 기존세대와 차별화되고 발전하는 모습을 보여야죠. 그게 또 대한민국을 알릴 수 있는 척도라고 생각해요.

도움주신 분

구술자

하와이
안성근, 황남희, 이명순, 윤영해, 현선섭, 서수선, 에스더 정희 권 아리나가,
권영철, 허인희, 백복연, 최영호, 김민자

로스앤젤레스
로라 전, 강두형, 정신화, 권영신, 민병용, 이재권, 이성호, 찰스 예, 크리스틴 예,
레슬리 송, 이용규, 이돈, 안영대, 김시면, 김옥자

샌프란시스코
강애나, 백행기, 백세라, 백호, 이종명, 이북, 황왕자, 왕이복, 권욱순

기관/단체

하와이 한인회, 로스앤젤레스 한인회, 샌프란시스코지역 한인회,
미주대구경북시도민회, 대한인국민회 기념재단, 한인타운노동연대

참고문헌

단행본

방선주/미주지역 한인이민사/국사편찬위원회/2003
오인환/구한말 한인 하와이 이민/인하대학교출판부/2004
웨인 패터슨 / 하와이 한인 이민 1세/들녘/.2003
웨인 패터슨 / 아메리카로 가는 길 : 한인 하와이 이민사 1896~1910/들녘/2002
이경원/외로운 여정/고려대학교출판문화원/2016
임영상 외/코리아타운과 축제/북코리아/2015
임영상 외/코리아타운과 한국문화/북코리아/2012
김욱동/한국계 미국 이민 자서전 작가/소명출판/2013
존 버거 외/제7의 인간 : 유럽 이민노동자들의 경험에 대한 기록/눈빛/2014
여지연/기지촌의 그늘을 넘어/삼인/2007
이선주,로버타 장 /하와이 한인사회의 성장사 1903-1940/이화여자대학교출판부/2014
안형주/1902년 조선인 하와이 이민선을 타다 : 안재창 가족 생애사로 본 아메리카 디아스포라/푸른역사/2013
조일준/이주하는 인간 호모 미그란스:인류의 이주 역사와 국제 이주의 흐름/푸른역사/2016
서경식/디아스포라 기행/돌베개/2006
송정윤/내가 하리라/국제문서선교회/1983
안동독립운동기념관/경북독립운동사 :국외지역 항일투쟁/경상북도/2013
로버타 장/하와이의 한인들:사진으로 보는 미주 한인 100년사/눈빛/2008
Margaret K. Pai / The Dreams of Two Yi-Min/university of Hawaii press/1989

논문

공정자/구한말 하와이 이민자의 이민 전 거주지 연구/인하대학교교육연구소/2003
이광규/인류학과 재외교포 연구/서울대학교명예교수회보 제4호/2008
조혜영/재미 한인 2세와 민족 정체성/재외한인연구 9권 9호/2000

기타

재외동포현황/외교통상부
김동석/미주한인 정치참여의 모범/LA광복 70주년 범동포 준비위원회/2015
민병용/코리아타운 역사와 사람 이야기/LA광복 70주년 범동포 준비위원회/2015

세계시민으로 사는 경북인

해외동포 정체성 찾기 사업

| 2010 - 2017 |

▼

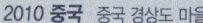

2010 **중국**   중국 경상도 마을
▼
2011 **사할린**   사할린 강제징용동포
▼
2012 **독일**   파독 광부와 간호사
▼
2013 **우즈베키스탄**   우즈베키스탄 고려인
▼
2014 **4개국**   중국, 베트남, 인도네시아, 인도 경북인
▼
2015 **브라질**   브라질 경북인
▼
2016 **일본**   일본 자이니치 경북인
▼
2017 **미국 서부**   하와이, LA, 샌프란시스코 경북인

삶의 흔적과 생활의 자취를 기록

- 문화교류 한마당 행사
- 다큐멘터리 제작/방영
- 스토리북 발간
- 콘텐츠 전시회 및 인문학 강좌
- 지역 언론매체 기획연재

1

'2010 중국'
중국, 경상도 마을을 가다

중국에 약 2500여개의 경상도 마을이 있고, 경상도 출신 40만 명을 포함, 약 190만 명의 동포가 있다

길림성(아라디촌, 금성촌), 흑룡강성(흥신촌) 등에 퍼져있는 중국 속 경상도 마을

8

'2017 미국 서부'
당신의 산타아나스는 무엇입니까

1903년 하와이 사탕수수 노동자와 사진신부들로부터 시작해 미 서부지역에 뿌리내린 경북인들의 생애와 그들이 피워낸 꿈, 그 1세기의 기억

하와이, 로스앤젤레스, 샌프란시스코

6

'2015 브라질'
네오 빠울리스따노 - 벤데로 일군 꼬레봉들의 꿈

지구 반대편 브라질에서 행상부터 원단 수입까지, 진취적인 꿈으로 의류업을 점령하고 국제시민으로 사는 경북인

상파울루, 꾸리찌바 등 4개 도시

'2013 우즈베키스탄'
／또라또르와 까츄사들
바람에 눕다 경계에 서다 고려인／
1937년 스탈린의 강제이주 명령 연해주에서 출발해
1만 5천리를 떠나온 18만 명의 우즈베키스탄 고려인

고려인이 밀집해 거주하는 수도 타슈켄트를
비롯한 4개 도시

'2011 사할린'
／사할린의 여름 하늘은 낮다／
일제강점기, 조선에서 태어나 일본인으로
사할린에 와서 지금은 러시아인으로 살아가는
사할린 경상도 사람들

코르사코프, 보이코프 등
한인들의 역사와 흔적이 남아있는 4개 도시

'2012 독일'
／검은 눈의 이방인, 아몬드 눈을 가진 천사
유랑, 이후／
1960∼1970년대 광부와 간호사로 파독해서
땀과 눈물로 뿌리를 내렸던 독일 경상도 사람들

독일 루르 탄광지대
노르트라인베스트팔렌주 등 10여개 도시

'2014 중국, 베트남, 인도네시아, 인도'
／아시아 바닷길 순례, 그 몸의 말들／
수천 년 전부터 해로를 따라 활발히
문명교류를 이루어 온
중국, 베트남, 인도네시아, 인도의 경북인

광저우, 호치민, 자카르타, 델리 등 10여 개 도시

'2016 일본'
／고향 곁에 머무는 마음, 자이니치 경북인／
재일동포로서 지켜온 경북인의 정체성,
세계시민으로서 한일 양국의
가교 역할을 자처하는 일본의 경북인

재일본 경북도민회가 있는
오카야마현, 효고현, 오사카부 등 7개 지역

2010년 중국 경상도 마을을 시작으로, 2011년 사할린 강제징용 동포, 2012년 파독 광부, 간호사 등
2013년 우즈베키스탄 고려인, 2014년 해양실크로 4개국, 2015년 브라질의 국제시민, 2016년 재일동포, 2017년 재미동포 등

*세계시민으로 사는 경북인의 생애와 삶, 일상과 문화를 통해 경북인의 정체성과 미래를 들여다 보았다.'

세계시민으로 사는 경북인 2010
중국, 경상도 마을을 가다

경상북도와 (사)인문사회연구소는 2010년부터 경북 출신 해외 동포들의 삶을 기록하고 국내에 알리는 작업을 시작하였다. 그 첫해『경상북도-중국 동북3성 경제문화교류사업』의 일환으로 중국 경상도 마을을 방문하였다. 중국 속의 경상도 마을은 현재 요녕성과 길림성, 흑룡강성 등 동북 3성에 널리 분포돼 있으며, 중국에 거주하는 전체 조선족 190여만 명 중에 경상도 출신자들은 40여만 명, 마을은 약 300여 곳으로 추산된다. 이는 일제 치하에 농지 확보와 독립운동을 위해 조선반도에서 중국으로 집단 이주해 자연스럽게 형성된 것이다.

2010년 9월 현지 취재 기간동안 (사)인문사회연구소, (재)한빛문화재연구원 두 개의 조사팀과 대구 MBC 다큐멘터리 제작진은 길림성의 아라디촌과 금성촌, 흑룡강성의 흥신촌을 방문하여 경상도 마을 동포들의 이주사와 생애사를 취재하였다. 이를 바탕으로 2010년 10월 20일 현지 동포들과 함께 문화교류한마당〈길림성 아라디촌 마을잔치 및 경제문화교류 간담회〉를 개최하였으며, 취재 결과물은 각각 콘텐츠 스토리북, 전시회, 다큐멘터리로 지역민들에게 소개되었다. 아울러 '중국 경상도 마을 1.5세대 동포 고향 방문 초청 사업'도 진행되어, 아라디촌의 경북 출신 동포의 모국 방문이 성사되기도 하였다.

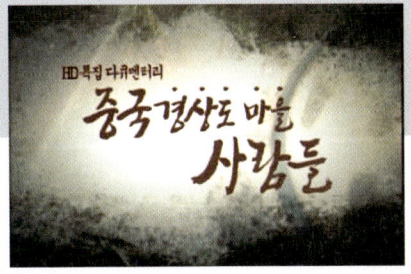 

2010. 9~10	중국 현지 취재 아라디촌, 금성촌, 홍신촌 등
2010. 10. 20	〈길림성 아라디촌 마을잔치 및 경제문화교류 간담회〉 개최 중국 길림성 아라디촌 조선민속촌
2011. 2. 11	대구MBC HD 특집 다큐멘터리 〈중국 경상도 마을 사람들〉 1부 '영상구술 눈물의 이주사' 방영
2011. 2. 14	콘텐츠 스토리북 『중국, 경상도 마을을 가다』 발간
2011. 2. 16~19	콘텐츠 전시회 〈경상도, 지금도 가슴속으로 흐르는 고향〉 개최 경북대학교 스페이스9
2011. 2. 17~20	경상도 마을 1.5세대 초청사업 아라디촌 경상도 출신자 4명
2011. 2. 25	대구 MBC HD 특집 다큐멘터리 〈중국 경상도 마을 사람들〉 2부 '경계에 놓인 사람들' 방영

세계시민으로 사는 경북인 2011
사할린의 여름 하늘은 낮다

경상북도와 (사)인문사회연구소는 2010년 시작한 해외동포 사업의 이름을 본격적으로 『경북의 혼을 찾아 떠나는 新실크로드-해외동포정체성찾기 사업』으로 바꾸고 2011년 러시아 사할린을 방문하였다. 사할린은 일제강점기 당시 강제징용으로 끌려간 약 15만명의 조선인들이 거주했던 곳으로, 이중 75%의 조선인들이 경상도 출신이다. 전쟁이 끝난 뒤에도 약 4만 3천여명의 조선인들이 고국으로 돌아가지 못하고 남아있었으며, 지금까지도 많은 동포들이 거주하고 있다.

2011년 6월 현지 취재 기간 동안 (사)인문사회연구소 조사팀과 대구 MBC 다큐멘터리 제작진은 한인들의 역사와 흔적이 남아있는 사할린 주 유즈노사할린스크, 브이코프, 코르사코프, 홈스크 4개 도시에 거주하는 경상도 출신 동포들을 방문하였다. 이를 통해 이주 역사와 사할린 동포들이 간직해 온 우리의 풍습과 문화, 그리고 점차 현지와 융합되어가며 바뀌어 온 삶의 일면들을 취재하였다. 2011년 7월13일 사할린 전역에서 온 200여명의 동포와 함께 한 〈경상북도-사할린 문화교류한마당〉을 개최하였으며, 이틀 후 지난해 취재했던 중국 흑룡강성 경상도마을을 다시 방문하여 〈경상북도-흑룡강성 경상도마을 문화교류한마당〉을 개최하였다. 사할린 동포들과 한인에트노스예술학교 단원들이 준비한 공연이 소개되었고, 경상북도립국악단의 전통춤과 민요, 피리 독주 등이 이어졌다. 취재 결과물은 각각 콘텐츠 스토리북, 전시회, 다큐멘터리로 지역민들에게 소개되었다.

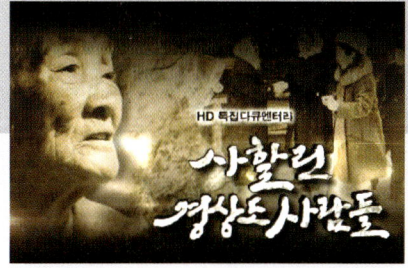

2011. 6~7	사할린 현지 취재 유즈노사할린스크, 브이코프, 코르사코프, 홈스크 등
2011. 7. 13	〈경상북도-사할린 문화교류한마당〉 개최 러시아 유즈노사할린스크 한인문화회관
2011. 7. 15	〈경상북도-흑룡강성 경상도마을 문화교류한마당〉 개최 중국 홍신촌
2011. 11. 18	대구MBC HD 특집 다큐멘터리 〈사할린 경상도 마을 사람들〉 1부 '돌아오지 못한 사람들' 방영
2011. 11. 25	대구MBC HD 특집 다큐멘터리 〈사할린 경상도 마을 사람들〉 2부 '경계인, 끝나지 않은 이야기' 방영
2011. 12. 7~9	콘텐츠 전시회 〈사할린의 여름 하늘은 낮다〉 개최 경북대학교 스페이스9
2011. 11. 30~12. 2	경상북도 청사 본관 현관 전시
2011. 12. 15	콘텐츠 스토리북 『사할린의 여름 하늘은 낮다』 발간

·세계시민으로 사는 경북인 2012

검은 눈의 이방인, 아몬드 눈을 가진 천사

경상북도와 (사)인문사회연구소는 『경북의 혼을 찾아 떠나는 新실크로드-해외동포정체성찾기 사업』의 세 번째 대상지로 2012년 독일을 방문하였다.

독일은 1960~70년대에 걸쳐 광부, 간호사로 일할 한인들이 건너갔던 곳으로, 1961년 한국과 독일 사이에 맺어진 경제 및 기술 원조 협정에 따라 독일 내의 탄광과 병원에 노동력을 제공하기 위해 7,936명의 광부, 10,723명의 간호사들이 파독되었다.

2012년 5월 현지 취재 기간 동안 (사)인문사회연구소 조사팀과 대구MBC 다큐멘터리 제작진은 독일 루르 탄광지대인 노르트라인 베스트팔렌주의 총 10여개 도시에서 30여 명 이상의 경상도 출신 재독한인동포들을 만났다. 광부 광산촌, 간호사 기숙사촌 등 이주역사와 관련된 주요 장소를 방문하고 재독 한인동포들의 삶을 취재하였다. 2012년 5월19일에는 재독 영남향우회의 〈영남인의 밤〉 행사와 연계하여 300여 명의 동포와 함께 한 〈경상북도-재독한인 문화교류한마당〉을 개최하였다. 취재 결과물은 콘텐츠 스토리북, 전시회, 다큐멘터리로 지역민들에게 소개되었다. 2013년 10월에는 2012 독일 경상도사람들 사업의 일환으로 참여했던 작가의 작업 결실로 파독 광부, 간호사들의 이야기 『유랑, 이후』(최화성 지음/ 실천문학사)가 대중 출간되었다.

2012. 5	독일 현지 취재 노르트라인베스트팔렌주 10여개 도시
2012. 5. 19	〈경상북도-재독한인 문화교류한마당〉 개최 독일 에센 재독한인문화회관
2012. 9. 27	대구MBC HD 특집 다큐멘터리 〈독일 경상도 사람들〉 1부 '이주 50주년, 독일로 간 광부·간호사 이야기' 방영
2012. 9. 28	대구MBC HD 특집 다큐멘터리 〈독일 경상도 사람들〉 2부 '경계의 삶, 독일과 한국 사이' 방영
2012. 9. 29	콘텐츠 스토리북 『검은 눈의 이방인, 아몬드 눈을 가진 천사』 발간
2012. 9. 25~28	콘텐츠 전시회 〈검은 눈의 이방인, 아몬드 눈을 가진 천사〉 및 인문학 강좌 개최 대구 동부도서관 전시실 (2012.9.20~21 경상북도 청사 본관 현관 전시)
2013. 10. 8	2013.10.8. 『유랑, 이후』 (최화성 지음/실천문학사) 대중 출판 (한국출판문화산업진흥원 '2013년 우수저작 및 출판지원사업' 당선작)

세계시민으로 사는 경북인 2013
뜨락또르와 까츄사들

경상북도와 (사)인문사회연구소는 『경북의 혼을 찾아 떠나는 新실크로드-해외동포정체성찾기 사업』의 네 번째 대상지로 2013년 우즈베키스탄을 방문하였다. 우즈베키스탄은 실크로드의 중간 기착지로 통일신라 시대 경주에서 이스탄불까지 이어지는 문명교류의 역사를 간직한 곳이다. 아울러 1937년 스탈린의 명령에 따라 연해주에서 우즈베키스탄까지 약 18만 명의 한인들이 강제로 이주된 땅이기도 하다.

2013년 5월 현지 취재 기간 동안 (사)인문사회연구소 조사팀과 대구MBC 다큐멘터리 제작진은 우즈베키스탄 한인, 즉 고려인들이 밀집해서 거주하고 있는 수도 타슈켄트시를 중심으로 알마이크, 사마르칸트, 나망간, 페르가나 등지를 방문하여 경상도 출신자를 포함한 현지 동포들을 만났다. 고려인 1세부터 4세까지 다양한 세대와의 만남을 통해 조선에서 연해주로, 연해주에서 다시 우즈베키스탄으로 끝없는 이주를 겪은 그들의 삶을 취재하였다. 아울러 2013년 6월5일에는 200여명의 동포와 함께한 〈경상북도-우즈베키스탄 고려인 문화교류한마당〉을 개최하였으며, 취재 결과물은 콘텐츠 스토리북, 전시회, 다큐멘터리로 지역민들에게 소개되었다. 한편, 지난해 우즈베키스탄 고려인 사업에 참여한 한금선 사진작가의 결실로 사진전이 열렸으며, 사진집 〈바람에 눕다 경계에 서다 고려인〉이 출간되었다.

2013. 5~6	우즈베키스탄 현지 취재 타슈켄트, 사마르칸트, 페르가나, 나만간 등
2013. 6. 5	〈경상북도-우즈베키스탄 고려인 문화교류한마당〉 개최 우즈베키스탄 타슈켄트 바흐트 레스토랑
2013. 8. 31	대구MBC HD 특집 다큐멘터리 〈실크로드에서 만난 우즈베키스탄 고려인〉 방영
2013. 11. 30	콘텐츠 스토리북 「뜨락또르와 카츄사들」 발간
2013. 12. 4~7	콘텐츠 전시회 〈뜨락또르와 카츄사들〉 및 인문학 강좌 개최 경북대학교 스페이스9
2014. 8. 19	한금선 사진집 「바람에 눕다 경계에 서다 고려인」 (봄날의책) 출판
2014. 8. 19~31	한금선 사진전 「째르빼니 우즈베키스탄의 고려인」 개최 사진위주 류가헌 갤러리

세계시민으로 사는 경북인 2014
아시아 바닷길 순례, 그 몸의 말들

경상북도가 추진하는 『해양실크로드 글로벌 대장정 사업』과 발맞추어 2014년에는 『경북의 혼을 찾아 떠나는 新실크로드-해외동포정체성찾기 사업』의 일환으로 해양실크로드의 주요 거점인 중국, 베트남, 인도네시아, 인도 등 4개국을 대상지로 선정했다. 멀게는 1910년대부터 동시대에 이르기까지 많은 한인이 진출해 동포사회를 형성하고 있는 곳이다.

취재 기간 동안 (사)인문사회연구소 조사팀과 대구MBC 다큐멘터리 제작진은 4개국 10여개 도시에 거주하는 한인들과 만났다. 한인 2세 학생들의 학교생활을 기록에 담았고, 현지인과 결혼한 교민의 가정을 찾았으며, 현지에서 운영하는 한인들의 사업체와 농장을 방문해 '세계시민으로 사는 경북인'의 모습을 취재했다. 또한 각국의 한인 이주 역사를 비롯하여 한인사회의 형성과 성장배경, 지금의 한인사회 현상과 흐름도 함께 취재했다. 취재 결과물은 콘텐츠 스토리북, 전시회, 다큐멘터리로 각각 지역민에게 소개되었다. 후속으로 이어진 '경북인문기행' 사업에서는 한인 2세 학생들을 초청해 경주, 안동을 포함한 경북 일대를 둘러보며 다양한 문화체험활동을 펼쳤다.

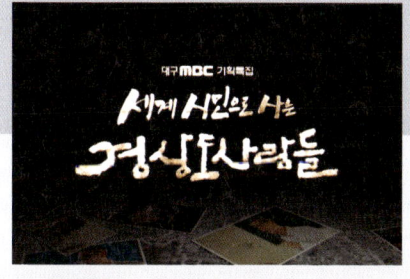

2014. 4~7	4개국 현지 취재 중국(광저우), 베트남(호치민시, 동나이성), 인도네시아(자카르타, 반둥, 수카부미, 족자카르타), 인도(델리, 노이다, 구르가온)
2014. 12. 6	대구MBC HD 특집 다큐멘터리 〈세계시민으로 사는 경상도 사람들〉 방영
2014. 12. 10	콘텐츠 스토리북 『아시아 바닷길 순례, 그 몸의 말들』 발간
2014. 12. 17~20	콘텐츠 전시회 〈아시아 바닷길 순례, 그 몸의 말들〉 및 인문학 강좌 개최 경북대학교 스페이스9
2014. 12. 10~12	경상북도 청사 본관 현관 전시
2014. 12. 20~24	후속사업 〈국제학교 학생과 떠나는 '경북인문기행'〉 진행

세계시민으로 사는 경북인 2015
네오 빠울리스따노-벤데로 일군 꼬레봉들의 꿈

2015년 경상북도와 (사)인문사회연구소는 6년째 진행하고 있는『21세기 경북의 혼을 찾아 떠나는 新실크로드- 세계시민으로 사는 경북인』의 대상지로 브라질을 선정했다. 약 5만 명으로 이루어진 브라질 동포 사회는 중남미에서 가장 큰 규모이며, 짧은 기간에 가장 성공적으로 정착한 이민자 사회의 사례로 꼽힌다. 브라질 동포는 70% 정도가 섬유 의류업에 종사하고 있으며 현지 여성 의류 시장의 40%를 점유할 정도로 중요한 위치를 차지하고 있다.

(사)인문사회연구소 조사팀과 대구MBC 다큐멘터리 제작진은 취재기간동안 동포 중 92%가 거주하는 상파울루 등 5개 도시를 방문해 50여명의 동포들을 만났다. 이들의 이주 과정과 정착기를 취재하고 60년대 최초의 농업이민단이 조성했던 아리랑 농장 터, 브라질 의류업의 중심지면서 한인 거주지와 사업체가 밀집되어 있는 코리아 타운 봉헤찌로 등 주요 장소를 돌아보며 동포들 삶의 궤적에 대한 이해를 심화했다. 또한 공식 이민사가 50년이 넘은 만큼, 현지에서 태어나고 성장한 이민 2세대를 만나 동포 사회의 현재와 미래에 대해 듣는 시간을 가졌다. 취재 결과물은 콘텐츠 스토리북과 다큐멘터리로 제작하고, 전시회와 행사를 열어 지역민들에게 소개했다.

2015. 3~6	브라질 현지 취재 상파울루, 꾸리찌바, 훠스두이과수, 리우데자네이루
2015. 11. 29	대구MBC HD 특집다큐멘터리 〈경북의 혼, 브라질의 꼬레방〉 방영
2015. 11. 30	콘텐츠 스토리북 『네오 빠울리스따노-벤데로 일군 꼬레봉들의 꿈』 발간
2015. 12. 1~2	콘텐츠 전시회 〈네오 빠울리스따노-벤데로 일군 꼬레봉들의 꿈〉 및 토크콘서트 꿈꾸는 씨어터

세계시민으로 사는 경북인 2016
고향 곁에 머무는 마음, 자이니치 경북인

2016년 경상북도와 (사)인문사회연구소는 7년째 진행하고 있는 『세계시민으로 사는 경북인』 사업의 대상지로 일본을 선정, 조국 근대화에 공헌한 경북출신 재일동포를 재조명 하였다. 일본의 식민지배로 인해 200만의 조선인이 일본으로 이주하였고, 그 중 광복 후에도 귀국하지 못한 60만명이 재일동포 1세대를 형성하였다. 오늘날에는 1세대에서 6세대 까지 약 100만명의 재일동포가 일본에서 살아가고 있다. 재일동포들은 멸시와 차별에 맞서면서도 6.25전쟁, 새마을운동, 88올림픽, IMF 등의 순간에도 고국을 잊지 않고 마음을 모아 전달하였다. 이때까지 재일동포 성금 전체를 환산하면 8000억원에 달하지만, 그럼에도 이러한 재일동포의 헌신은 잘 알려지지 않았다.

(사)인문사회연구소 조사팀과 영남일보 취재진은 오카야마현, 고베현, 오사카부, 교토부, 가나가와현, 도쿄도, 지바현 등 7개 지역을 방문하여 한국과 일본 사이 경계인으로 살아가지만 한국인의 뿌리를 지켜온 재일동포들을 만났다. 고베 나가타구, 오사카 이쿠노구, 교토 히가시쿠조, 가와사키 오오힌지구, 도쿄 신오쿠보 등 한인 집거지를 찾아 한인공동체 형성 및 발전사를 취재하였고, 재일동포 1세들을 만나 정착사 및 모국 공헌사를 취재하였다. 또한 현지에서 태어났지만 경북인의 정체성을 가지고 세계시민으로 살아가는 재일동포들을 만나 한인 사회 및 한국정부의 재외국민 정책이 나아가야 할 방에 대한 의견을 듣는 시간을 가졌다. 취재 결과물은 영남일보 기획연재와 콘텐츠 스토리북으로 제작하고, 전시회와 행사를 열어 지역민들에게 소개했다.

2016. 5~6   일본 현지 취재
오카야마현, 고베현, 오사카부, 교토부, 가나가와현, 도쿄도, 지바현

2016. 7. 18~9. 6   영남일보 기획연재 '디아스포라 – 눈물을 희망으로 <2부>'

2016. 10. 24~28   콘텐츠 전시회 <고향 곁에 머무는 마음, 자이니치 경북인> 개최
경북도청 본관

2016. 12. 8   콘텐츠 스토리북 『고향 곁에 머무는 마음, 자이니치 경북인』 발간 및 북 콘서트
대구예술발전소

세계시민으로 사는 경북인 2017
당신의 산타아나스는 무엇입니까

2017년 경상북도와 (사)인문사회연구소는 8년째 진행하고 있는『세계시민으로 사는 경북인』사업의 대상지로 미국 서부를 선정하였다. 1903년 하와이 사탕수수 노동 이민자들을 시작으로 형성된 미 서부 한인 사회는 오늘날 세계 최대의 재외동포사회로 성장하였다. 공식적인 미주 한인 역사는 1903년 1월 13일 한인 이민자들을 태운 갤릭호가 하와이 호놀룰루 항구에 도착한 것을 기점으로 한다. 일본에 들녘을 빼앗긴 가난한 농민들과 유교적 질서를 탈피하고자 한 많은 사람들이 사탕수수 농장 일꾼과 사진신부, 유학생으로 신세계에 오기 시작했다. 한국전쟁 이후부터는 주한 미군과 결혼하여 미국으로 이민 간 군인 아내들과 유학생들의 이민이 이어졌다. 그리고 1965년, 동양인의 미주 이민을 제한하던 미국 이민법이 개정되며 아메리칸 드림을 꿈꾼 한인들의 대대적인 미주이민이 시작되었고, 오늘날 약 250만 명의 한인이 세계 최대 재외한인사회를 형성하기에 이르렀다.

(사)인문사회연구소 조사팀과 영남일보 취재진은 미 서부 하와이, 로스앤젤레스, 샌프란시스코 지역을 방문하여 각 지역의 한인단체들과 경북출신 재미동포 30여명을 만나 1903년 사탕수수농장 이민에서부터 시작된 재미 한인들의 이주사와 한국계 미국인으로서의 삶, 그리고 그들이 이뤄낸 아메리칸 드림을 취재하였다. 또한 1900년대 경북에서 하와이로 이주한 초기 이민자들의 후손과 현지에서 태어난 2세들을 만나 다문화권에서 코리언 아메리칸으로 살아가는 이들의 세계시민으로서의 정체성에 대해 듣는 시간을 가졌다. 취재 결과물은 영남일보 기획연재와 콘텐츠 스토리북으로 제작하고, 전시회와 행사를 열어 지역민들에게 소개했다.

2017. 5~6	미국 서부 현지 취재 하와이, 로스앤젤레스, 샌프란시스코
2017.6.22. ~ 8.08	영남일보 기획연재 '디아스포라 – 눈물을 희망으로 〈3부〉'
2017.12.13.~17	콘텐츠 전시회 〈당신의 산타아나스는 무엇입니까〉 개최 대구예술발전소
2017.12.15	북 콘서트 〈당신의 산타아나스는 무엇입니까〉 개최 대구예술발전소
2017.12.29	스토리북 〈당신의 산타아나스는 무엇입니까〉 발간